学前融合
教育导论

主　编／石梦良

重庆大学出版社

图书在版编目（CIP）数据

学前融合教育导论/石梦良主编. -- 重庆：重庆
大学出版社，2025.3. -- (高等院校特殊教育新形态教
材). -- ISBN 978-7-5689-5076-3

Ⅰ. G76

中国国家版本馆CIP数据核字第2025JM5724号

学前融合教育导论

XUEQIAN RONGHE JIAOYU DAOLUN

主　编　石梦良

策划编辑：陈　曦

责任编辑：陈　曦　　版式设计：陈　曦
责任校对：王　倩　　责任印刷：张　策

*

重庆大学出版社出版发行

出版人：陈晓阳

社址：重庆市沙坪坝区大学城西路21号

邮编：401331

电话：（023）88617190　88617185（中小学）

传真：（023）88617186　88617166

网址：http://www.cqup.com.cn

邮箱：fxk@cqup.com.cn（营销中心）

全国新华书店经销

重庆市正前方彩色印刷有限公司印刷

*

开本：787mm×1092mm　1/16　印张：13.75　字数：309千
2025年3月第1版　2025年3月第1次印刷
ISBN 978-7-5689-5076-3　定价：58.00元

编委会

主　编　石梦良

参　编：

吴舒曼（华南师范大学）

施茵茹（岭南师范学院）

袁银娟（广州市教育研究院）

鲁明辉（广州大学）

张敏婷（广州体育学院）

何吴明（岭南师范学院）

罗　　全（顺德梁铢琚夫人幼儿园）

刘　　劲（广州杰锐偲教育）

学前融合教育的一场"及时春雨"

（代序）

在融合教育发展的新时代，学前融合教育成为实现特殊教育学段延伸的重要环节，更是党的二十大提出的"强化学前教育特殊教育普惠发展"的关键领域之一。作为教育管理与特殊教育领域的长期关注者，我深知，这一领域不仅需要扎实的理论指引，更需要切实的行动指南。我的同事石梦良博士牵头撰写的《学前融合教育导论》正好满足了这一时代需求，它是理论与实践融会贯通的良好范本。

通览全稿，我体会，本书具有如下突出特点：首先，就是作者团队的多样性与合理化建设。他们之中既有高校专家和教科研院所教研员，又有相关机构从业者和一线幼儿园园长。这就从特殊教育和学前教育两个角度，确保了本书的较高学术品质，又使本书能够深深扎根于实际的教育场景。这种跨学科和跨界别的合作方式，也正是推动学前融合教育发展的关键力量。

其次，从内容上看，本书全面涵盖了学前融合教育的关键领域。从"绪论"开始梳理国内外融合教育的发展脉络和政策背景，先让读者对此领域形成初步认知；接以"早期干预"和"需求评估"章节，结合前沿理论和本土案例，展现较为实用的评估工具和干预策略，体现了科学的循证实践范式。特别值得一提的是，本书能够始终坚持"问题导向"，针对学前融合教育中常见的"疑难杂症"，譬如，特需幼儿的"活动本位教学"和"幼小衔接"等问题，不仅给予理论阐释，而且，通过"视觉材料""评估检核表"和"个案分析"等工具和方法，把抽象的概念变成可操作的策略。

再次，我特别赞赏本书对学前融合教育"成功要素"的精练总结。

基于循证实践原则，作者特别强调学前融合教育具有的"可及性、参与度、支持性"三大核心特征，并深入分析了个性化支持、家长参与、跨学科合作等关键策略。这些内容不仅为一线从业者提供了实用的操作指南，也在一定程度上揭示了资源优化配置的方向。本书主张不仅要把特殊儿童安置在普通教育环境中，还要通过环境调整、辅助技术等措施确保他们的学习机会。这个观点直击当前融合教育"形式化"的现象，非常有现实意义。

最后，从《学前教育法》的相关规定来看，这本书在理论与实践的结合上更具现实意义。《学前教育法》强调确保每个幼儿的受教育权利，特别是特殊儿童的平等受教育机会。本书不仅积极回应了这一法律要求，还通过具体的实践案例和操作指南，为幼儿园和相关人员提供了切实可行的实践途径。例如，书中提到的"个性化支持"和"家长参与"策略，正是《学前教育法》所倡导的"因材施教"和"家园共育"理念的具体体现。

"好雨知时节，当春乃发生。"石梦良副教授及其团队凭借深厚的学术功底、丰富的实践经验和深切的教育情怀，为蓬勃兴起的学前融合教育，送上了一场"及时春雨"。我想，这本书不仅可作为高校师范生、特殊教育研究者的专业读物，而且也将成为幼儿园教师、相关家长和教育管理工作者的案头指南。我也特别期待：本书的出版就像"星星之火"，引燃更多人士投身于学前融合教育实践的无尽热情，从而让每个残障孩子都能在包容、关爱和专业的支持性环境中，绽放出各自独特的生命光彩！

葛新斌

华南师范大学二级教授、博士生导师

前　言

在当今多元化的社会发展进程中，教育公平与融合教育理念日益深入人心。特殊教育作为教育体系中不可或缺的重要组成部分，承载着为特殊儿童提供平等的受教育权、促进其全面发展的使命，其重要性不言而喻。学前阶段是儿童身心发展的关键时期，对于特殊儿童来说，这一时期的教育干预与支持尤为重要。倡导特殊儿童与普通儿童在同一教育环境中学习的学前融合教育，不仅能为特殊儿童提供更丰富的学习资源和社交机会，有助于他们更好地融入社会，还能培养普通儿童的包容心、同理心和社会责任感，最终有效促进全体儿童的全面发展。

作为一名长期耕耘在特殊教育领域的师范教育工作者，我深感学前融合教育的重要性。它不仅关乎个体的成长与发展，更关乎整个社会的文明与进步。每一个孩子都是独一无二的存在，他们带着各自的天赋与挑战来到这个世界。学前融合教育就是要为这些孩子创造一个充满爱与支持的环境，让他们在生命的早期就能感受到接纳与尊重，从而自信地迈出成长的第一步。

本书的编写，凝聚了多位特殊教育与学前教育专业领域同行的教学实践与研究成果，也汲取了国内外学前融合教育的先进理念与成功经验。书中，我们从学前融合教育的理论基础出发，深入探讨了其核心概念、发展历程及重要意义。我们详细阐述了学前融合教育的实施策略，包括环境创设、需求评估、个别化教育计划、课程设计、教学策略、行为管理等方面，力求做到理论与实践相结合，努力为教育工作者提供切实可行的指导。每章由不同编写人员创作，由于各人写作风格不同，内容各有侧重，因此呈现体例有所差异，主编保持和尊重了这种差异性，也想借本书来表达一种多元化的可能性。

　　本书的出版，旨在为高校通识教育课程提供一本系统、全面、实用的教材，同时也为广大幼儿教育工作者、特殊教育工作者及家长提供参考与借鉴。我们希望通过这本书，唤起更多人对学前融合教育的关注与重视，共同为每个孩子创造一个更加包容、更加美好的未来。同时，我们也期待广大读者能够对本书提出宝贵的意见和建议，以便我们在今后的修订中不断完善。学前融合教育是一条充满挑战的道路，但也是一条充满希望的道路。让我们携手同行，用爱与智慧点亮每一颗心灵，让每一个孩子都能在阳光下快乐成长！

石梦良

2025.2.16 于广州

目　录

第一章　绪　论

情境导入

　　一位幼儿园老师说："我们班来了一个很奇怪的孩子，从来都不主动和其他小朋友玩，老师叫他也没有回应，总是自己玩，在老师讲故事的时候他有时会突然大叫，区域活动时间经常咬伤同组小朋友。其他孩子的家长都找我投诉，要我赶走这个孩子，我自然是不忍心，只好让家长带去看医生，家长却把我骂了一顿，现在我真的不知道该如何是好。"

　　类似的问题层出不穷，我们都不知道该如何去应对和解决这些问题。学前融合教育虽然没有强制实行，可实务现场早已经在不知不觉中开展了，每个人都只是凭着有限的经验去试图解决问题，往往会遭受挫败。本章将主要介绍融合教育的缘起、意义与功能，再从国际教育政策来看学前融合教育的发展，最后探讨学前融合教育的成功要素与政策应对。

思维导图

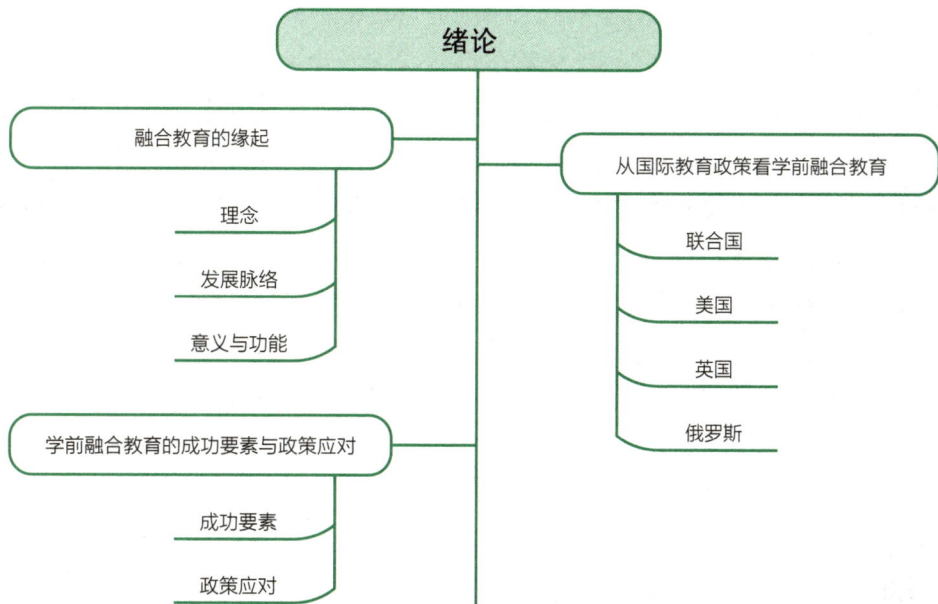

第一节　融合教育的缘起

融合教育顺应了世界各国历年来特殊教育的改变与革新，并因受到多元文化的刺激与影响而成为当前的教育新趋势。融合教育肯定身心障碍学生的学习潜能与价值，着重尊重个别差异，提倡适性教育。近年来，我国努力在做到给所有儿童提供机会接受平等的教育，也逐渐重视学前融合教育，主张让有特殊教育需求的幼儿进入普通环境接受教育，成为主流教育环境的一分子，不再被社会隔离或忽视。学前融合教育针对 3 ~ 6 岁有特殊教育需要的儿童，将他们与普通儿童安置在同一教育环境中，并提供多方面的支持和辅助以满足其特殊教育需要和发展。

学前融合教育的广泛推行，需要大家深入了解融合教育的理念、发展脉络及其意义。

一、融合教育的理念

融合教育的定义很多，如 Mittler 认为融合教育是将所有儿童视为一个整体，安置在同一个学习环境，一起作息、学习和游戏。Smith 等人则认为融合教育先是将特殊儿童安置在普通班，然后提供适应个别化需求的教育服务。但目前大多采纳的是美国幼儿部（DEC）及幼儿教育协会（NAEYC）的定义，即认为融合教育是让身心障碍学生获得与同龄儿童相同的受教育机会，参与学习和活动并获得系统性的支持。从这个定义出发，大致可以总结出融合教育的理念：

（一）尊重差异

人类的发展具有连续性，虽有速度上的差异，但发展顺序可说大同小异。但是，每个学生又是独特的，他们都有各自的特性、兴趣、能力和学习需求。学校必须关注学生的特性和需求差异，接纳并满足他们的需求。其实，这就是尊重多样性和人权的多元文化教育，一言以蔽之，是一种在加深对多样性认识的同时，重新认识人的共同性，促进平等关系的建立和社会变革的教育。融合教育就是通过课程活动与日常生活引导，减少或消除学生对特定文化的刻板印象和偏见，当有剥夺、歧视他族文化或群体现象发生时，能有意识地察觉并批判；让人面对文化冲突时，能对抗偏见及所有形式的压迫或歧视，有处理及解决问题的能力。2008 年，第 48 届融合教育大会明确了融合教育是不断变化的进程，其宗旨是向所有孩子平等提供有品质的教育，尊重学生的多样性及差异化需求和学习愿望，消除一切形式的歧视。

如何让所有学生在融合教育的情境中获得充分的能力发展，差异化教学提供了一种值得期待的可能性。差异化教学是指教师能依据学生的个别差异及需求，弹性调整教学内容、教学进度和评量方式，以提升学生学习效果，并引导学生适性发展，此观念与孔子所提倡的"因材施教"理念相通。差异化教学基本精神要义在于，接纳每个学生的学习方式不同、先备知识不同、学习兴趣不同、学习需求不同，针对不同因素的差异，教学上采用不同的教学策略，使学生获得最好的学习效果。

（二）零拒绝

特殊教育比普通教育发展缓慢的原因，多与社会大众对身心障碍者的态度有关。学者 Kirk 与 Gallagher 认为，人们对特殊儿童的观念与态度转变，大致可分为摒弃、漠视、救济与教育四个阶段：摒弃阶段的特殊儿童常遭到忽视或抛弃；漠视阶段的特殊儿童，则并未受到关注；救济阶段在 18—19 世纪，养护机构及特教学校兴起，对特殊儿童提供隔离的教养；教育阶段是在 20 世纪中叶以后，随着美国民权运动兴起，人们要求废除种族隔离教育，让黑人和白人同样享有均等的教育机会，此潮流的发展逐渐影响到各国对弱势群体教育的重视，特殊儿童逐渐被人们接受，得以进入正式学校中接受教育，此时零拒绝的理念方逐步受到重视。

零拒绝指的是学校必须提供必要且适当的教育给每一位身心障碍学生，不可以任何理由拒绝身心障碍学生入学，此原则符合我国宪法及人权中关于平等受教权的概念。由此可知，融合教育的基本原则就是平等、公平，不管背景、民族、地位、身份条件如何，每个孩子都应该在普通学校接受教育。基于公平正义的理念，学习者有权选择适合其学习的环境就读。

（三）平等的受教育权

融合教育强调平等的受教育权，让身心障碍儿童与普通儿童在同一个学习环境，强调尊重人类多样性，重视并支持所有人拥有归属感且充分参与。其基本假设认为：每个人的价值都是独特的，任何人都可以有机会接受适性教育。这种平等观念体现在两个方面：一方面是学习活动上的平等，强调身心障碍儿童与普通儿童同样受益和成长；另一方面是在观念态度上的平等，学校和教师对所有儿童持接纳态度，一视同仁。让特殊儿童在一个积极参与的环境下自然学习，不再强调自己的特殊，且能去除别人对他们的异样眼光，建立同伴间的友谊，增强其自信心，并享有特殊教育的系统性支持与服务。

二、融合教育的发展脉络

融合教育从 20 世纪以来已成为特殊教育主要关注的焦点议题，其发展大致可区分为三个阶段。

（一）正常化与回归主流

这个阶段是 20 世纪 60 年代末至 80 年代末，在美国首先发起，以在英国和其他欧洲国家得到积极响应的回归主流运动为标志，也可以说，是回归主流运动揭开了融合教育的序幕。在发起这次运动的国家中，有一部分特殊教育工作者、特殊儿童家长对"隔离式"的特殊教育提出了反对和质疑，他们认为应该让身心障碍儿童在最少受限制的环境中接受教育，这样才有助于他们日后回归主流。当时，关注的问题是教育安置形式的非隔离性和最少限制性。

（二）去医疗模式及障碍社会化

第二个阶段是 20 世纪 80 年代到 90 年代，有关融合教育的讨论进一步关注对特殊儿童的筛查、鉴定、评估等问题，认为通过某些简单的评估就给各种有身心障碍的儿童贴上不同的残疾儿童的标签，会给这些儿童一生的发展带来许多负面的影响；还认为传统的盲、聋、弱智的纯医学分类对教育来讲，没有太多的指导意义，应从社会心理的角度更多地关注儿童的教育需要。这时，融合教育思想的倡导者建议用"有特殊教育需要的儿童"（child with special educational needs）来代替之前的"残疾儿童"（handicapped children）的称呼。"反标签化"和反鉴定评估中"纯医学观点"和主张"无歧视评估"是这一时期世界特殊教育发展中主要讨论的问题。

（三）"融合教育"正式被提出并盛行

这个阶段是从 20 世纪末至今，在这期间，连续召开的几次国际性、区域性的特殊教育会议，如 1990 年在泰国召开的世界全民教育大会、1993 年联合国教科文组织在我国哈尔滨召开的"亚太地区有特殊需要儿童、青少年教育政策、规划和组织研讨会"、1994 年在西班牙萨拉曼卡召开的"世界特殊教育大会"，使融合教育逐渐成为世界教育改革的潮流。1994 年，萨拉曼卡宣言第一次正式提出"融合教育"一词，大家开始对融合教育的思想有了比较深入的理解和认同。萨拉曼卡宣言是联合国第一个有关融合教育政策发展与推动的宣言与行动纲要，重申每个人享有平等的受教育权，强调每个孩子都有其独特的性格、兴趣、能力和学习需求，呼吁各国教育政策重视融合教育的普及与品质，创造友善校园，让所有儿童不论其身心特质、种族、社会地位，都能在普通环境中就学，运用以儿童为中心的教学策略与方式，保持个别差异，满足不同需求，以达到优质融合教育的理想。有些国家和地区已经把这种思想用立法的形式予以认可和固定，并体现在新的公共教育政策之中。例如，美国在 1990 年重新修订了 1975 年颁布的《全体残障儿童教育法案》（即 94–142 公法），并重新命名为《障碍者教育法案》（IDEA，即 101–476 公法）。这一修订法案赋予所有 3 ~ 21 岁有障碍的人可以得到"免费适合的公共教育"的权利，并要求所有障碍儿童应该在"最少限制的环境"中接受教育。

我国融合教育发展与国际接轨，发展阶段也是大同小异。近 40 年来，中国融合教育结合中国实际进行积极探索，逐步形成以随班就读为主要实践模式的融合教育形态，历经萌芽期、发展期和转型期，目前已经进入改革深水区，以义务教育为重点任务，在入学率、随班就读质量、融合教育支持保障等各方面均有重大突破。

三、融合教育的意义与功能

融合教育是结合普通教育与特殊教育的教育形态，强调因材施教，努力使所有学生都在普通教育系统中获得充分发展，因此，其意义主要在于能够适性扬才，实现教育的公平正义。

在融合教育场域，不同能力和背景的学生，通过一起玩耍、交流、学习，增进理解、互相尊重。过去 40 年的实践表明，相比起隔离的教育环境，融合教育更能够改善身心障碍学生的成就表现，包括促进学生的能力发展、学业、沟通、社交和情感以及自我决策，同时，还可以提高普通学生的同理心及包容性。虽然社交技能的发展与许多因素有关，但融合教育确实能够通过语言训练项目、亲师沟通、小组互动、课堂讨论等，提高学生的学业成绩。在发展水平相似的情况下，融合教育场域的学生比隔离场域的学生更有可能获得较高的学业成就。融合教育向我们展示了一个近乎完美的教育体系，就算是重度障碍的学前儿童，在融合教育情境中也能获得社交、沟通能力的提升。对安置在融合与隔离（特殊教育学校）两种教育情境里的特殊儿童进行为期两年的追踪研究，研究者发现受融合教育滋养的儿童在社交技能上取得了明显进步，而隔离教育环境中的儿童在社交技能领域出现倒退。Erwin 等人综合部分研究成果，将融合教育的功能归纳如下：

（1）帮助身心发展相对迟缓的特殊儿童增进表达及沟通能力。

（2）通过学习、活动的参与，特殊儿童真正成为班级的一分子，普通儿童更能了解个体间的差异，促进彼此尊重。

（3）在自然环境中学习同学恰当的行为模式，与同学、老师发展积极正向的社会关系。

（4）增进人际关系和社会互动行为，促进个体独立发展。

（5）让身心发展迟缓的儿童不再受到歧视和排斥，从而提升自尊心与自信心。

另外，身心障碍儿童的家长因自己孩子有机会与同龄人发展友谊、得到适性教育、获得发展而产生了积极的社会归属感，提升了养育信念及成就感。教师要因应融合教育带来的挑战，要不断提升专业技能、加强团结协作，从而获得很好的专业发展，提升教学效能感，增进同事情谊。

第二节　从国际教育政策看学前融合教育

学前融合教育，顾名思义就是在学前阶段对 3～6 岁幼儿实施融合教育，实施方式遵循融合教育的精神实质，只是需要更多考虑学前阶段幼儿的身心特质与学前教育的环境条件。我们都知道，高质量的学前教育能够提高幼儿的语言能力、社交技能和入学准备度，同时可以为幼儿以后的学业发展和个人成就奠定坚实的基础。因此，在融合教育思想的影响下，学前融合教育正成为各国融合教育发展的重心。但学前融合教育实践的发展离不开政策的推动，纵观各国融合教育发展历程，其实就是教育政策不断精进和完善的发展史。本节将主要从国际上影响较为显著的国际组织、国家再到我国的教育政策来梳理学前融合教育发展脉络。

一、联合国

（一）推动全民教育

自联合国 1948 年发表《世界人权宣言》以来，人权教育已成为联合国全民教育的核心宗旨与基石。1960 年联合国以《反歧视教育公约》（*Convention Against Discrimination in Education*）奠定所有儿童受教育权的法律基础，1990 年则在《世界全民教育宣言》（*World Declaration on Education for all*）中具体提出，所有儿童、青少年与成人均有接受符合他们学习需求的教育机会。此宣言发表后，几乎所有联合国会员国均自愿签署并投入完成全民教育的使命。紧接此宣言，1994 年，联合国召开世界特殊教育会议（World Conference on Special Needs Education），并在会议中特别针对特殊需求儿童的融合教育议题颁布《萨拉曼卡宣言与特殊需求教育行动纲领》（*The Salamanca Statement and Framework for Action on Special Needs Education*），成为联合国对于融合教育政策发展与推动的第一个宣言与行动纲领。《萨拉曼卡宣言与特殊需求教育行动纲领》延续了全民教育概念，邀请世界各国与国际组织在所有教育现场中实践融合精神，使每位学生在参与学习的过程中都感受到尊严并且享受学习。《萨拉曼卡宣言与特殊需求教育行动纲领》积极呼吁各国政府具体实践融合的教育政策，实践的重点包含设置特殊需求相关的教育法令、建立融合学校、与国际组织在教育方案上合作、组织包含身心障碍人士的特殊教育辅导团体，以及建立完善的融合教育教师培训机制。萨拉曼卡宣言与行动纲领颁布后，共有 92 个国家与 25 个国际组织签署此宣言，并以此宣言与行动纲领作为该国或者组织融合教育发展的重要依据。

（二）呼吁优质融合

联合国在协助各国推动融合教育时，发现缺乏具体的做法，因此，在 2005 年出版《融合的指导方针：确保全民教育的普及》（*Guidelines for Inclusive：Ensuring Access to Education for all*），除了扩展融合的定义包含学习者多样性，更强调优质融合教育的重要性，具体提出教师应考虑学习者的优势与能力，了解其不同的学习方式，布置合适的学习环境，提供有效的弹性调整教学与评价，方能让学生在普通环境中成功，达到有效融合。联合国会员国更进一步化理念为具体力量，于 2006 年签署了《国际身心障碍权利公约》（*Convention on the Rights of Persons with Disabilities*），并在 2008 年实施，重视身心障碍者的需求，强调通过融合教育给他们增能赋权。2008 年第 48 届国际教育会议以"融合教育——未来之路"为主题，具体指出各国教育政策对融合教育发展的重要性，呼吁各国应立法提升对儿童友善的教育文化与环境，支援教师教学，提升教师培训品质，使所有儿童能有效学习。2009 年，《融合教育政策方针》（*Policy on Development in Special Needs Education*）首次突出学前融合教育的重要性，提出儿童早期教育能预测未来在学业上的成功，尤其是早期干预，能有效节省教育成本，并奠定融合教育的基础。

二、美国

美国的融合教育将联合国的理念发扬光大，通过制定相关法律和法规，以强有力的手段保证融合教育的持续有效开展。

1968 年颁布《障碍儿童早期教育援助法案》（*Handicapped Children's Early Education Assistance Act*），这是一项针对特殊幼儿制定的联邦法律，促成了一系列针对年幼障碍儿童的早期教育计划。1975 年，美国国会通过《全体残障儿童教育法案》（*Education for All Handicapped Children Act*），也称为 94-142 公法，提出在"最少受限制环境"的原则下，使有特殊教育需要的学生尽可能和同龄人在普通教育环境中接受适性的教育和学习，但当时的这个法案并没有包括学前特殊儿童。1990 年，94-142 公法更名为《障碍者个体教育法案》（*Individuals with Disabilities Education Act*，IDEA），从法律上确定不再采用"残障"而是用"障碍"，代表特殊教育理念从"医学模式"向"社会模式"转变，更加肯定和凸显教育的价值。这次修订的法案强调早期干预和帮助的重要性，主张为 0 ~ 3 岁的障碍儿童提供早期干预和教育服务，为他们提供个别家庭服务计划的服务，并扩展了特殊教育的对象范围，提出所有 3 ~ 21 岁的个体，无论障碍类型和程度，均有权接受免费且适当的公立教育。

学前融合教育政策真正的里程碑，当属 1997 年的 IDEA 修正法案，强调要将 3 ~ 5 岁有特殊教育需要的幼儿安置在最少限制的环境中，强调每位身心障碍学生都需要学习、参与并且在普通的教育课程中进步，亦即课程设计须符合学生的差异化需求。据此观点，学校是否接纳已经不是重点，而应考虑如何达到学习上的有效融合。2009 年，奥巴马在国会发表演讲，提到人生早期阶段对未来学习的重要性，保证未来教育政策会持续提升学前教育的品质。美国特殊儿童协会幼儿教育分会（Division for Early Childhood of the Council for Exceptional Children，DEC）与美国国家幼儿教育协会（National Association for the Education of Young Children，NAEYC）共同发表《学前融合教育宣言》，提出高质量融合的三大特征为可及（access）、参与（participation）及支持（supports），教师应与相关专业团队合作，为所有幼儿安排广泛的学习机会与活动，以及布置适当的环境，并针对特殊幼儿能力现况调整教学、提供相关支援，以发挥他们的潜能。这个文件对学前融合教育的实施提供了明确的操作性指导。2015 年，美国教育部与公共服务部联合发布《学前融合教育纳入早期教育方案的政策声明》（*Policy Statement on Inclusion of Children With Disabilities in Early Childhood Programs*），进一步强调学前融合教育的高质量发展，旨在通过以下几个方式落实该愿景：为早期儿童项目中的高质量融合设定期望值；提高公众对早期融合教育的科学理解和支持；强调早期融合的法律基础；增加所有儿童早期融合教育的学习机会；确定免费资源，以支持高质量的早期融合教育计划。

三、英国

20 世纪 80 年代以来，随着融合教育理念的深入，英国的学前特殊教育也在政策的推动下，从被忽视到受重视。

1978 年，英国的《沃诺克报告》（*Warnock Report*）在世界上首次提出"特殊儿童"的概念，扩大了特殊教育对象的范围，并旗帜鲜明地将融合教育作为特殊教育的核心政策。但是，沃诺克委员会虽然认为特殊教育需要学生应回归主流与普通学生一起上课，却并未为此理念提出可行的实施计划。1997 年，英国教育和就业部（Department for Education and Employment）以"让所有儿童卓越——满足特殊教育需求"为主题发布绿皮书，要求所有儿童均在普通学校入学，建议优先考虑早期融合教育。而后，在 2001 年正式以《特殊教育需要和障碍法》（*Special Education Needs and Disability Act*）保障障碍儿童免受歧视及接受融合教育的权利。同年，由此产生的《特殊教育需要行为准则》〔（*SEN*）*Code of Practice*〕，提出要在学前教育环境中对学前特殊需要儿童进行诊断、评估，并为其提供有针对性的服务，满足他们的教育需求，并要求任命一名特殊教育需求协调员对特殊儿童负责，赋予家长更多知情权，强调要成立有效的多学科工作小组，确保为特殊儿童实施有效的融合教育和早期干预计划。

2010 年，《平等法案》（*Equality Act*）巩固并取代了之前关于障碍、性别和种族歧视的立法，为幼儿环境中的包容性及多样性提供了明确的方针。规定学校、早教机构等不得直接或间接歧视、伤害障碍者，必须作出合理的环境、教学调整，包括提供教辅具等服务，以保证身心障碍者与同龄人相比不会处于明显劣势。英国教育部的《早期基础阶段》（*Early Years Foundation Stage*，EYFS）为出生至 5 岁儿童的学习、发展和照顾提供标准，规定儿童的学习和发展在三个主要学习领域（个人、社会和情感发展，身体发育，语言和沟通）下进行监测，并以识字、数学、理解世界和表达艺术等特定领域为基础。2021 年 9 月，EYFS 变更成为法律，根据其法定框架，早期教育工作者要遵守四项指导原则：一是每个孩子都是一个独特的孩子；二是孩子们通过积极的关系学会坚强和独立；三是在成人的教学和支持下，儿童在有利的环境中学习和发展得很好，成人会回应并满足他们的个人兴趣和需求；四是儿童以不同的速度发展和学习。

从英国教育政策的制定来看，他们非常重视早期教育和学前教育，强调学习者的多样性，逐渐重视搭建生态系统支援平台来提升学前教育品质，以一元论观点看待学前特殊教育和普通教育，突出身心障碍儿童的教育需求，着重提供针对性的特殊教育服务和相关调整。

四、中国

我国从 20 世纪 80 年代以来一直在探索与实践融合教育，以顺应国际教育改革的趋势，形成了普通学校随班就读和附设特教班为主体，以特殊教育学校为骨干，以送教上门和远程教育等形式为补充的特殊教育发展格局。1994 年《关于开展残疾儿童少年随班就读工作的试行办法》的颁布，标志着随班就读成为我国特殊教育发展的基本举措以及我国融合教育发展的主要形式，学前融合教育也在政策中逐渐得以重视。

2006 年，随班就读被正式写入新修订的《中华人民共和国义务教育法》，规定"普通学校应当接收具有接受普通教育能力的残疾适龄儿童、少年随班就读，并为其学习、康复提供帮助"。2008 年，《中华人民共和国残疾人保障法》修订出台，随班就读对象扩展到学前段，这是首次从法律上提出学前融合教育。2010 年《国家中长期教育改革和发展规划纲要（2010—2020 年）》明确提出要"因地制宜发展残疾儿童学前教育"。2014 年，《特殊教育提升计划（2014—2016 年）》总体目标中提到"全面推进全纳教育，使每一个残疾孩子都能接受合适的教育"，并要求"各地要将残疾儿童学前教育纳入当地学前教育发展规划，列入国家学前教育重大项目"。2017 年，《残疾人教育条例》提出"积极推进融合教育"，并规定"学前教育机构、各级各类学校及其他教育机构应当依照本条例以及国家有关法律、法规的规定，实施残疾人教育；对符合法律、法规规定条件的残疾人申请入学，不得拒绝招收"。《第二期特殊教育提升计划（2017—2020 年）》更进一步提出支持普通幼儿园接收残疾儿童，而且要为学前教育机构中符合条件的残疾儿童提供功能评估、训练、康复辅助器具等基本康复服务。教育部等部门发布《"十四五"特殊教育发展提升行动计划》，强调要大力发展非义务教育阶段特殊教育。积极发展学前特殊教育，鼓励普通幼儿园接收具有接受普通教育能力的残疾儿童就近入园随班就读，推动特殊教育学校和有条件的儿童福利机构、残疾儿童康复机构普遍增设学前部或附设幼儿园，鼓励设置专门招收残疾儿童的特殊教育幼儿园（班），尽早为残疾儿童提供适宜的保育、教育、康复、干预服务。

以上政策性文件对学龄前残疾儿童进入普通幼儿园就读虽说做了明确规定，但是对于具体的融合教育内容、融合后的安置形式和融合教育质量评估还没有明确的规定，这可能导致特殊儿童虽然有平等机会进入普通幼儿园，但是学前融合教育的质量难以得到保障。因此需要推动出台操作性强的学前融合教育政策，对评估鉴定、教育安置、课程调整和财政扶持进行详细规定，加强医疗机构、残联、幼儿园和社区等多部门协作配合，进一步优化资源配置，以政策法规推动全社会形成完善的融合教育机制。

第三节　学前融合教育的成功要素与政策应对

经历几十年的发展，学前融合教育在各国实践中总结出一些成功要素及主要阻碍因素。

一、学前融合教育的成功要素

（一）高质量学前融合教育的基本特征

确定高质量学前融合教育基本特征通常与融合教育的概念发展保持一致，也可以说，概念发展来自具体实践的总结。美国关于学前融合教育的联合宣言界定融合教育可以给特殊儿童及其家庭带来归属感、发展积极的社会关系和友谊、促进学习参与并充分发挥潜能。继而给出了高质量学前融合教育的三个基本特征：可及、参与和支持。

可及：意味着通过消除物理障碍和提供多种促进学习和发展的方式，为每个孩子提供广泛的学习机会与活动。仅将身心障碍儿童安置于普通教育环境并不能保证其获得学习机会，支持可及性的关键实践包括使用通用设计（无障碍环境）、通用学习设计（提供多种学习形式）和使用辅助技术。

参与：意味着使用一系列教学方法来促进孩子参与游戏和学习活动，并培养每个孩子的归属感。让身心障碍儿童参与课堂活动、与同龄人互动一直是融合教育的首要目标，也是融合教育最为重要的特征。即使环境是接纳的，部分特殊儿童仍需要额外的个性化支持才能充分参与同龄人的游戏和学习活动。根据儿童的身心特质，实施融合涉及一系列方法——从嵌入式教学、基于常规的教学到更明确的干预——为所有儿童提供学习和参与的脚手架支撑。

支持：是支持幼儿高质量融合的系统性基础设施，包括持续的专业发展、专业服务的协调和协作、经费使用政策、质量标准框架（如质量标准、早期学习标准及指南、教师专业能力标准等）。例如，家庭成员、教师、相关专业人员和管理者的持续专业发展，以获得实施有效的融合教育实践所需的知识、技能和信念。他们之间的协作是实施高质量学前融合教育的基础，因此需要资源和政策来促进这些群体之间的多元沟通和合作机会。专业服务和治疗必须以协作的方式实施，并与一般早期护理和教育服务相结合。经费使用政策应促进资源的集中使用并采用激励措施来增加获得高质量融合教育机会。质量标准框架应反映高质量融合教育的关键特征，指导融合教育实践。

（二）实现高质量学前融合教育的实施要素

特殊教育研究往往来自与实务的对话，研究问题一般来自教育现场，通过研究产生证据本位的实务，进而将此发现运用于实务工作中，再收集实证资料检验实践效果，发现待解决的问题，然后做进一步的研究，如此才能产生满足实务需求的知识，并且改进特殊教育实务，这就是特殊教育中提倡的"循证实践"。40多年的融合教育发展与研究，给我们提供了许多可供参考且适合儿童发展的实践，NAEYC 对于适合儿童发展有专门的阐述，幼儿教师应该让所有儿童都能获得和回应课堂体验，确保身心障碍儿童得到适当的干预，并咨询专家以实施必要的活动调整。根据高质量学前融合教育的基本特征，结合相关循证实践研究发现，学前融合教育中确定有效的成分包括下面几项：

（1）专业化、个性化的支持。教师系统地、有意识地设计环境和教学计划，以确保每个孩子都能获得学习和发展的机会。要做到专业化与个性化，首先要评估每个孩子的身心特质与教育需求。例如，制订教学计划时要考虑孩子是否具备参与日常活动所需的语言或适应技能，然后根据他们现有的能力水平、兴趣爱好、学习风格等提供相应的活动支持。

（2）家长参与。家长在评估、干预儿童的服务方面发挥着关键作用，早期干预目标之一是赋能家长以促进孩子的发展。

（3）融合、跨学科服务和团队协作。研究表明，跨学科、协调性强的服务可以获得更好的融合教育效果，单一学科无法满足日益多样化的儿童及其家庭的需求。协作团队可以采取许多不同的形式，包括由受过专业培训的个人（如语言治疗师、物理治疗师、职能治疗师）提供指导，由普通教师和特殊教育教师分担课堂责任的联合教学模式。

（4）积极的社会关系。融合教育非常重要的工作是要使用策略确保特殊幼儿被接纳、参与活动和发展友谊，教导他们发展人际关系、参与和归属感的社交技能，积极的社交技能是儿童懂得如何表达情绪和感受，以及如何与其他孩子互动和玩耍，还包括懂得如何遵守在幼儿园或其他学前机构群体环境中与他人互动的相关规则。

（5）持续、有效的专业发展。使用基于科学的研究来指导实践，会提升儿童获得积极发展的可能性，这需要学前融合教育工作者持续学习和进行专业发展才能达成。而学前儿童教育者具有不同的背景、教育水平和经验，因此设计有效的行政支持和专业发展系统来满足他们的不同需求是一个日益严峻的挑战。

（6）持续检视的个别化教育计划。根据个别化教育计划的持续检视，可以对每个孩子的教育计划进行细微调整或重大变更。教育计划的检视应包括干预措施和实施的忠实度，以确保融合教育工作者按预期实施循证实践，对干预措施、课程调整都必须以学生学习过程中的成就表现为依据，并持续进行监测，以确保所有儿童的个别化教育需求得以满足。

以上内容给我们勾勒出一幅学前融合教育框架图，具体如图1-1所示。

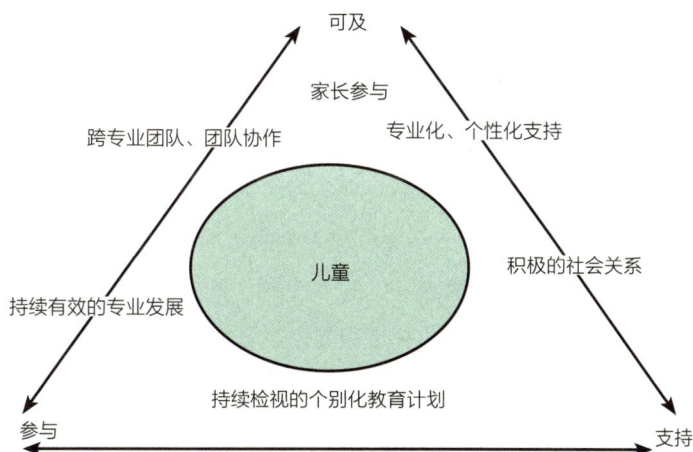

图1-1　学前融合教育框架

二、学前融合教育的政策应对

各国对学前融合教育政策有着不同的需求及应对策略，没有放诸四海皆准的统一标准，应该因地制宜，根据各国社会与教育发展实际，提出不同的政策发展方向。下面将从一般性经验提出几点可参考的学前融合教育政策应对方法。

（一）萨拉曼卡宣言与特殊教育行动纲领

《萨拉曼卡宣言与特殊教育行动纲领》强调特殊教育需求学生在相同且完整的教育环境中和普通学生一同学习的权利，并且强调融合教育的最终目的是通过这种具有平等价值观的教学，建立人人平等的价值观、打破对于差异的歧视与恐惧，以及建立融合社会。宣言与行动纲领更积极呼吁各国政府具体实践融合的教育政策，实践的重点包含设置与特殊需求相关的教育法令，建立融合学校，与国际组织在教育方案上合作，组织包含身心障碍人士的特殊教育辅导团体，以及建立完善的融合教育教师培训机制。宣言明确提出呼吁并督促各国政府：

（1）制定最高层级政策并给予优先预算来改进教育系统，以使该系统接纳所有儿童，无论其个别差异或困难。

（2）制定涵盖融合教育原则的法律或政策，让所有儿童在普通学校中就读，除非其他教育方式有令人信服的理由。

（3）发展示范性的融合教育方案，促进国家之间、区域之间的融合教育经验交流。

（4）建立去中心化与参与式机制，以规划、监督和评价针对特殊教育需要者的教育服务计划。

（5）鼓励并促进家长、社区和身心障碍者组织、参与有关特殊需求教学服务的计划和决策过程。

（6）在早期发现、早期干预以及融合职业教育中投入更多的资源与努力。

以确保在制度变革的情况下，职前和职后教师专业发展计划中培养教师在融合教育环境中提供特殊需求教育服务的能力。

（二）学前融合教育政策的一般性应对

根据高质量融合教育的发展方向与内涵，提出学前融合教育政策的一般性应对建议：

（1）组建政策委员会或工作组，包括早期学习咨询委员会，制订全面而系统的规划，以增加幼儿获得融合教育的机会。以下三点可视为全面增加幼儿参与融合教育的关键政策：

· 规定幼儿园要向特殊儿童早期康复机构多宣传，并鼓励这些儿童入学。

· 规划财政预算，确保跨地理区域有足够的招生名额，并提供足够的人员配备、环境支持和专业支持。

· 定期调查班级构成（普通儿童与特殊儿童的比例）、师生比例、教师教育和专业发展支持，以确定学前特殊幼儿的入学率以及配套资源是否跟上。

（2）加强职前学前融合教育教师的培育，以确保融合教育的接纳度和教师专业准备度。除了考虑特殊教育和学前教育的双学位课程，还可以在学前教育人才培养方案中增设融合教育相关课程。

（3）中央财政与地方各级政府财政需提供足够的资金，确保学前融合教育教师的专业能力提升的培训以及学前融合教育研究项目的发展。

（4）国家要提供学前融合教育的实践标准和指南，以促进高质量学前融合教育的发展。如基于国家标准和指南，对学前融合教育行政人员、教师进行系统性培训，帮助他们获得循证实践的技能，定期发布循证实践总结性报告。

（5）建立质量监测系统以及时了解学前融合教育方案的有效性，并提供实务督导机制指导、协助学前融合教育工作者的实践。

第二章 早期干预

思维导图

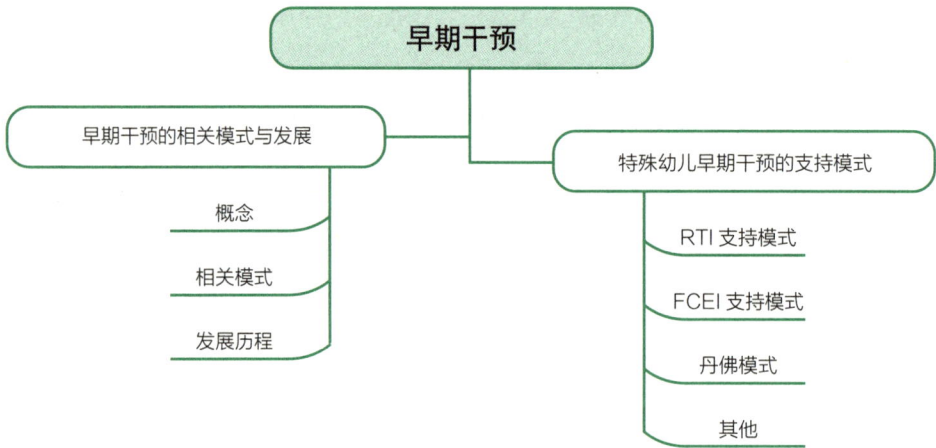

第一节 早期干预的相关模式与发展

一、早期干预的概念

早期干预在不同的国家、地区有着不同的名称，也被称作"早期干预""早期疗育"，指的是对存在某种发展缺陷的特殊儿童及其家庭提供特殊教育、医疗保健、心理健康咨询、社会保障及育儿指导等服务的系统。早期干预的主要内容包括诊断检查、早期预防、康复训练、特殊教育、相关治疗等。在特殊儿童教育发展的过程中，早期干预是一个重要趋势，也是帮助特殊儿童改善自身、适应社会的有效途径。科学合理的早期干预，可以将特殊儿童受到的损失、伤害降到最低，最大限度地激发儿童的潜能，保障他们的身心健康成长。

在早期干预概念形成的过程中，发展生态学理论起到了十分重要的作用。发展生态学通过对儿童身心发展的观察与分析，将儿童的发展归结为一种个体生理与外界环境交互作用的动态化、持续化发展过程，儿童的发展情况会受到家庭、学校、社会文化背景等各种因素的交织影响。这一点对特殊儿童来说也是一样的。由于特殊儿童在发展的过程中会受到多种因素的交互影响，因此在设计早期干预的实施方案时，就必须考虑外部环境对于特殊儿童心理状态、行为习惯产生的影响作用与影响程度，找出有利于促进特殊儿童正常发展的干预措施。由于特殊儿童的个体情况不同，具体的问题表现各异，因此在设计早期干预计划的时候，要兼顾特殊儿童个体特点与外界环境的变化，以此来提升特殊儿童的认知能力与情绪管理的能力，使他们更好地适应未来的社会生活。发展生态学还认为，特殊儿童认知能力和社会情绪能力的发展变化，会同时受到危险因子与激励因子的影响。从这一观点来看，影响特殊儿童成长的不只是社会大众认为的家庭因素，还和周围生态环境中的多种因素息息相关。Sameroff 与 Chandler 说明发展的结果不是只受单一个体或经验的影响，而是个体与经验结合的表现。认为儿童发展是一种个体与家庭，以及社会环境持续交互作用的结果。Sameroff 提出了早期干预的三个面向，这三个面向分别是补救、再确认与再教育。

早期干预倡导通过医疗与特殊教育的方式协助特殊儿童的发展，同时要调整家长对于儿童特殊性的态度，使他们正确地认识特殊儿童与普通儿童的共同点，意识到特殊儿童也需要常态化的照顾和教育环境，还要引导家长学会欣赏自己孩子的天赋与特长，教导家长科学养育特殊儿童，为家庭、家长提供关于照顾和教育特殊儿童的知识、技能。早期干预应从这三个干预面向同时进行，才能达到最佳的效果。以家庭为本位的早期干预模式应用较为广泛，一般由早期干预的专业人员提供上门服务，走进特殊儿童的家里，让儿童在最熟悉的家庭环境中接受早期干预服务。其理论基础建立在家庭参与的重要性与影响力上；同时孩子是属于家庭的一部分，要对孩子有正面的影响，就必须先强化家庭系统。

心理分析学派也为早期干预的发展提供了有力的支持。经过弗洛伊德、阿德勒、荣格等众多心理分析学派人物的研究，对"人"产生了许多观点与见解，从儿童的心理发展规律、行为动力、人格塑造，以及儿童与环境的互动等角度出发，对其内在心理状态作出了诸多探讨。在这些理论观点的基础上，我们可以将儿童的身心发展动力归结为活动力、社会适应、情绪控制、自我管理、认知同化等，从这些方面出发，帮助特殊儿童建立良好的行为模式。因此，教师、家长或其他早期干预服务人员如果构建、保持恰当的环境，就能有效地增强特殊儿童的发展动力，进而促进特殊儿童的身心健康发展。这是早期干预的重要切入点。

在早期干预工作中，深入了解特殊儿童的个性、能力、特长、潜能，是一个重要的前提，也是取得实效的基础。无论是普通儿童还是特殊儿童，他们的发展过程都是独特的，儿童性格的形成既是自我建构的结果，也会受到外界教育环境的影响，产生交互作用，从而变得更加复杂。因此，多元的教育环境与恰当的发展契机是早期干预工作的重要原则。同时，要注意增进家长与特殊儿童之间的亲子关系，这对于特殊儿童自我价值感与人际交往能力的发展至关重要。特殊儿童在与家庭成员的交流互动过程中，会在潜移默化的情况下，实现早期的道德发展，这对于特殊儿童的社会适应能力发展具有关键性的影响。从婴儿期开始，教育者、照顾者就应当与特殊儿童进行稳定、重复、持续的互动，可以鼓励父母或是其他照顾者，有意识地为特殊儿童提供不同的情绪经验，以此来培养他们自我控制、自尊、羞耻感、沟通技巧等。因此，善用情绪及示范情绪规范也是早期干预的重要任务。

二、早期干预的相关模式

特殊儿童早期干预模式可分为医疗、教育、康复三个主要部分，三者之间交互影响，对于特殊儿童的成长及其家庭均具有重要的意义，具体结构如图 2-1 所示。

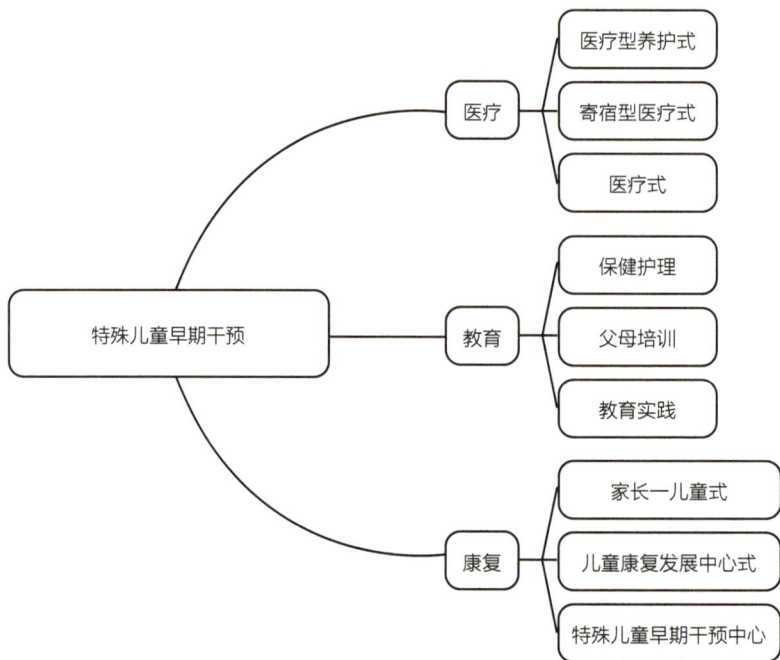

图 2-1 特殊儿童早期干预模式

（一）医疗服务早期干预模式

以医疗服务为中心的早期干预模式，即从医学、治疗、疗养等方面出发，对特殊儿童进行早期干预的模式，是一种基于医疗技术的特殊儿童康复矫治工作，通常以医护人员作为主力军，家长和特殊教育人员提供协助，从而实现医疗和特殊教育的结合，采用各种医疗技术、设备、药物等，对特殊儿童进行科学合理的早期干预。根据不同的对象，以医疗服务为中心的早期干预模式可分为三个种类：第一，医疗型养护式，干预的对象主要是需要特定卫生服务且家庭无法提供的特殊儿童；第二，寄宿型医疗式，干预的对象主要是无法适应家庭生活，并且需要专业医疗服务的特殊儿童；第三，医院式，干预的对象主要是障碍或缺陷比较严重，需要长期进行医疗监护或服用药物的儿童。对于特殊儿童而言，能够选择的干预模式并不是唯一的，如果经过一段时间的早期干预，症状得到缓解，缺陷得到补偿，可以由专业的工作人员对特殊儿童进行重新评估，转移到其他限制条件较少的干预模式中去。这样，可以在第一时间内最大限度地为他们提供专业干预服务，将障碍降到最低。但这种方式的不足之处是教师无法系统掌握课程进度，使教育、康复难以做到连贯全面。

（二）家庭教育早期干预模式

家庭本位的早期干预模式又称为到宅服务，是由早期干预的专业服务人员将服务带到儿童的家里，让儿童在最熟悉的环境中接受早期干预服务。它以儿童的家庭生态为主要考查及评量对象，包括父母的社会经济水平、教育程度、教养经验、手足关系和家庭生活形态等。提供以儿童为主的治疗与教育服务，家长是主要决策者和参与者，服务的关键在于对家长进行训练技术的转移。

"以家庭为中心"一词最早出现在 20 世纪 40 年代末和 50 年代初的已出版文献中，该词用来描述一种家庭生活方式，或一种由神职人员进行的社区外展活动。汉密尔顿（Hamilton）1947 年首次使用该术语来指代以家庭为中心而不是以护士为中心，以改善护理效果，这是医疗护理行业（helping profession）中以家庭为中心的实践的首次提及。

在儿童早期干预领域，Schaefer 在会议介绍中使用"以家庭为中心"一词来描述儿童早期干预（Early Childhood Intervention，ECI）的方法，该方法强调父母的参与和亲子互动是 ECI 实践的重点。Bronfenbrenner 首次使用以"家庭为中心的早期干预"一词来描述需要将重点从以儿童为中心的方法转变为以家庭系统为中心的方法，以便与父母、子女和其他家庭成员一起工作优化 ECI 的收益。以家庭为中心的实践（Hartman & Laird）、以家庭为中心的护理（Warrick）、以家庭为中心的父母培训（Christophersen）等词开始不断出现在20 世纪 70 年代和 80 年代初期的研究文献中。而不同的支持者将以家庭为中心的实践的起源追溯到不同的来源。Allen 和 Petr 追溯了以家庭为中心的行为的开始应是社会工作、心理健康、医疗保健和教育实践。相反，约翰逊（Johnson）指出"以家庭为中心"的医疗服务的发展植根于 20 世纪 60 年代的消费者和家庭支持运动，Bamm 和 Rosenbaum 将以家庭为中心的行为的起源归因于卡尔·罗杰斯（Carl Rogers）的以客户为中心的治疗。尽管以家庭为中心的实践的起源可以追溯多种来源，但它是以家庭为中心的价值陈述。家庭支持原则和有关与家庭合作的指导性陈述的发展，为转变概念化和实施的不同类型干预措施的方式奠定了基础。

发展至今，"以家庭为中心"一词被定义为一种特殊类型的提供帮助的做法，它涉及坚持原则和价值观，包括尊重对待家庭和家庭成员，分享信息以便家庭能够作出明智的决定，承认和利用家庭成员的优势，家庭成员积极参与幼儿干预，并提供或调动支持和资源以应对家庭关切和优先事项。传统的以儿童为中心的干预侧重于专业和儿童之间的关系，指导教学一般每周进行 1 ~ 2 小时。以家庭为中心的做法是一种非常不同的模式，并已被证明是有效的。

（三）康复中心早期干预模式

康复中心是由政府、福利机构、民间团体及私人出资建立的，设有专门的场地、教学设备、训练器材，配有各种专业教师、技师，对特殊儿童实施有组织、有计划、有目的早期干预的地方。以康复中心为基础的特殊儿童早期干预模式也有三种类型：第一种是家长—儿童式。主要通过两种途径实施干预，一是通过各种类型的群体活动，其中包括讲座、特殊儿童家长交流会等，为特殊儿童家长或监护人提供早期教育知识的咨询和技能的培训。二是直接对特殊儿童实施早期康复训练。第二种是儿童康复发展中心式，是将特殊儿童安置在招收普通儿童但也提供特殊儿童服务资源的或可以专门安排特殊儿童活动的社区幼儿园和社区服务中心。第三种是特殊儿童早期干预中心，针对儿童的发展需要由相关学科专家专门参与设计的，有各种设备器材的特殊服务或教育中心。它是一种多方共同参与、发挥综合作用的模式，成本较低，人力资源全面，设备齐全。

三、早期干预的发展历程

（一）美国的早期干预发展

美国 20 世纪 60 年代就陆续为婴幼儿提供早期干预，美国联邦政府于 1965 年首先通过服务 3 ~ 4 岁文化不利幼儿的《启蒙教育方案》（*Head Start Project*），以保障社会经济地位较低家庭的幼儿享有公平的教育机会和良好的教育品质。1975 年美国国会通过了《全体残障儿童教育法》（*The Education for All Handicapped Children Act of 1975*），又称 "94-142 公法"，强调为所有学龄残障儿童（3 ~ 21 岁）提供早期教育的各种服务，并确立了零拒绝、非歧视性评估、适当教育、最少受限制环境、适当核查程序和家长参与等六项原则。该法案的实施促进了美国残疾儿童特殊教育服务的完善。1976 年美国有 371 万名残疾儿童接受了公费特殊教育，到 1980 年接受公费特殊教育的残疾儿童人数上升到 418 万，1990 年为

481万，1998年增加到630万。

1986年，美国国会对94-142公法进行修正，通过《残障者教育法修正案》（*the Education of the Handicapped Act Amendments of 1986*），又称"99-457公法"，更是早期干预相关法案的里程碑，该法案要求各州逐步建立全州范围的、综合的、多学科和多部门合作的早期干预计划，即"残障婴幼儿早期干预计划"（*the Early Intervention Program for Infants and Toddlers with Disabilities*），以满足3岁以下特殊婴幼儿及其家庭的特殊需要，在Part H部分提及为0~3岁残障婴幼儿界定服务，包含补助、个别化家庭服务计划和个案管理服务。至1994年9月底，美国所有州都开始全面实施这一计划。

1990年，美国国会再次修订"99-457公法"，颁布了《障碍者教育法》，后来又对《障碍者教育法》进行了多次修正。目前最新的版本是布什政府在2004年12月签署通过的修订版《障碍者教育法案》（*Individual with Disability Education Act*，IDEA）。需要强调的是，所有修正案都保留了早期干预计划的条款，而且越来越重视并加强了对这一条款中各项内容的规定。

IDEA要求建立一个完善、合作协调和跨系统的早期干预服务系统，这个系统是依一系列符合个别儿童及其家庭需要的服务和资源组合而成的。法律规定美国每个州必须设立州立机构间协调委员会（State Interagency Coordination Council），主要职责是掌管和监督早期干预服务，为0~3岁发展障碍婴幼儿和发展迟缓儿童及其家庭提供一个全州体系的可行性早期干预服务，同时协调这些儿童3~6岁的转衔计划；协调家庭与社区的关系，提供以家庭为中心、社区为基础的多学科的早期干预系统。每年向州长提交一份开展早期干预计划的详细报告。每一个州都被要求提供中心指南和儿童找寻系统，以安置和转介发展障碍婴幼儿。IDEA第三部分中有一项的条款包括了服务协调者，该词源于个案管理。家庭不再被视为一个需要专家管理的个案，而是早期干预计划的重要参与者。服务协调者的角色是协调、整合各个专业机构的服务。

（二）其他国家的早期干预发展

在英国，有缺陷孩子的父母和贫穷家庭的父母是政府优先考虑的对象。政府引进"儿童中心"，为父母和儿童提供早期教育和儿童保育、家庭支持和健康服务、职业建议和专家支持。到2008年3月，儿童中心的服务范围扩展到英国20%的教育薄弱地区。政府的最终目标是实现儿童中心扩展到整个国家的每一个社区。

在日本，卫生行政部门基于母子保健理念，委托国家及地方自治体全权负责，措施包含未婚产妇政策、高危险妊娠的产前诊断及全面的先天性代谢异常筛检等，经费全部由政府负担。另外，早期干预服务系统是以小区为单位，不但体系完整，而且充分整合小区资源，提供周密的转介系统，针对发展障碍种类的不同，提供多元性的服务，使发展障碍儿童能在自然的环境下干预成长。

在德国，对于发展迟缓幼儿提供整合性早期干预模式，通过新生儿筛检、危险儿童追踪及一般儿童常规保健等措施，提早发现有发展障碍或发展迟缓的孩子后，由各诊所或医院转介到儿童发展中心或小儿发展神经科的医生处做鉴定。确定异常后，则进行完整的发展评估，经个案管理会议安排治疗计划，使大部分有问题的孩子不被遗漏，且提供了整合性儿童发展康复中心，使家长可以在一个地方见到所有的专业人员，在获得一份完整的治疗规划后，定期、定点接受相关的服务。同时，通过强大的保险机制及提供障碍儿童的加倍津贴，来使家庭免于因照顾而产生的经济压力。

（三）中国早期干预的现状

1. 中国大陆的现状

我国目前暂无专门的早期干预政策法规，从文献检索中，并未发现有哪一款法律条文或政策规定明确提出"早期干预"一词。虽然《中华人民共和国残疾人保障法》《残疾人教育条例》《中华人民共和国母婴保健法》等法律和文件提及了早期教育、早期诊断，但尚未形成系统性干预机制。一些政策文件虽提及早期干预的重要性，如《关于"十五"期间进一步推进特教育改革和发展的意见》提出"积极发展残疾儿童学前教育"、《中国残疾人事业"十一五"发展纲要》提出"努力发展残疾儿童学前教育，鼓励普通幼儿园接收残疾儿童，并支持特殊教育学校增设学前班"。然而，早期干预的概念仍处于模糊状态。

此外，党的十七大报告中明确指出要"重视学前教育，关心特殊教育"，党的十八大报告强调要多谋民生之利，多解民生之忧，在"幼有所育、学有所教"等方面取得新进展，党的十九大旗帜鲜明地提出要在"幼有所育、弱有所扶"等方面持续发力。党的二十大报告重申了以人民为中心的发展思想，强调要强化特殊教育的普惠发展。

尽管，国家层面的各项政策和报告中，逐步明确了早期干预在特殊教育体系中的重要地位，但在实际推进过程中，相关政策法规对早期干预的认识缺乏、零散、含混，缺乏可操作性细则，反映出当前对早期干预重要地位认识的不足与偏差，也必将进一步导致在思想观念上和实际行动中的重视程度不够，这正是我国早期干预在规模和品质上难以满足特殊儿童日益增长的康复与发展需求的根本原因。

但特别值得提及的是，我国对早期干预工作的重视程度正持续提升，在"十三五"期间颁布的《残疾预防和残疾人康复条例》从"残疾预防、康复服务、保障措施"三个方面对特殊儿童早期干预给予了相关保障。各省、市、县级残疾人联合会及教育局的"十四五"工作计划中，对特殊儿童早期干预均有明确的工作目标和要求：注重特殊儿童学前教育与早期康复的结合，提高学前教育质量。2021 年《国家人权行动计划（2021—2025 年）》也明确提出，要在 7 个方面加强残疾人权益保障，表明我国特殊儿童的早期干预受到了前所未有的重视。

我国台湾地区的发展迟缓儿童早期干预起源于 1980 年，有身心残障的学龄前儿童照顾及相关训练的机构，都是由民间团体提供服务，服务对象只针对某些特殊儿童。1992 年智障者家长总会成立，对发展迟缓儿童提供完整的照顾及需要服务。1996 年成立早期干预推动委员会，开始执行早期干预服务。台湾地区行政管理机构卫生部门自 1997 年 4 月陆续成立发展迟缓儿童联合鉴定中心，针对孩子目前的身心发展状况、功能及身心特质，作一个适当的专业诊断并拟订未来的治疗训练计划，以便作为后续的转介、医疗、训练及社会福利资源提供时的参考。

该服务自实验计划开始实施至今已有 20 余年，在服务的提供者与消费者之间，管理机构与民间之间，行政与专业服务之间，社政、教育与医疗不同专业之间，激荡出一个合适的服务模式。

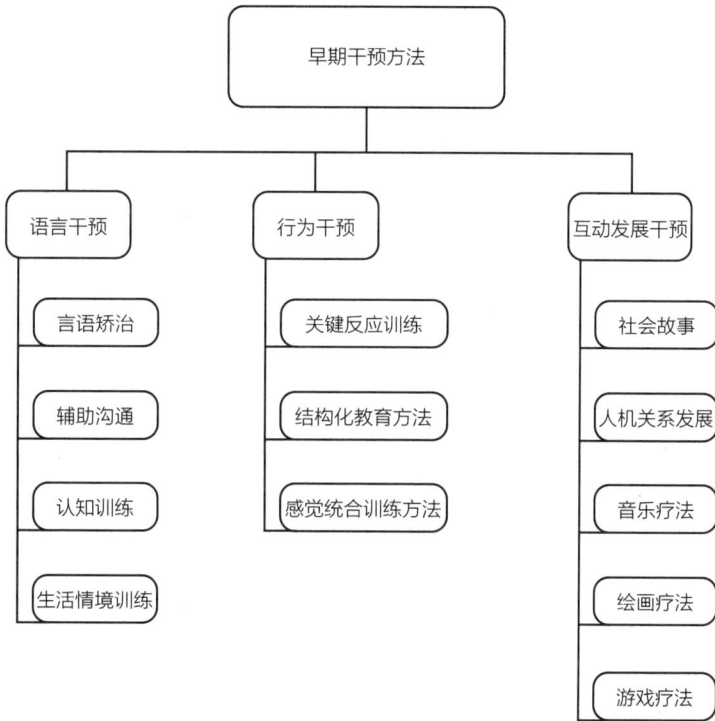

图 2-2　早期干预的方法

台湾地区早期干预的工作内容包括早期发现、早期通报、评估鉴定、转介、早期干预等流程，是一种制度化和持续性的服务。根据万育维等人所做流程图，分四个阶段进行。第一阶段为发现个案阶段，由相关人员根据儿童发展评估量表、相关评估与检查，尤其着重对家长的倡导与保健门诊的筛检，并通报给转介中心登记。第二阶段为个案转介阶段，由个案管理员根据家庭访谈或儿童初步筛检结果，转介适当社会资源或安排相关专业人员进一步评估。第三阶段为团队评估阶段，由专业人员组成团队对需要进一步评估的儿童进行相关评估检查或给予发展诊断评量，并由团队给予安置建议。第四阶段为安置阶段，由个案管理员根据团队的安置建议，给予适当安置，包括医疗机构、特殊教育机构、一般托儿所、幼儿园或回归家庭。目前早期干预所提供的专业团队模式大致可分为下列 3

种类型：跨专业团队模式（trans-disciplinary model）、多专业团队模式（multi-disciplinary model）、专业间团队模式（inter-disciplinary model）。年龄较小的发展障碍儿童或重度障碍儿童，因各方面发展都在较基本阶段，跨专业团队模式较合适。专业团队人员评估儿童及其家庭，相互沟通和整合相关信息，设定整合各专业目标的训练计划再实施干预。

在香港，社会福利署提供中央转介系统，加速服务的递送，强化了卫生单位与学前教育的衔接性，提供服务经费补助，鼓励学前服务的提供。由民间机构与政府分工合作：民间提供机构服务，政府负责政策制定、识别转介服务，并资助和监管机构所提供的服务。

第二节　特殊幼儿早期干预的支持模式

一、RTI 支持模式

干预反应模式也常被译为对干预的反应，旨在为美国从幼儿园到中学 12 年级的学习障碍学生提供有效的支持与服务。这一模式的提出，与美国 1976 年提出的学习障碍的差异模式诊断标准存在弊端有关，同时也与长期以来美国普通学校里特殊需要儿童难以被有效地早期识别和诊断，从而错过最佳干预时机，影响干预效果有关。因此，美国在 2004 年的《残障者教育法案》（Individuals with Disability Education Act，IDEA）中首次正式提出 RTI 模式，并于 2006 年提出可以使用早期干预经费中的 15% 用于实施该模式。

RTI 是一个系统的决策过程，通过对儿童的学习和行为困难给予早期和有效的反应，提供与其需要相匹配的教学强度，并通过以数据为基础的方法来评价教学效果。其核心特点主要有三方面：一是在普通教育中进行普遍的评估和干预，即强调在普通教育情境中对所有儿童进行系统筛查，以便及时提供合适的支持，同时儿童在普通教育情境和特殊教育情境间可以流动；二是持续监控学生对干预的反应，即关注学生对于教师的干预或者教学调整做出了怎样的反应，强调定期对学生的反应进行评估，没有反应或者反应迟缓的学生比做出快速、明显反应的学生被判断为存在某种障碍的可能性要大；三是干预以数据为基础，为保证教学决策的科学性，每一次的干预都要建立在对上一次干预所获得数据的分析上，以判断是否需要调整干预的强度、频率或者加入其他学科人员的干预，从而提高再次干预的有效性。

自 2004 年 IDEA 正式生效之后，美国多个州开始在学校中实施 RTI 模式。目前，美国大部分州都不同程度地开展了 RTI 的应用工作，主要关注学龄阶段的儿童。同时，RTI 模式也可以用于年龄更小的儿童，学前到幼儿园阶段的 RTI 日益引起研究者们关注。

二、FCEI 支持模式

FCEI 是 Family-Centered Early Intervention 的缩写，译为"以家庭为中心的早期干预"。以家庭为中心的早期干预起源于护理学。2012 年 6 月，在一场早期干预国际会议上，以家庭为中心的早期干预被上升为一种理念。Mary Pat Moeller 等提出应将 FCEI 视为一个灵活、全面的进程，承认并支持发展家庭的优势和自然能力，同时促进以下方面：①愉快、有趣的交流互动和全面享受为人父母的角色；②家庭幸福（例如，享受孩子的快乐、稳定的家庭关系、情感的可得性、乐观看待孩子的未来）；③参与（例如积极参与方案、知情选择、决策、倡导儿童）；④自我效能（在养育子女和促进儿童发展方面有能力和信心）。Mary Beth Bruder 认为 FCEI 即"以家庭为中心的早期干预"既指家庭照护理念，又指一系列家庭照护实践。"以家庭为中心"指的是一系列特殊的信念、原则、价值观和实践，目的为支持和增强家庭的能力，最终促进儿童的发展和学习。综上所述，FCEI 理念即以家庭为中心的早期干预理念，强调在特殊儿童早期干预中对家庭的重视，对家庭选择权和决策权的尊重，对家庭优势的肯定，在特殊儿童早期干预中更大地赋权家庭并给予相应的支持，使干预者与家庭形成良好的合作关系。

在特殊儿童的 FCEI 中，早期干预工作者与孩子的父母一起工作。这是一个生态模型。因为父母在一天中有很多时间和孩子一起生活和互动。当照顾者能够反复使用有效的、反应灵敏的交流策略时，孩子们就会接触到更多的语言学习机会。以家庭为中心的早期介入者——那些专注于教授家长新技能的人——看到了以家庭为中心模式对孩子产生的影响，即当 FCEI 策略增强时，在实际年龄范围内，儿童更有可能拥有正常范围内的沟通和语言技巧。

综上所述，家庭系统环境中，以家庭为中心的哲学既来自护理学文献，又赋权文献。有四个至关重要的理念推动着以家庭为中心的服务的实施。首先，家人是孩子一生中的存在，而非专业人士。其次，家庭最有能力确定孩子的需求和幸福。再次，对孩子最好的帮助还包括对家庭的帮助，这种帮助可能扩展到对家庭、社区的了解并提供家庭所需的信息。最后，强调家庭在提供服务时的选择权和决策权，表现出尊重和肯定家庭的优势，加强家庭对所接受服务的控制，并强调与家庭的伙伴关系和合作。

以家庭为中心的早期干预（FCEI）这一概念发源于早期干预的一系列实践，从立法和政策上，早期干预以家庭为中心的趋势的体现尤为显著。在美国，早期干预服务受到联邦法律的指导。州早期干预项目解释联邦法律并提供支持系统，通过支持系统实施和监控服务。《残疾人教育法》（IDEA）C 部分针对的是从出生到 36 个月的儿童。根据 IDEA 的 C 部分，早期干预的目的是减少残疾或延迟在五个发育领域的影响：身体发育、认知发展、沟通、社会或情感发展、适应性发展。IDEA 还提供了一些条款，以确保家庭成员在照顾孩子方面发挥核心作用。看护者被视为团队的一个组成部分，它决定了服务的资格、位置和决策，提供服务的人员的干预和资格也在这部联邦法律中规定。它明确指出儿童的需要和对家庭成员的支持是个性化的，应记录在每个儿童的个性化家庭服务计划（Individualized Family Service Plans，IFSPs）中。IFSPs 应包含孩子目前的发展水平、家族的资源、家庭成员的优先事项和关注、对孩子和家庭的主要的结果。

美国疾控中心的早期听力检测和干预项目（Early Hearing Detection and Intervention，EHDI）倡议支持1–3–6规则，1–3–6规则规定儿童应在1个月前接受新生儿相关检查。诊断应在3个月大时确认，任何必要的早期干预都应在6个月前开始。这项规定改变了全国儿童的状况——早期诊断和早期干预现已成为标准，早期干预与儿童更好的发展密切相关。2005年，一份来自婴幼儿有效教育和卫生保健干预共识会议的报告公布了高质量早期干预的循证研究结果。该报告包括有效规划的建议，定义合格提供者的特征，并总结对专业实践的影响。还充分证明，早开始干预比晚开始干预更成功。另外，干预提供者的质量也会影响孩子的发展。这份共识文件为早期干预者的首选技能提供了必要的指导，推动了特殊早期干预工作的进一步发展。

随后，美国提出EHDI的体系应该是以家庭为中心，通过知情选择、共同决策和父母同意，按照州和联邦的指导方针，保护家庭权利和隐私。家庭应该能够获得所有关于早期干预和治疗操作以及咨询的信息。声明中明确了特殊儿童家庭可获得的支持内容。

2012年，一个国际早期干预专家小组在奥地利召开会议，就指导实施以家庭为中心的早期干预（FCEI）的最佳实践原则达成共识。会议组织者一致认为，以家庭为中心的做法最有利于儿童和家庭。次年，美国声明的补充文件发布，为建立具有适当专业知识的早期干预系统提供了12条指导方针，以满足特殊儿童的需求，明确提出最佳的早期干预服务团队应以家庭为中心，包括具有儿科经验的专业人员。每个团队中的具体专业人员都应该根据家庭的需要进行个性化的选择。

早期干预国际专家小组成员报告说，在各自的国家，以家庭为中心的原则的执行情况参差不齐或不一致。为推进以家庭为中心的早期干预的实践进展，会议结束后，他们努力完善这些原则，并编写了一份文件，其中描述了十项原则、相关程序和提供者行为，以及支持其使用的证据（借鉴了来自多个学科和国家的研究）。这项工作的目的是促进广泛实施有效的、以证据为基础的原则，对特殊儿童以及他们的家庭进行以家庭为中心的早期干预。十项原则如下：

原则1　尽早、及时和公平地获得服务；

原则2　家庭与支持者应是伙伴关系；

原则3　家长应具有知情选择权与决策权；

原则4　提供特殊儿童家庭社会支持以及情感支持；

原则5　家庭和支持者共同努力，为学龄前特殊儿童语言学习创造最佳环境；

原则6　支持者必须熟练掌握最佳支持儿童语言和交流发展所需的工具、辅助设备和机制；

原则7　确保支持者的专业性；

原则8　通过跨学科的团队协作支持特殊儿童家庭；

原则9　应实施特殊儿童早期干预进展监测；

原则 10 应对特殊儿童实施的早期干预计划进行监测。

三、丹佛模式

早期介入丹佛模式（Early Start Denver Model，ESDM）是由美国加州大学 Davis 分校 MIND 研究所 Sally Rogers 教授和孤独症之声（Autism Speak）的首席科学家 Geraldine Dawson 在 2008 年共同提出的一种早期综合干预方法，主要是建立在丹佛模式（Denver model，DM）、关键反应训练（Pivotal Response Training，PRT）以及应用行为分析（Applied Behavior Analysis，ABA）的理论基础上，在方法上融合了孤独症人际关系发展模式（Model of Interpersonal Development in Autism）和应用行为分析的教学实践，其主要目的在于减轻孤独症的严重程度，促进孤独症儿童在认知、社交和语言等领域的发展速度，所以是一种典型的综合性干预方法。以下就相关概念做详细介绍。

（一）丹佛模式的概念

20 世纪 80 年代，Sally Rogers 教授首先提出丹佛模式，这是一种发展取向的孤独症早期（24~60 个月）治疗方法，根据每个孩子当前的能力制订个别化的发展性训练课程，结合特定的教学技术达到特定的目标。丹佛模式认为发展心理上的缺陷是导致儿童出现孤独症的重要原因，具体形成过程如下：

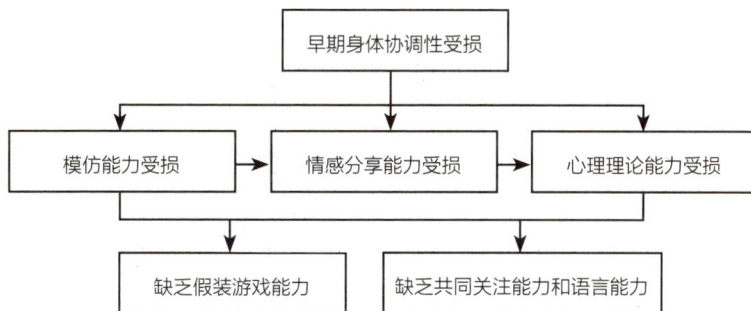

图 2-3 儿童孤独症的形成与发展过程

丹佛模式将密集的教学内容与强化性的社交语言能力训练结合在一起，其课程较关注教学技巧和人际关系的建立。其理论依据是：只有当孤独症儿童能够建立与外界的情感联系时，他们的身心才能得到全面发展。因此丹佛模式的治疗特别强调培养儿童与外界语言交流和情感互动的能力。实证研究表明：丹佛模式对 3~5 岁孤独症患儿的认知、语言、社会性发展等方面都有显著影响，甚至之前无口语的孩子也能获得一定的口语能力。这些研究表明丹佛模式可以有效改善孤独症患儿的发展领域。因此，研究者认为丹佛模式对孤独症孩子的各个发展领域都有影响。

丹佛模式的实施过程主要有以下几种形式：学前教育机构或特殊班级、个别化治疗、"一对一"密集干预。以"一对一"密集干预为例，治疗师通常会在实施丹佛模式之前采用"丹佛模式课程"进行评估，制订个别化教学计划。在治疗的过程中，会根据孩子的进步情况调整教学程序，还会通过简短的社交情感教学互动和说教式的教学不断强调各种教学方法的要点，具体特征表现在：①使用自然的教学策略，充分调动孩子参加社交游戏的积极性；通过高频率的社交互动开发孩子的非言语沟通能力；采用传统的有意义的手势去补偿各种沟通功能，如提出要求、发起和维持社交游戏、问候、抗议或请求帮助等。②通过集中教学和自然行为策略教孩子动作模仿、身体运动、口部肌肉运动和发声，即在成人直接与孩子的互动中，和孩子主动发起互动，通过实物游戏、唱歌、手指游戏等方式来提升孩子的模仿能力、运动能力、语言能力。③通过自然的行为教孩子可以理解的指令（如坐下、起立、来这里、看名字），使用简单重复的语言命名社会感知活动、歌曲和物品等。④通过教孩子匹配相同的物品、图片等理解对象的关联性。⑤在游戏和社交常规中使用自然行为教学方法提高口语能力，用内在强化策略塑造越来越精确的目标行为。

（二）关键反应训练

1968 年，Betty M. Hart 和 Todd R. Risley 首次提及关键反应训练（PRT），即要求成人使用塑造等教学策略，在自然互动的情境下根据孩子发起的行为开始干预，主要是针对孤独症儿童语言的训练，因此被称为自然语言教学（Natural Language Teaching）。1999 年，Robert L. Koegel 等人基于应用行为分析原则对自然语言教学进行扩展后提出了关键反应训练。这种方法强调在自然情景中提高儿童的动机来帮助孤独症儿童学习关键的技能，并通过对一系列关键行为进行干预，使其他领域的功能和反应也得以改善，从而提高儿童的整体能力。李丹等人曾指出，PRT 教育体系中教导者必须遵循七大关键性技能，包括：①遵循孩子的兴趣；②提供明确的机会；③新旧技能交替，变化活动项目；④尊重孩子的选择但注意分享控制权；⑤有条件地强化，即强化必须以孩子的行为为条件；⑥自然性强化，即强化必须与活动或任务有直接联系；⑦强化孩子的努力，即对于教师的问题、指令或者机会，孩子做出任何与此相关的努力都给予强化。

实施关键领域干预最大的好处在于，可以教会儿童对发生在自然环境中的社交互动或其他的学习机会产生反应，减少干预者持续性监护儿童的时间。从理论上讲，PRT 源于 ABA，它运用了和 ABA 相似的步骤，但降低了对治疗师的依赖，家长可以自行在家庭中对孩子进行干预；但是又不能单纯地视 PRT 为 ABA 的新发展，因为两者的立场不同，PRT 不是单纯地关注儿童的行为，而是在实际操作中遵循儿童的兴趣，强调家长参与和生态化的情境，更加关注儿童内在的思想、情感和意识。

（三）丹佛模式的教学策略

ESDM 在教学方法中整合了以人际关系为重点的发展模式和应用行为分析的教学实践，因此其主要教学策略包括以下 5 点：①使用正向情感，ESDM 强调正向情感、情感调节和唤醒状态，以使社交参与和学习直接激活社交脑区和相关的神经递质，促进社交和沟通行为的发展；②重视游戏，ESDM 认为社交和语言技能是在游戏体验中获得的，因此将游戏定为教学的主要媒介，游戏又以孩子为中心，根据孩子的意愿选择他们喜欢的活动和素材。成人则只需要明确哪些目标可供孩子们选择、哪些行为需要塑造和强化、活动及游戏顺序如何安排等问题，通过游戏来培养孩子的模仿、理解性和表达性沟通、社交和认知技能、创造性和象征性游戏、精细和粗大动作技能；③高强度干预，孤独症孩子在生命早期缺乏学习机会，将严重影响孩子认知、语言、社交关系等各方面的发展，因此，ESDM 强调通过高强度的教学来填补孩子的学习缺口；④正向行为方法，即采用传统行为来替代不良行为，关键在于通过强化策略来发展、塑造和增加适当行为，使孩子每个领域的技能都有所增加；⑤家庭参与，高强度的干预必然需要家长和其他照顾者学会如何参与孩子每日的社交互动。ESDM 干预的一个主要目标就是在家庭或其他日常场景中建立互动环境。通过系统的指导和帮助家长，家长可以自行完成功能性评估、教学方案设计，并在孩子的日常生活中实施教学。

第三章　学前融合环境的创设

情境导入

　　阿布目前 4 岁了，是一个活泼开朗，但是动作领域发展迟缓的男孩。在下半学年他刚刚进入到小璐老师的班级，这是一个3~4岁幼儿的混龄班。阿布在班上最喜欢的玩伴是阿诺。阿诺从第一学期开始就是班上的一员，阿诺很高兴地欢迎了阿布的到来。小璐老师注意到，当阿诺同阿布在同一个小组活动时，阿布会较积极地参与活动。有一天，一套彩色的记号笔引起了阿诺和阿布的兴趣，他们和其他几个孩子一起带着纸张和记号笔去教室外，并且在一张桌子上画画。阿诺很快就沉浸在她的艺术作品里了，但阿布因为不平整的桌面感到挫败，他没办法在使用马克笔的同时固定画画的纸。很快，他就不再画画了，只是从旁看着其他小伙伴。小璐老师观察到了这个小组所有人参与活动的情况，很快想出了一个简单的解决方案，她带着一个平板夹过来，并且教阿布将纸张固定在这个平板夹上，向他示范在利用平板夹固定纸上后画画。很快，阿布就像其他小伙伴一样开心地去画画了。

　　当我们观察到，通过环境的安排、改变或调整提高了儿童对学习活动的参与度，孩子能积极参与每日常规和日常活动中，孩子在某项活动或日常活动中的参与度增加了，参与的时间增长了，那么我们就会知道，我们的做法是有效的。

　　在上述案例中，小璐老师采取了哪些有意义的策略与做法，支持阿布在活动中的学习与参与呢？

本章将对学前融合环境创设的不同方面进行探讨。学前融合班级与一般学前班级的最大不同之处在于，学前融合班级中安置了一部分特殊幼儿，他们有较多的特殊需求，这些需求可能体现在认知、语言、社会情感、生活适应、精细与粗大动作等一个或多个发展领域，他们需要环境提供额外的支持与调整，学习先备技巧，以促进其在自然环境下参与日常生活与学习活动，并在这样的环境下的实现向前发展。本章首先将介绍高品质的学前融合班级环境应具备的特征，接着探讨教保人员如何发展与改善学前融合环境，最后介绍学前融合环境的评估工具。

思维导图

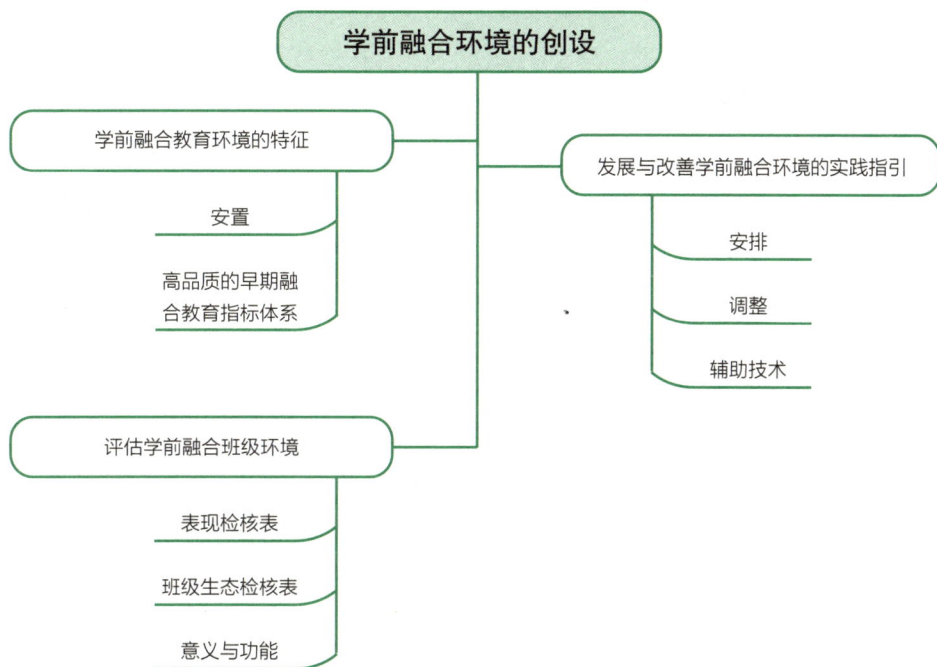

第一节　学前融合教育环境的特征

我们首先来了解学前阶段特殊儿童在哪里接受教育与服务，然后重点介绍由早期儿童技术援助中心提出的《高品质融合指标体系》。期待通过该框架与指标体系内容的学习，让你们认识到一个具有包容性、满足所有儿童学习与发展需要的学前融合教育环境应具备的特征。

一、学前特殊儿童的安置

（一）中国

多元安置是世界各国构建特殊教育安置体系的共同特征。我国大陆和台湾地区学前特殊教育均朝着健全多元安置体系和融合教育的方向进行探索与实践。

《"十四五"特殊教育发展提升行动计划》（简称"行动计划"）是我国第三期特殊教育行动计划，该计划提出要加快健全特殊教育体系，在持续提高残疾儿童义务教育普及水平的基础上，大力发展非义务阶段特殊教育，特殊教育向学前和职业教育为主的高中阶段特殊教育延伸。对于学前教育，行动计划提出积极发展学前特殊教育，鼓励普通幼儿园接收具有接受普通教育能力的残疾儿童就近入园随班就读，推动特殊教育学校和有条件的儿童福利机构、残疾儿童康复机构普遍增设学前部或附设幼儿园，鼓励设置专门招收残疾儿童的特殊教育幼儿园（班），尽早为残疾儿童提供适宜的保育、教育、康复、干预服务。

可见在现阶段和未来的发展方向上，我国大陆地区学前阶段特殊儿童的安置方式主要包括普通幼儿园、特殊学校附设学前部或幼儿园、学龄前残疾儿童康复机构，以及儿童福利机构附设的学前部或幼儿园这四类。也就是说，这四种安置方式构成了我国学前阶段特殊教育的主要安置体系。以上的安置方式，从普通幼儿园到康复机构，再到福利机构，送教上门，安置场所差异明显，所接受的儿童的障碍程度亦愈加严重，特殊教育需求也越多。

在普通幼儿园中，根据学前特殊儿童接受特教服务的方式可进一步分为：全部时间在普通班且未接受特殊教育服务，大多数时间在普通班且接受特殊教育服务，服务模式有资源教室或巡回指导，以及在学前特殊教育班接受特殊教育服务等。特殊幼儿可能同时接受幼儿园内外的特殊教育服务，例如部分时间在普通幼儿园中，部分时间在康复机构中接受干预服务。其中，资源教室，又称为资源教室方案、资源班，在20世纪70年代起源于美国，是因应回归主流运动和融合教育理念，发展起来的一种特殊教育服务模式。资源教室是一种提供部分时间特殊教育服务的安置形态，服务的对象是安置在一般学校（包括普通幼儿园）的特殊学生。该服务模式为这些特殊学生及其普通班教师提供直接教学、相关咨询和支持的协助，其最终目的是协助普通学校（含普通幼儿园）的特殊学生获得个别化的特殊教育。

特殊教育班也称为自足式特教班、集中式特教班、特教班。特教班设立在普通学校中，是一种主要由特殊教育教师负责所有科目教学的班级，通常独立成班。特教班相较于普通班级的安置形式更为隔离，但相较于特殊学校与送教上门等有更多融合的机会。相较于普通教室和资源教室，特教班的师生比更高，学生的特殊需求更多且障碍程度更重，通常以中重度障碍学生为主，学生需要更为全面的、高度结构化的教育，以及行为支持方案。安置在特教班的学生也可以在部分时间融入普通班，大多情况下是在一些非学业性的课程中，如音乐、体育，以及全校（园）性的活动、非教学时间段等。

在学前阶段，我国台湾地区特殊幼儿的安置方式主要包括一般幼儿园融合班、集中式特教班、早期疗育机构和特殊学校幼儿部。除早期疗育机构由社会局管辖外，其他教育场域均由教育部门主管。目前绝大多数特殊幼儿被安置在前三种教育环境下，仅有极少数在特殊学校就读。按照鉴定安置流程，学前幼儿经过特殊教育学生鉴定及就学辅导会确认为特殊教育学生后，即依幼儿的需求安置适宜的学习环境。

普通幼儿园的师生比为 1 ： 15（内含特殊幼儿）。学前融合班，是指 6 岁之前的学龄前特殊幼儿被安置于居住社区的学前教育机构的普通班级中，接受相关的教育服务措施和支持系统。在普通班级中，不论特殊幼儿所处的物理环境、社会环境、教育方案为何，均以达到融合为目的。

特教班师生比为 2 ： 8，每个特教班另有 1 位教师助理协助幼儿学习。学前特教班的优势为师生比高，教师较能顾及每一位特殊幼儿。课程内容与融合班相比更能依学生需要而调整，以生活自理及实用技能为教学主轴。弱势为较缺乏与普通儿童互动的机会，需要发展的社会行为与在普通班不相同，如果未能提供足够融合，会比较缺乏发展与其他同龄人相符的社交行为的机会，也可能容易因为协助人力较多造成依赖提示，成为学习独立的阻力。但通过特教教师努力，另外安排到普通班进行融合课程及逐步降低支持要求，则可为特殊需求较多的幼儿进入普通融合班打下良好的基础。

（二）美国

从特殊教育的视角可将美国早期教育分为普通早期教育方案（regular early childhood programs）和特殊教育方案（special education programs）两大类。普通早期教育方案是指在该方案下或班级中的绝大多数（至少 50%）幼儿是普通幼儿，主要包括开端计划（head start）、公／私立幼儿园、公／私立学前班和儿童发展中心等。特殊教育方案是指在该方案中，普通儿童（即没有个别化教育计划的儿童）比例低于 50%，主要包括特教班、特殊学校和寄宿式的机构。其中特教班是指以特殊儿童为主的班级，其可能设置在普通学校内的既有建筑内、普通学校中另外的建筑内，以及托儿所、医疗机构和其他社区环境内等处。可见，对于 3~5 岁学前特殊儿童，特殊教育方案均指在相对隔离性的安置场所提供的教育服务。此外，判断一个学前儿童是否属于在普通早期教育方案下接受服务还有一个重点的考查指标，是幼儿参与普通早期教育方案的时长在其接受特殊教育和相关服务总时长中占到的比例。根据美国 IDEA 的数据统计规定，只有那些大部分特殊教育和相关服务是由普通早期教育方案提供的学前特殊幼儿，才能被界定为安置在普通早期教育方案中。普通早期教育方案包括特殊教育与相关服务，普通环境能够为特殊幼儿提供服务支持，正是融合教育所强调的。

二、高品质的早期融合教育指标体系

早期融合教育指标体系，旨在通过框架体系和一系列的指标，描述一个高品质的早期融合教育环境应具备的特征或要素，从而为各层级融合教育的规划、改进、监测和评估等提供基本框架与路径。理解指标体系将有利于学习者从生态性、整体性的角度深入思考早期融合教育环境的构建和优化。

（一）我国相关的评价与指标体系

我国目前虽然尚未有专门的早期融合教育指标体系或评价标准，但在 2022 年，教育部公布了《幼儿园保育教育质量评估指南》和《特殊教育办学质量评价指南》，可作为参考。

融合教育的基础是优质的学前教育环境，该环境应能满足儿童的发展需要，能考虑儿童的优势、兴趣、需求及个别差异，并尊重儿童的社会和文化背景。为整体提升幼儿园办园水平和保育教育质量，教育部印发了《幼儿园保育教育质量评估指南》。该指南以促进幼儿身心健康发展为导向，聚焦幼儿园保育教育过程质量，制定了《幼儿园保育教育质量评估指标》。其指标体系包括办园方向、保育与安全、教育过程、环境创设、教师队伍等 5 个方面，共 15 项关键指标和 48 个考查要点。就本章节重点——"环境创设"方面来看，《幼儿园保育教育质量评估指标》主要提出"空间设备"和"玩具材料"这两项关键指标，并进一步给出如表 3-1 所示的 4 项考查要点（第 36—39 项），这些考查要点主要聚焦于幼儿园中物理环境的设置。

其次，2022 年 11 月教育部印发《特殊教育办学质量评价指南》是我国首个针对特殊教育办学质量颁布的评价文件。《特殊教育办学质量评价指南》虽以指导义务教育阶段特殊教育为主，但也涵盖学前教育和高中阶段教育的特殊教育办学质量评价体系。随指南同时公布了《特殊教育办学质量评价指标》，其中包括政府履行职责、课程教学实施、教师队伍建设、学校组织管理、学生适宜发展等 5 个方面共 18 项关键指标和 49 个考查要点。例如在学校组织管理（A4）方面，该指标提出"完善学校管理"和"创设无障碍环境"两项关键指标，并进一步包括了如表 3-2 所示的 7 项考查要点（第 40—46 项）。

表 3-1　《幼儿园保育教育质量评估指标》中环境创设方面的评价内容

重点内容	关键指标	考查要点
A4. 环境创设	B10. 空间设施	36. 幼儿园规模与班额符合国家和地方相关规定，合理规划并灵活调整室内外空间布局，最大限度地满足幼儿游戏活动的需要。除综合活动室外，不追求设置专门的功能室，避免奢华浪费和形式主义。 37. 各类设施设备安全、环保，符合幼儿的年龄特点，方便幼儿使用和取放，满足幼儿逐步增长的独立活动需要。提供必要的遮阳遮雨设施设备，确保特殊天气条件下幼儿必要的户外活动能正常开展。
	B11. 玩具材料	38. 玩具材料种类丰富，数量充足，以低结构材料为主，能够保证多名幼儿同时游戏的需要。尽可能减少幼儿使用电子设备。 39. 幼儿园配备的图画书应符合幼儿年龄特点和认知水平，注重体现中华优秀传统文化和现代生活特色，富有教育意义。人均数量不少于10册，每班复本量不超过5册，并根据需要及时调整更新。幼儿园不得使用幼儿教材和境外课程，防止存在意识形态和宗教等渗透的图画书进入幼儿园。

表 3-2　《特殊教育办学质量评价指标》中完善学校管理方面的评价内容

重点内容	关键指标	考查要点
A4. 学校组织管理	B14. 完善学校管理	40. 保障特殊儿童平等权益，不得拒绝招收符合法律、法规规定条件的特殊儿童入学。 41. 制定学校发展规划，健全特殊教育工作机制，加强人财物支持，保障学校特殊教育工作顺利开展。 42. 树立公平的教育观和正确的质量观，引导每一位教师提升特殊教育专业素养，为每一名特殊儿童提供适宜的教育。 43. 学校要主动密切家校沟通，加强家庭教育指导，积极争取特殊儿童所在社区帮助，为全社会关心支持特殊儿童健康成长创造条件。
	B15. 创设无障碍环境	44. 按照安全、适用、环保、坚固的原则，配备各类无障碍设施设备，做好无障碍物理环境建设，为特殊学生的学习、康复和生活辅导提供有效支持。 45. 优化无障碍校园人文环境，培育尊重生命、包容接纳、平等友爱、互帮互助的文化氛围，消除对特殊学生的歧视和偏见，把生命多样化观念、融合发展理念，办成学校鲜明的特色。 46. 推进特殊教育智慧校园、智慧课堂建设，有效应用特殊教育数字化课程教学资源，推动信息无障碍建设，使得特殊学生能够平等、顺畅地获得各类信息资源，平等参与学校学习与生活。

（二）美国高质量的早期融合教育指标体系

为确保高质量的早期干预与学前特殊教育，向包括特殊儿童在内的有特殊教育需要的处境不利儿童提供抢救性、补偿性、基础性的教育干预与服务已成为美国联邦与各州政府的共识，但是实际运作上仍面临诸多困境，如州际发展不平衡，循证实践转化为社区、学校的常规实践的效果不佳，以及由于机构部门的衔接协调缺乏统合，相关主体的责任意识模糊不清，质量体系的支持保障不够完善等原因引起公众对各州早期干预与学前特殊教育不满等。为探寻早期特殊教育质量提升的突围路径，美国特殊教育项目办公室资助"儿童早期技术援助中心"（Early Childhood Technical Assistance Center，以下简称"ECTA中心"），从2015年起牵头建立"高质量早期干预与学前特殊教育系统框架"（A State System Framework for High-Quality Early Intervention and Early Childhood Special Education，以下简称"系统框架"）并逐步在各州推行，鼓励州政府加强对当地早期干预及学前特殊教育质量的评估、监控与改进。该框架将早期干预及学前特殊教育质量概念化为6大领域：规制管理、财政投入、专业人员、数据系统、问责与质量改进和质量标准，这6大领域涵盖26个子维度、74个质量指标和439个质量构成要素。

在该框架下，ECTA中心为促进早期保育与教育人员的融合教育实践，进一步发展了《高品质融合指标体系》（Indicators of High-Quality Inclusion）（2020年），针对高品质的早期照顾和教育环境应具备的核心特征进行构建。该指标体系包括9个质量指标，详细描述了教保人员实施高品质融合的具体做法，引导早教人员向包括特殊儿童在内的全体儿童提供有效的支持和服务。以下对该指标体系进行详细介绍。

1. 促进与肯定儿童的个别差异（promotion and affirmation of individual differences）

早期教育人员要促进对儿童个体差异、能力差异的认同和欣赏，并将重点放在儿童的优势以及创建一个有趣、接纳和积极的学习环境上。具体来说，包括以下5个质量要素：

（1）定期向整个学习团体评论所有儿童的成就。

（2）展示所有儿童的作品。

（3）要注意到所有孩子的贡献。

（4）觉察所有儿童的喜好/偏好，并不断利用他们的喜好来指导教学。

（5）积极促进特殊儿童在学习群体中的归属感，无论其障碍的严重程度，以及是否存在挑战性行为。

2. 家校关系（family partnerships）

早期教育人员要在日常中和家庭就儿童的学习和发展情况进行沟通时，以及时常为儿童进行庆祝时，与家庭建立真实的、具有文化回应的关系（culturally responsive relationships）。儿童家庭能够有多种多样的机会为孩子的学习和支持提供意见。具体包括以下7个质量要素：

（1）在家校间创建一个开放、双向的沟通环境，利用各种策略，以及家庭喜好的方式与家长沟通（比如当面沟通、书面沟通和电子化的信息分享，邮件、短信或通信程序等），提供让家庭能分享有关他们自己和孩子信息的机会。

（2）肯定家庭所使用的语言，并根据家庭的偏好使用多种沟通方式。

（3）与家庭建立与维持信任，并保持回应性的关系。

（4）预设所有的家庭都是有能力的。与家庭分享学校团队针对儿童的有关计划中要使用的有关策略时，不要包含术语信息，并且将家庭视为意见、资料的来源，在教育人员为儿童设计早期保育和教育环境活动时起到支持的作用。

（5）在家庭的意愿和能力范围内，让家庭参与早期保育和教育的活动中。为家庭提供多种参与方式，如从旁观察、志愿服务，在园外制作材料等。参与的机会在文化上和语言上都有得到体现。

（6）让家庭作为孩子教育团队的成员，可以通过邀请家长参加有关的会议，与家长分享重要信息，询问家长的想法、意见和指导等方式，让家长参与个别化家庭服务计划 / 个别化教育计划，制订和评价儿童的个别化教育目标、安置方式等。

（7）鼓励家长成为园内家长组织的领导者，并定期向家长分享有关这方面机会的信息。

3. 社会情感学习与发展（social emotional learning and development）

早期教育人员能培养积极的、与文化背景相符的成人 – 儿童关系，建立可预测的常规，并有意识地教授一系列社会情感技能。当儿童有挑战性的行为时，采用基于团队的方法来理解儿童想要表达什么，如何调整环境，以及应该教会儿童或者加强哪些社会情感技能。具体包括以下 7 个质量要素：

（1）培养真实的、文化回应性的成人 – 儿童关系，如果给予儿童一个消极的评价，就要做出 5 个积极的评价。

（2）对儿童发起的请求关注或交流的需求作出回应的比例不低于 80%。

（3）使用被张贴出来的视觉化的日程表建立可预测的一日常规，供教育人员和儿童使用。

（4）有意识地在小组和大团体中教授一系列的社会情感技巧，这个教学不是随意的，而是需要做好课程和活动的准备，并且针对具体的社会情绪技能，例如认识情绪、解决问题、进入游戏和轮流的技巧等。

（5）采用团队取向的方法，了解个别儿童的挑战性行为，调整环境，并拟订个别化的教学方案以教授或加强儿童的社会情感技能。

（6）邀请家长成为他们孩子的行为支持团队成员。在实施个别化的积极行为支持的全过程中，家庭都能作为团队的积极成员之一。

（7）为了达到建立儿童情绪词汇和意识的目的，要定期检查儿童的社会情感发展状况。

4. 与同伴有意义的互动（meaningful interactions with peers）

教育人员应使用各种策略促进一般儿童和特殊儿童之间的互动。这包括为了促进积极的社交互动进行环境上的组织，教导特定的社交技巧，从而促进儿童之间的互动，鼓励同伴之间的多重交流，以及增加同伴互动的复杂性。具体包括以下 7 个质量要素：

（1）确定特殊儿童个别化的同伴社交互动目标。

（2）通过大团体和小组课程，以及角色扮演，教导全体儿童适宜的同伴社交技巧。

（3）教导儿童各种复杂的游戏技巧，从而支持所有儿童在早期保育和教育环境中参与活动、与同龄人互动。

（4）选择与安排能促进互动的材料与活动。

（5）常规安排具有延续性的社交机会，如让特殊儿童成为桌长、担任小帮手和小助手等。

（6）向儿童示范可以用来开启、回应和继续互动的话语。

（7）通过利用所有儿童的优势和能力，让儿童知道所有的儿童都是教学活动的主人公。

（8）通过互助小伙伴、清洁搭档等方式，鼓励同伴协助同伴在活动之间过渡。

5. 课程（curriculum）

教育人员能制订、调整和实施教学计划，从而延长特殊儿童参与各项活动的时间（如小组或大组游戏，常规活动如入园、吃点心，以及所有领域的学习活动等）。在教学计划中，要考虑能够使特殊儿童受益的专门设备、辅助技术（低科技和高科技），使用的材料等。具体包括以下 7 个质量要素：

（1）在课程主题的选择上反映出儿童的兴趣、能力、家庭 / 文化规范和发展水平。

（2）对课程进行必要的调整，以确保特殊儿童能够获得和参与所有的课程活动中。

（3）改变课程材料，让处于不同动作发展水平的儿童都能够进行操作。

（4）必要时在活动中使用手语、手势和视觉提示。

（5）使用视觉、言语和手势提示材料，以帮助特殊儿童更独立地参与。

（6）必要时通过限制环境中的材料来减少对儿童的干扰。

（7）在早期保育和教育环境的所有常规中融入针对个别儿童的调整和辅助性沟通系统，并确保任何时候儿童个体都能够随时使用图片或 AAC 系统（Augmentative and Alternative Communication Systems，全称为替代性与辅助性沟通系统）进行交流。

6. 教学（instruction）

在早期保育与教育环境中的工作人员应在每天的常规活动中（如小组和大组活动、游戏活动），注重采用儿童主导的、具有文化回应性的，以及嵌入式的、基于证据和数据驱动的教学方式，从而为特殊儿童提供足够的机会去学习重要的技能。对特殊儿童的教学支持能由所有人提供，且是个别化的、有效的。具体包括以下 8 个质量要素：

（1）通过观察与记录，认识学生的优势、需求、兴趣和能力、强化物识别等，为教学提供参考。

（2）创设与调整环境、材料和教学，以确保儿童能够参与课程活动中，并且达到个别化目标。

（3）为提高和改善学习环境中儿童的参与质量，在儿童正在进行的游戏中跟随儿童的引导和步伐。

（4）将教育和学习目标嵌入到自然发生的学习机会中，例如，在点心时间学习语言、社交和精细动作技能。

（5）有计划地重复、示范和模仿，以促进儿童相关技能的发展。

（6）根据教学需要，在使用熟悉的和不太熟悉的材料时将任务分成更小的步骤。

（7）使用以证据为基础的策略与方法，例如，由少到多的提示策略，有意识的教学（intentional teaching）。

（8）能创设针对习得（acquisition）、流畅（fluency）、维持（maintenance）和泛化（generalization）四个不同学习阶段的学习机会。

7. 团队合作（collaborative teaming）

教育人员有积极沟通和合作的态度，如在与其他团队成员（包括特殊教育教师、作业治疗师、言语语言治疗师、教学助理和家庭等）一起收集与分享信息、回顾资料、计划、实施和嵌入教学支持，将儿童的个别化调整融入保育和教育环境中的日常常规等时，展现出灵活性、可指导性和道德伦理。具体包括以下 8 个质量要素：

（1）制订符合团队价值观和目标的会议规范。

（2）通过正式的会议，对课程和教学活动、课程调整策略、有效的教学策略和资料评价等拟订整体的计划。

（3）通过非正式的且持续的讨论，交流想法、分享观察和讨论新策略。

（4）为使儿童和家庭受益，愿意与其他团队成员分担他们的角色，并愿意接受其他团队成员的职责。

（5）愿意就儿童的需求、兴趣和计划目标等信息，与所有工作人员进行交流。

（6）能够给予和接受来自团队其他成员的反馈。

（7）能够就儿童的喜好、兴趣和学习，以及如何支持儿童各个领域的发展等，参与团队讨论中。

（8）在决策中积极吸纳家庭的意见，并收集儿童技能泛化到其他环境的证据。

8. 评估（assessment）

教育人员采用持续的观察、真实性评估应涵盖所有发展领域，为了解儿童的学习与发展所采用的评估应是具有文化回应性的、非歧视的、采用儿童的第一语言进行的。教育人员对个别儿童的学习数据进行监控，并基于数据信息为儿童提供调整或额外的支持。具体包括以下 8 个质量要素：

（1）与家庭合作，确定要使用什么评估工具，以及什么时候使用。

（2）与教学团队成员合作，确定需为特殊儿童实施的持续性评估，并参与持续性评估中。

（3）选择在文化和发展上适宜的评估工具和评估程序，确保评估是可靠和有效度的。

（4）定期参与发展性筛查，并采取恰当的追踪行动。

（5）使用适当的评估工具来确定特殊儿童的学习目标，包括与普通教育课程有关的目标以及各个发展领域的目标。

（6）收集特殊儿童在个别化目标上的进步情况的数据。

（7）利用数据监控特殊儿童的进步情形，从而为环境和教学调整提供依据。

（8）利用数据监控特殊儿童的进步情形，为修正个别化目标提供依据。

9. 文化回应和身份认同的实践（culturally responsive and identity affirming practices）

教育人员要认识到教育环境中蕴含的文化多样性，包括儿童与家庭的种族、民族、社会阶层、性别、语言、身心障碍等，以及这些因素在儿童与家庭身上相互交叉产生的多样性（如语言与障碍、性别与障碍的交叉），在此基础上教育工作者要采取具有文化回应和身份认同的实践活动。教育人员能意识到自身教学中存在的显性和隐性的偏见、歧视，并且为儿童提供与儿童自身的文化和家庭规范相符合的学习经验。具体包括以下4个质量要素：

（1）在与儿童以及他们的家庭成员互动中，显示出对儿童和家庭所代表的价值观、信仰和文化规范的了解和欣赏。

（2）在与儿童以及他们的家庭成员互动中，显示出对儿童个体和儿童家庭交叉身份（如语言与障碍、性别与障碍的交叉）的了解和欣赏。

（3）形成并保持积极、双向的关系，使家庭有机会与教育人员分享有关他们文化的信息。

（4）在大团体和小组活动中使用的学习活动和材料与儿童的经验、知识基础以及文化/家庭背景或规范相关联，这种关联是超越简单的象征性节日和食品的。

文化回应

专栏 2-1

文化回应（culturally responsive）强调对儿童的社会和文化背景的尊重，体现出对易受排斥儿童、移民家庭儿童、非母语儿童等文化多样性的考虑与保护。在教育领域，由此进一步提出了文化回应教学（culturally responsive teaching）的概念。文化回应教学源于美国20世纪70年代人们对普遍存在的种族和民族不平等的关注，当前在美国大学、中学、小学，甚至幼儿园已被广泛应用和实施。美国是一个多种族国家，学生文化背景差异较大，研究者认为美国少数族裔学生在学校学业失败的原因之一是文化的间断性，学校教育工作者难以为那些主流文化之外的学生提供服务。基于此，美国教育当局希望所有教师都能掌握文化回应教学，来有效解决美国学校普遍存在的种族不平等的教学问题。文化回应教学意指教师的教学能使用不同的文化知识、前知识、诠释架构、表现方式，让学习对学生而言更为相关与有效。我国学校班级中学生组织的多元背景也逐渐普遍，如少数民族、农村、边疆或边远地区、进城务工人员随迁子女学生、障碍学生等。因此，这向教育人员提出了如何回应多元文化背景下儿童及其家庭的需求，回应学生的个体差异的要求。

参与

参与是个人对其生活情境的融入，是从事活动的历程。这个活动历程与个人的日常互动方式有关，个人在互动历程中需要借由与活动中的人、事、物等互动以融入情境当中。日常中从活动的开始到执行，过程中产生的互动，或是表现寻求协助，再到最后获得协助的历程，都是参与的方式。在幼儿课程中，计划性活动、学习区活动、常规作息活动、例行活动、转衔活动等形式均包含在内。融合方案品质测量的指标之一，是幼儿活动参与过程。

第二节　发展与改善学前融合环境的实践指引

本节主要探讨早期教育实践工作者应如何促进普通幼儿园朝着学前融合环境的方向发展与改善。为促进实践，美国特殊教育项目办公室资助的早期儿童技术援助中心（以下简称"ECTA 中心"）进一步发展了《促进实践的工具集：基于 DEC 的推荐实践》（Practice Improvement Tools：Using the DEC Recommended Practices）这一实务指引，用于指导一线教育人员和家庭支持处于各类早期环境下的高危险人群、发展迟缓或障碍幼儿。针对教育人员，其发展两项支持性的工具：一是《为教育者提供的实践指南》（Practice Guides for Practitioners），另外一项是《表现检核表》（Performance Checklists）。《为教育者提供的实践指南》由评估、环境实践、家庭实践、教学实践、互动实践、团队合作和转衔六大领域构成。本节主要对其中与环境有关的具体实践进行整理与描述，并分为以下三个方面：第一个方面是低龄的幼儿阶段的环境创设；第二个方面是在学前教室中进行环境调整的建议；第三个方面的重点是如何采用辅助技术设备支持学前特殊儿童。

一、幼儿班级环境的安排

幼儿阶段的孩子正忙着主动发现他们的身体，并会运用身体做一些有趣的事情，如拍手、跺脚、把球推下斜坡、推或骑玩具等，班级环境要确保在室内外都有足够的空间来进行这些体验。为了安排适宜幼儿阶段孩子的环境，建议：

（1）鼓励孩子在室内环境下主动游戏，并考虑教室内的空间是否允许孩子进行爬行、走路、攀爬、跳舞、推拉滚玩具等各项行为。教室里有为进行动作性的游戏而设置的开放性空间区域吗？教室内的地板是否适合孩子游戏？家具或其他材料会不会造成阻碍？此外，还可以增加台阶凳让幼儿在换尿布时自己爬上换尿布的台子。

（2）孩子在户外游戏的时候，你能否看到他们在进行走路、跑步、攀爬、扔球、推或使用玩具车等各项行为？户外是否有足够的空间让每个孩子参与这些活动？如果没有，你可以怎样来改造这个空间？

（3）幼儿很喜欢推拉式的玩具，比如玩具车，三轮脚踏车，或者一个空的盒子。请环顾场地，看看这些场地的地面是否铺好或是否需要改造，从而让孩子能更容易进行这些体能活动。

（4）幼儿很喜欢在身体力行做一些事情的过程中学习，即做中学。因此，提供各种各样的游戏材料来鼓励他们进行体能活动是非常重要的。这些材料有：可以提起来和推拉的玩具车、独轮手推车，可以用来扔、滚、踢的大大小小的各种球，可以用来捡、爬、堆、推倒的箱子，还有兜风用的儿童车等。例如，一个大纸板箱可以为孩子们提供无限的爬进爬出的机会，让他们的身体动起来。

（5）考虑让幼儿使用户外设备的新方法。比如，一个孩子在能够骑三轮车之前就尽可能支持他进行推拉的活动；对于身体能力有限的孩子来说，玩带有安全带的秋千可能是一种合适的户外活动。

（6）在接下来一周的游戏时间段里，写下你看到的每个孩子在做的事情。每个孩子能否独立地接触到和使用游戏的材料、设备？如果不能，你能做些什么让这些材料对孩子来说是可及的？一个坐着轮椅的孩子可以自由地在操场上移动并到达不同的学习点吗？一个有视觉障碍的孩子知道学校内有个别化的学习点（如资源教室）和个别化的玩具吗？

二、环境的调整

当儿童能主动参与他们的日常环境时，学习的效果最好，无论这种学习是听风铃在风中发出声响，还是掌握洗手的步骤。孩子积极参与日常学习活动的机会越多，他们就有越多的机会练习已经掌握的技能和探索新的技能。教育人员要确保所有孩子都能在他们的日常环境中可以获得各项学习材料，参与各种学习活动。为了实现这一目的，教育人员可能需要对环境进行调整，建议：

（1）观察孩子的日常活动，从而确定每个孩子的参与水平。从每个孩子的兴趣和优势开始入手，因为这些是你可以促进儿童参与日常学习活动的动力。比如，如果老师邀请孩子像开火车一样"咔嚓咔嚓"地从一个活动过渡到另一个活动，那么对于一个喜欢火车并且能很好地听从指令的孩子来说，在过渡到其他活动的过程中可能会更投入。

（2）在班上是否有孩子在参与某项活动时存在困难？如果存在这种情况，应考虑存在哪些阻力阻碍了孩子充分参与活动。造成阻碍的，可能是玩具放得太高导致孩子够不到，在活动中难以使用某个物品，或者在遵循活动的指令方面有困难等。建议教育人员问问自己以下问题："孩子目前是如何参与这项活动的？""在这个活动中他可以怎样更多地参与进来？""什么样的改变可以支持或增加孩子对学习活动的参与？""我可以调整教室、玩具或物品、指令、程序时间表等促进学生参与吗？"

（3）尽量采用对孩子和/或活动干扰最小的调整方式。在可能的情况下，根据孩子的兴趣采用最不具侵略性的改变方式，以鼓励他/她参与学习活动。

（4）当采用某一种调整方法后，需要观察孩子的反应来确定这种调整在多大程度上支持了孩子可及/加入和参与学习活动。如果孩子在某一项特定的日常活动中显得更为投入，那么所采用的调整方法能否运用到其他的日程安排中，以提高孩子的整体参与度呢？如果某个调整策略并无法改善孩子在活动中的参与度，还可以尝试什么别的措施吗？需要认识到，在找到有效的方法之前，可能需要做一些各种不同的尝试。

（5）当孩子的独立性增加后，要开始降低或消退之前所采用的调整策略。例如，为了帮助孩子让搭出来的积木更稳固，教育人员在桌子上增加了防滑用的垫子。几周过去后，教育人员注意到孩子可以在各种表面上搭积木了，就不再需要防滑垫了。

三、辅助技术

儿童每天的经历是他们学习的基石。孩子积极参与日常学习活动的机会越多，他学到的东西就越多。特殊儿童有时需要额外的支持才能加入到这些日常活动中。辅助技术（Assistive Technology，AT）将能够帮助特殊儿童参与。辅助技术设备可以是低科技含量的，也可以是高科技含量的。有些低科技的辅助技术很简单，比如在铅笔上缠上有质感的胶带让孩子更容易拿握。高科技的辅助技术，例如扩大性或替代性沟通设备，平板电脑或者电动轮椅等。在考虑与选择适当的辅助科技设备方面，建议教育人员：

（1）观察儿童每天在班级中的活动表现。他在参与某些活动时有没有困难？哪些类型、方面的活动对他来说参与起来更顺利？而在哪些方面参与起来更有挑战呢？怎样才能促进他更积极地参与活动中呢？

（2）有什么辅助技术可以帮忙呢？这个辅助设备要如何支持儿童参与日常活动？在选择辅助设备时，应考虑儿童的优势以及未来如何实际使用。例如，对于一个无口语但会动手指的儿童，可能可以通过开关设备，以按按钮的方式进行交流。

（3）选择辅助技术时要考虑儿童的偏好。例如，在一个活动中如儿童喜欢趴着或者躺着，选择允许他在这个姿势时使用的辅助设备可能更能够促进他的参与。教育人员需要判断儿童的兴趣，并且思考如何使其转换为他参与活动的动力。例如，对于一个喜欢灯光的孩子，可以在他的扩大性沟通设备上加上灯光设计，来增加他使用沟通设备的动机。当他按下按钮进行沟通时，设备就会亮起来。

（4）如何确定辅助设备支持儿童活动参与的效果呢？对此，教育人员可以在日常活动中陪同儿童使用辅助设备并对此进行观察。相较于未使用辅助设备前，儿童有变得更积极地参与活动和学习吗？他在参与活动时是否还存在着挑战或障碍？仔细思考辅助设备是怎么用的，以及是否需要提供更多的教导来教儿童使用设备？此外，是否还需要试试其他不同的辅助设备？

（5）当确定了辅助设备确实在促进儿童的日常活动参与后，进一步思考，如何使用其进一步支持他在其他课堂活动中的参与和学习。再者，教育人员要持续观察活动中的儿童，确定他已经变得更自主独立而不再需要辅助设备的时机。此时，就需要降低或撤除辅助设备的使用了。

第三节　评估学前融合班级环境

融合班级是一个动态且复杂的环境。从环境的内涵来看，可将融合班级环境分为物理生态环境与社会生态环境两部分。物理因素包括物理空间的安排、空间中的设施设备、专业人员与行政的支持等；社会因素则包括教师与同侪团体的特质、行为，同侪之间以及同侪与团体之间的互动，班级气氛等。

接续上一节，本节通过介绍一系列的评估工具，协助教育人员通过可观察、可测量的方式，找到学前融合环境有待改善之处，从而提升学前特殊儿童在教室中的参与学习。以下介绍的评估工具均为检核表。检核表是一种简单易使用的评估工具，可以协助使用者检核所关心领域中各项指标要素的表现或质量，从而为改善提供依据与指引方向。本节主要介绍两个系列的工具，第一项是 ECTA 中心的《表现检核表》，第二项是张翠娥的《学前融合班级生态检核表》。

一、表现检核表的环境领域

ECTA 中心的《表现检核表》（Performance Checklists）是由领导力、评估、环境、家庭、教学、互动、团队与合作、转衔 8 个领域的检核表构成的，与本章密切相关的是其中的环境领域。在该领域中包括以下 5 项检核表：《自然环境下的学习机会检核表》（Natural Environment Learning Opportunities Checklist）、《环境安排检核表》（Environmental Arrangements Checklist）、《儿童体能活动检核表》（Child Physical Activity Checklist）、《环境调整检核表》（Environmental Adaptations Checklist）和《辅助科技检核表》（Assistive Technology Checklist）。表 3-3—表 3-7 是本节作者对各项检核表的内容的中文修订版。

以下五项检核表旨在为包括特殊儿童在内的所有儿童建构一个促进其参与和学习的自然环境。我们可将这 5 项检核表视为两个层级。其中，前三项检核表属于第一层级，提出建构一个优质的幼儿环境的指标和做法，后两项检核表属于第二层级，提出针对特定儿童（包括特殊儿童）应进行的环境领域的调整指标和做法。第一层级是第二层级的基础。

扫码体验在
线检核表

表 3-3　在自然环境下的学习机会检核表

自然环境下的学习机会检核表

本检核表涵盖了在自然学习环境下的环境事件／因素，以及成人（家长及教育人员）的做法这两方面内容。这些内容旨在促进儿童日常活动的参与，鼓励、维持儿童参与学习活动。为了维持儿童参与学习活动，下列项目包括了基于儿童兴趣的学习机会，以及成人的积极（持续）的回应。

教育人员可以使用下列检核表指标来制订教育计划，与孩子一起练习或支持父母使用这些做法。本检核表也可以用于自我评价，以决定以下的一些内容是针对儿童进行练习，还是支持父母使用。

教育人员：		儿童：		日期：		
以下哪些项目正在执行？	偶尔或从不（0%～25%）	有一些时候（25%～50%）	尽可能常常（50%～75%）	大多时候（75%～100%）	备注
1. 观察儿童的日常活动，找出能吸引他注意力的环境因素					
2. 找出在日常家庭活动和日常安排中，儿童觉得最有趣、最愉快的部分					
3. 选择能够为儿童提供最多机会练习活动目标行为和使用这些能力的活动					
4. 促进和鼓励儿童参与日常活动和常规					
5. 积极地（持续地）回应儿童在日常活动中的行为，以维持孩子的参与和游戏					
6. 参与到儿童的活动中，并且提供支持和指导，从而维持学习目标行为的活动					
7. 通过使用不同的教学策略（示范、塑造等）来鼓励孩子行为的复杂化，扩展儿童的行为技能					

表 3-4　环境安排检核表

环境安排检核表

本检核表涵盖利用环境的安排促进儿童的体能活动，以及活跃儿童的游戏机会，并将游戏机会作为儿童日常学习的一部分。本检核表的项目包括成人可以使用的各类为确保室内外空间安排方面的做法。这些做法的目的在于促进与保持动作及其他领域的发展，儿童的健康与体能。

教育人员可以使用下列检核表指标来制订教育计划，与孩子一起练习或支持父母使用这些做法。本检核表也可以用于自我评价，以决定以下的一些内容是针对儿童进行练习，还是支持父母使用。

续表

教育人员：		儿童：		日期：		
以下哪些项目正在执行？	偶尔或从不	有一些时候	尽可能常常	大多时候	备注
	（0%～25%）	（25%～50%）	（50%～75%）	（75%～100%）	
1. 在室内游戏区域中，有充足的空间让儿童可以进行室内游戏和移动					
2. 在室外游戏区域，有儿童可以奔跑、移动和进行其他体能活动的开放空间					
3. 在室外游戏区域，有小路、跑道、可以玩带轮子的车（如三轮车）或其他类似玩具的场地					
4. 为鼓励体能活动，有提供各式各样的游戏材料（如有轮子的车、各种大小的球等）					
5. 提供室外设备，并根据需要进行调整，从而鼓励儿童可以进行爬行、攀爬等类型的身体活动					
6. 让室内和室外的空间对所有儿童都是可及的					

表 3-5　儿童体能活动检核表

儿童体能活动检核表

　　本检核表涵盖鼓励和邀请儿童进行体能活动的做法，以及将儿童的游戏机会作为日常学习一部分的做法。本检核表中的项目包括了一系列成人（教育人员与家长）确保儿童可以获得充分体能活动（锻炼、运动）的具体做法，从而促进儿童的健康、体能，粗大动作及其他领域的发展。

　　教育人员可以使用本检核表指标制订教育计划，与孩子一起练习或支持父母使用这些做法。本检核表也可以用于自我评价，以决定以下的一些内容是针对儿童进行练习，还是支持父母使用。

教育人员：		儿童：		日期：		
以下哪些项目正在执行？	偶尔或从不	有一些时候	尽可能常常	大多时候	备注
	（0%～25%）	（25%～50%）	（50%～75%）	（75%～100%）	
1. 在一日作息中安排儿童游戏和运动的时间段（室内和室外）					
2. 为激发儿童游戏和运动，安排足够的活动时间和各种形式的活动					

以下哪些项目正在执行？	偶尔或从不（0% ~ 25%）	有一些时候（25% ~ 50%）	尽可能常常（50% ~ 75%）	大多时候（75% ~ 100%）	备注
3. 将儿童参与运动和锻炼作为日常活动的一部分					
4. 用音乐、节奏和其他方式的活动来鼓励儿童进行运动、锻炼					
5. 使用各种适合儿童年龄阶段的体能活动和运动					
6. 如需要，使用辅助技术以及调整活动方式，支持特殊儿童参与体能活动与运动					

表 3-6　环境调整检核表

环境调整检核表

　　本检核表包括决定应进行的环境调整类型（如物理环境、社会环境、作息时间表等）的步骤，从而促进儿童参与学习活动，提升能力水平。检核表中的项目包括各类型的调整策略，目的在于降低或撤除环境中存在的对儿童参与学习活动和常规的阻碍。

　　教育人员可以参考下列指标，调整个案的评估与教育计划，从而促进其参与学习活动。本检核表也可以用于自我评价，以决定教育人员是否有根据必要的步骤，将环境调整作为儿童个别化干预计划的一部分。

教育人员：	儿童：		日期：		
以下哪些项目正在执行？	偶尔或从不（0% ~ 25%）	有一些时候（25% ~ 50%）	尽可能常常（50% ~ 75%）	大多时候（75% ~ 100%）	备注
1. 观察儿童尝试参与日常学习活动和常规的表现					
2. 识别环境中存在的阻碍儿童参与活动的因素					
3. 识别儿童表现出的优势、兴趣、偏好等，以及那些可以激发或促进儿童互动意图的人物、材料					
4. 决定可以促进儿童参与学习活动的环境调整的类型（如物理环境、作息表、活动、学习材料、教学过程等）					

续表

以下哪些项目正在执行?	偶尔或从不（0%～25%）	有一些时候（25%～50%）	尽可能常常（50%～75%）	大多时候（75%～100%）	备注
5. 将最少侵入的调整（least-intrusive adaptation）和儿童的优势相结合，以促进儿童在学习活动中的互动和参与					
6. 通过进行调整，来确定其能在多大程度上支持儿童参与学习活动					
7. 将环境调整嵌入到日常活动和常规中，以确保儿童能够持续参与学习活动					
8. 随着儿童在日常活动和常规中更独立自主后，降低或移除调整策略的使用					

表 3-7　辅助科技检核表

辅助科技检核表

本检核表涵盖识别和使用辅助科技促进儿童参与学习活动，进而提升儿童能力的程序。检核表中的项目，重点在于识别出个案的辅助科技需要，选择能够对应其需要的适当辅助科技设备，以及使用辅助科技促进儿童在学习活动中的参与。

教育人员可以利用下列指标，对个案进行辅助科技的评估以及制订辅助科技的使用方案。本检核表也可以用于自我评价，以决定教育人员是否有根据必要的步骤，将辅助科技作为个案个别化干预计划的一部分。

教育人员：	儿童：		日期：		
以下哪些项目正在个案的评估/干预方案中执行?	偶尔或从不（0%～25%）	有一些时候（25%～50%）	尽可能常常（50%～75%）	大多时候（75%～100%）	备注
1. 观察儿童尝试参与日常学习活动和常规的表现					
2. 识别儿童在参与活动中存在哪些特定、具体的困难或挑战?					
3. 识别儿童表现出的优势、兴趣、偏好等，以及那些可以激发或促进儿童互动意图的人物、材料					
4. 确定哪些类型的辅助设备可以满足儿童的需求，而且在使用时融入儿童的优势					

以下哪些项目正在个案的评估/干预方案中执行？	偶尔或从不（0%～25%）	有一些时候（25%～50%）	尽可能常常（50%～75%）	大多时候（75%～100%）	备注
5. 通过运用辅助设备，来确定其能在多大程度上支持儿童参与学习活动					
6. 将辅助设备嵌入日常活动和常规中，以确保儿童能够持续参与学习活动					
7. 随着儿童在日常活动和常规中更独立自主后，降低或移除辅助设备的使用					

二、学前融合班级生态检核表

张翠娥编制的《学前融合班级生态检核表》从 3 大类别 8 个方面建构学前融合班级的生态环境，探讨一个学前班级是否支持特殊儿童的发展需要。其中，类别一是物理生态环境，包括一般环境空间规划，以及针对特殊幼儿需求的空间规划；类别二社会生态环境包括班级气氛、互动关系、班级常规制订、班级行为处理；类别三教学生态评估包括教学计划调整、教学实施调整。该检核表共计包括 69 个项目，表 3-8—表 3-10 分别是本节作者对三个类别的评估项目的中文简体化修订。

扫码体验在线表格

表 3-8　学前融合班级生态环境检核表：物理生态环境

类别	向度	项目说明	检核			其他（请说明理由）或备注特殊状况
			已做到	未完成	不需要	
物理生态环境评估	一般环境空间规划	1. 教室位置需要考量特殊幼儿的障碍状况作调整，如特别安排在出入方便的班级				
		2. 教室安排各种不同的学习区域				
		3. 教室包含各种空间形式（如个人活动空间、小组活动空间、团体活动空间）				
		4. 教具材料置于幼儿取得到的地方				
		5. 避免没有清楚目的的开放空间				
		6. 每位幼儿有自己专属的空间，如置物柜				

续表

类别	向度	项目说明	检核			其他（请说明理由）或备注特殊状况
			已做到	未完成	不需要	
物理生态环境评估	一般环境空间规划	7. 确定所摆放的设施材料没有危险性				
		8. 区域能提供标签或标识，注意让特殊幼儿也能了解				
		9. 依据各区大小放置适当的玩具				
		10. 事先做好环境规划，留有弹性调整空间				
		11. 空间安排考量动线流畅性				
		12. 空间安排有助于成人与幼儿正向互动				
		其他：				
	针对特殊幼儿的空间规划	1. 环境规划先评估特殊幼儿的先备技巧				
		2. 座位调整到容易出入的位置				
		3. 座位调整到教师容易掌控的位置				
		4. 座位调整在同伴容易协助的位置				
		5. 座位调整在不易受干扰的位置				
		6. 考量环境设备对特殊幼儿的安全性				
		7. 依据特殊幼儿个别化教育目标选择适当的教材教具，如目标要促进幼儿间的社会互动，会多准备积木、球、布偶等				
		8. 视幼儿需求提供不受干扰的个人空间				
		9. 空间安排考量让障碍学生有成功或最少失败的学习经验				
		10. 提供特殊幼儿需要的特殊设备				
		11. 学习如何使用特殊设备，了解可能有何种问题或可能发生的故障				
		12. 了解需要使用特殊设备的时间有多长				

类别	向度	项目说明	检核			其他（请说明理由）或备注特殊状况
			已做到	未完成	不需要	
物理生态环境评估	针对特殊幼儿的空间规划	13. 如有学生需要与特殊幼儿配对活动或讨论时，考虑辅助教材及相关学习资源的充足度				
		14. 注意视觉或听觉缺陷学生在物理环境中的需求				
		其他：				

表 3-9　学前融合班级生态环境检核表：社会生态环境

类别	向度	项目说明	检核			其他（请说明理由）或备注特殊状况
			已做到	未完成	不需要	
社会生态环境评估	班级气氛	1. 幼儿有需求时，教师会适时回应				
		2. 教师对不同特质、能力学生，展现弹性态度与做法				
		3. 教师言谈幽默风趣				
		其他：				
	互动关系	1. 特殊幼儿时常会与教师互动				
		2. 同伴能接纳特殊幼儿				
		3. 同伴跟特殊幼儿互动关系良好				
		4. 大部分幼儿愿意和特殊幼儿一起玩				
		5. 分组合作时，特殊幼儿能很快被接纳				
		其他：				
	班级常规订定	1. 与幼儿共同制订、调整班级常规				
		2. 班规特别考虑特殊幼儿状况				
		3. 在开学初就清楚介绍班级规则、过程和可能结果				
		4. 生活作息时间能依幼儿需求做弹性调整				

续表

类别	向度	项目说明	检核			其他（请说明理由）或备注特殊状况
			已做到	未完成	不需要	
社会生态环境评估	班级常规订定	5.确定学生清楚班级规则				
		其他：				
	班级行为处理	1.依常规行事，但对例外特别事件能作适当调整				
		2.需特别加强自我管理（如自我教导、自我监控、自我强化等）行为管理策略				
		3.需特别调整奖励标准				
		4.需特别调整奖励方式				
		5.需特别调整处罚标准				
		6.需特别调整处罚方式				
		7.需特别加强教导正向行为				
		8.需特别控制一些会导致行为问题的刺激				
		9.需肢体提示协助				
		10.需要口头特别提醒				
		11.需要特别手势或眼神提示				
		12.立即阻挡不当行为				
		其他：				

表 3-10 学前融合班级生态环境检核表：教学生态环境

类别	向度	项目说明	检核			其他（请说明理由）或备注特殊状况
			已做到	未完成	不需要	
教学生态环境评估	教学计划调整	1.针对特殊幼儿状况调整教学目标				
		2.特别调整课程实施时间				
		3.学前初特别设计促进普通幼儿接纳特殊幼儿的主题活动				

类别	向度	项目说明	检核			其他（请说明理由）或备注特殊状况
			已做到	未完成	不需要	
教学生态环境评估	教学计划调整	4. 特别调整课程组织内容				
		5. 活动设计特别考量幼儿能力				
		6. 特殊设计能激发分享和合作的活动				
		7. 开学一个月内设计好特殊幼儿的个别化教育计划（IEP）				
		8. 设计 IEP 前先收集各种相关信息				
		9. 特别设计活动激发幼儿主题学习兴趣				
		其他：				
	教学实施调整	1. 降低材料难度				
		2. 减少工作量				
		3. 透过故事、影片讨论				
		4. 通过团体讨论				
		5. 请小帮手协助				
		6. 特别作息安排				
		7. 进行个别教学活动				
		8. 给予额外时间特别指导				
		9. 发展相关主题教学				
		10. 使用辅助器材或材料				
		11. 将 IEP 目标行为融入教学中				
		其他：				

本章小结

在本章，我们首先概览了我国和美国学前特殊儿童的安置方式，并且了解了一个高品质的学前融合班级环境应具备的特征。接着探讨教保人员如何发展与改善学前融合环境，最后介绍学前融合环境的评估工具。通过本章的学习，我们希望读者认识到：第一，物理与生态因素紧密互动，仅有物理环境的创设与调整不足以达到创设一个包容、让所有儿童都能受益的学前融合教育环境的目标。第二，优质、丰富的自然学前环境是进一步创设学前融合环境的基石。第三，学前融合环境的创设需要全面的设计，是一项将其视为一个整体系统的，具有持续性、目的性、系统性的工作，而非仅仅针对特殊儿童个体进行个别的改变，更不是被动地等待特殊儿童准备好、待其有能力后才进入到这个环境中。第四，教师对融合班级环境的创设，班级经营的理念应从矫正个别学生转移到营造正向、接纳的班级气氛上，支持包括特殊儿童在内的所有儿童的学习与参与。

第四章　幼儿需求评估

思维导图

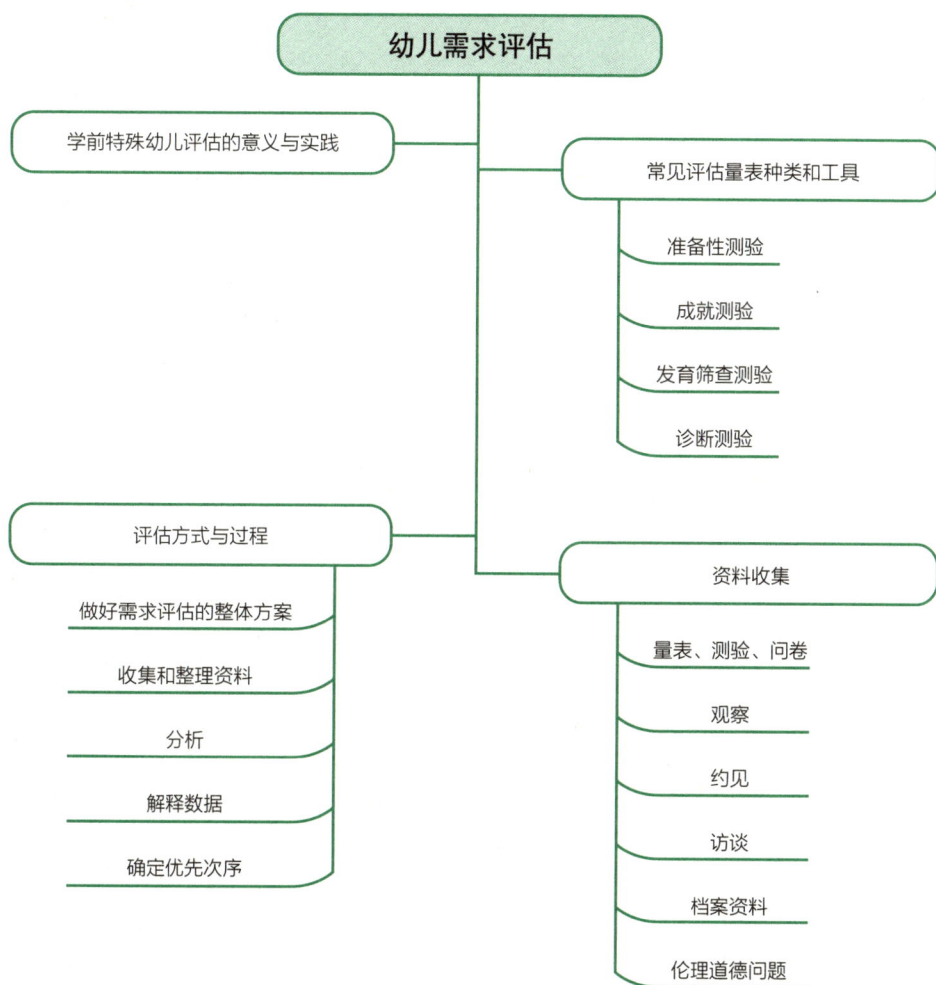

学习目标

1. 理解幼儿需求评估的意义和目的。
2. 了解常用的评估实施过程。
3. 掌握资料收集的一般方法。

情境导入

幼儿园张老师发现班上有个 3 岁男生的个性表现与其他学生不同。他对跟其他小朋友一起玩耍没什么兴趣，常独自玩耍，摆弄小物品。如果有人打扰他，比如夺走他手里的东西，他就会哭闹不安。他与教师和父母的互动都较少，遇到问题不会寻求帮忙，肚子痛也不告诉大人，言语发展水平较为滞后，词语表达单调。这位幼儿发生了什么？我们应该如何帮助他？

第一节 学前特殊幼儿评估的意义与实践

党的二十大报告提出，我们深入贯彻以人民为中心的发展思想，在幼有所育和学有所教上持续用力，建成世界上规模最大的教育体系。要实现幼有所育，必须搞清楚还有哪些幼儿的教育需求未被满足。根据最新统计，我国 0 ~ 6 岁残疾儿童已超过 160 万，每年还有 20 多万新增残疾儿童。由此可见，我国学前特殊需要幼儿数量不可小觑。

评估是指系统地收集和评价信息，以决定是否要采取不同的行动。评估发生在多种情境下，它是干预实践的核心指南，指引着干预方案的设计、选择、应用和评价。"系统的信息收集"意味着评估活动的目的性和严谨性特征。信息的收集可能有很多不同的方式，如教师评价、自然观察或标准化测验等。"系统的"意味着数据收集的条件和程序是有现成做法的，在不同的执行人、不同的时间点和不同情况下保持大体一致。

需求评估的目的之一是促进幼儿的学习和发展。幼儿教学过程和评估过程是不可分割的。在开始课程学习之前对幼儿进行个别评估很重要，以便确定从哪里开始学习。通常要考虑两个方面。首先是确定幼儿拥有何种类型的学术技能和事实知识。学术技能是幼儿通过体验课程活动而获得的知识和解决问题的能力。学术技能是相关课程的基础，包括数、概念、逻辑和事实等知识。有学者认为，准备性测验（readiness tests）是确定幼儿当前学业能力水平的有效工具，可以用来帮助教师规划课程。此外，从准备性测验中获得的信息可以帮助教师确定幼儿在参加特定课程活动方面准备得如何，从而确定他们能否从中受益。

需求评估的目的之二是确定有特殊需要的儿童，利用评估来确定儿童的特殊问题，以确定是否需要在已经提供的一般教育服务之外提供额外的特殊需要服务。通常需要两个步骤来识别有特殊需要的儿童。第一步是筛查，这是一个非常简短的评估，以确定是否有必要进一步评估。筛查仅在特殊需要识别和转诊的初始阶段使用。通常，这个步骤由任课教师或没有接受过标准化诊断评估培训的人进行。如果确定需要进一步评估以确定特殊需要的性质，则实施第二步，即诊断程序（diagnostic procedure）。儿童被转介给适当的专家，他们使用诊断评估对儿童进行深入评估。专家包括学校心理学家、语言病理学家、医生、咨询心理学家等。首先，评估程序应确定特殊需要的性质；其次，确定最能满足孩子需求的特殊服务类型。

有效的需求评估有助于当地相关工作者和教育系统的领导者了解复杂教育系统的各个部分如何相互作用，从而为幼儿的成长和教育的改进提供信息。需求评估的目标是帮助教育工作者识别、理解和优先考虑地区和学校必须解决的需求，以提高绩效。确定优先需求是一系列紧密联系的步骤中的第一步，这些步骤还包括了解导致需求的根本原因，以循证的方法选择能解决这些领域需求的政策，准备和实施选定的政策，并评估这些政策是否解决并取得了预期的结果。需求评估是持续改进教育政策和服务的最初步骤。

第二节　常见评估量表种类和工具

一、准备性测验

准备性测验在内容上主要测量学习过程中涉及的认知、感知、情感、动机和其他因素（如生活适应性方面），目的是试图确定学生是否能够从特定教学课程（如学前课程或小学课程）中受益。准备性测验在形式和内容上与成就测验相似，它们衡量的都是幼儿对特定课程内容的掌握程度。不过，在深度和广度上，准备性测验不如成就测验。成就测验主要用于确定儿童在接受一段时间的教学后对课程内容的掌握程度，而准备性测验主要用于评估儿童掌握了哪些内容，以确定他们是否"准备好"进入下一阶段的学习。准备性测验不是用来衡量未来学习潜力的，因此不能用来预测未来学业成就。它们描述的是儿童目前的知识和技能水平。

儿童饮食行为问题筛选评估问卷（IMFeD）：适用于 1 ~ 6 岁的儿童，包括 6 个项目 17 个条目，其中 6 个项目分别是胃口差、对某种食物特别偏好、不良进食习惯、父母过度关心、害怕进食、潜在疾病状态。根据儿童的饮食行为问题的严重程度，判断时分 4 个等级。

学龄前儿童饮食行为量表（PEBS）：基于我国儿童饮食行为特点，参考国外资料进行改编，适用于 3 ~ 6 岁的学龄前儿童，由主要照护人根据儿童最近一个月的饮食行为代答问卷。由 38 个条目组成，包括挑食、食物响应、不良进食习惯、过饱响应、外因性进食、情绪性进食和主动进食能力 7 个维度，每个维度包含 5 ~ 7 个条目。

儿童饮食行为量表（CEBQ）：适用于 2 ~ 13 岁的儿童，有 35 个条目，由 8 个维度构成，分别是过饱响应、进食缓慢、挑食、食物响应、食物喜好、渴望饮料、情绪性饮食减少、情绪性过度饮食。采用 Liket 五级计分法。可以用于儿童饮食行为评价及饮食行为与肥胖的相关性研究。

儿童饮食行为清单（CEBI）：适用于 2 ~ 12 岁的儿童，有 40 个条目，分为两部分：儿童和父母领域。28 个儿童领域的条目主要评估儿童的食物喜好、运动技能和行为依从性；12 个父母领域的条目是评价父母对儿童的行为控制，家庭成员之间对于孩子喂养方面的认识及表现。

婴儿—初中生社会生活能力量表（S-M）：适用于 6 个月到 14 ~ 15 岁范围内的人群，有 6 个领域，包括独立生活能力、运动能力、作业、交往、参加集体活动、自我管理。回答人是儿童的父母、每天照料儿童的人或经常与儿童接触的老师。

儿童适应性行为评定量表（CABR）：适用于 3 ~ 12 岁的智力低下和智力正常的儿童。采用分量表结构，有 8 个分量表，其中分量表各功能为感觉运动、生活自理、语言发展、个人取向、社会责任、时空定向、劳动技能、经济活动。

二、成就测验

许多儿童早期项目使用成就测验来评估儿童的进步或成就水平。成就测验衡量儿童在多大程度上习得了课程目标中的知识和技能。通过评估，可以促进课程内容的学习和教学方法的改进。成就测验在教育上的用途分为四种，即反馈、评价、科研和选拔安置。成就测验根据不同分类方式可以分成不同的种类，从反应方式上可分为实作测验和纸笔测验，从编制方法上可分为标准化成就测验和教师自编测验，而根据解释分数的方法的不同又可分为标准参照测验和常模参照测验。

视觉－运动发育整合测验（VMI）：是一种非文字型的儿童发育技能测查，适用于2～14岁儿童，但最适用于学龄前儿童和低年级学龄儿童。测试题由24个按从易到难顺序排列的几何图形组成，采用二级评分法评定结果。

中国比内测验（第三版）：适用年龄为2～18岁，属于个别测验，采取一对一方式测试，约需30分钟完成，共由51个试题组成，其中题目分为观察能力、记忆能力、思维能力、想象能力和综合运用多种能力的题目。

希－内学习能力测验（3～17岁）（H-NTLA）：美国研究者通过对聋哑学校学生连续数月观察记录起居饮食及课内外活动的情况得出的量表。受文化、语言影响小，适用听障儿童和健听儿童。量表包括串珠、记颜色、辨认图画、看图联想等12个分测验。测试时间在30～45分钟。

图片词汇测试（PPVT）：适用于3岁3个月～9岁2个月的儿童。

语言发育迟缓检查法（S-S法）：适用于1～6.5岁的语言发育迟缓儿童，包括促进学习有关的基础性过程、语言符号与指示内容的关系、交流态度3个方面。其中以语言符号与指示内容的关系检查为核心，比较标准分为5个阶段。

三、发育筛查测验

发育筛查测验是简短而标准化的工具，用来识别有发育障碍风险的儿童。发育筛查测验既有针对多个发育领域的一般性测验，也有针对特定领域的测验。形式上，多数基于父母或教师的报告，也有一些直接对幼儿进行测验。筛查出风险的幼儿会进一步进行评估。评估与筛查是连续性的行动，是综合评估的组成部分，但评估更深入地探讨幼儿的需求，通常由一组专业人员完成。综合的评估还包括病史、对婴幼儿和家庭功能的直接观察，以及包括感觉反应和处理、运动张力和计划、语言、认知和情感表达在内的动手互动评估。综合的评估是一个彻底的过程，包括照顾者/家庭面谈、发育史、临床观察、婴幼儿精神状态检查。

Meisels认为，许多人混淆了准备性测验和发育筛查测验。它们的相似之处是都很简短，一般用于分类鉴别幼儿。然而，Meisels指出，两者的目的是非常不同的。发育筛查测验的目的是甄别出那些可能需要进一步进行诊断测验的幼儿，以确定他们是否需要特殊教育服务。准备性测验的目的是确定孩子掌握的具体技能和知识。准备性测验的结果用于分班和课程规划。因此，准备性测验是成果导向的——衡量孩子已经拥有的技能和知识，而发育筛查测验是面向过程的——衡量孩子获得新知识和技能的能力。

儿童心理行为发育预警征象筛查问卷（WSCMBD）：适用于0～3岁儿童，而适用于3～6岁儿童的版本正在开发中。每个年龄点包含4个条目，分别为大动作和精细运动、言语能力、认知能力（视力、听力）、社会能力（孤独症）等方面能力。采用家长询问方式，测验时间2～3分钟。

丹佛发育筛查测验（DDST）：根据丹佛城市人口分布做出标准，后在全美国人口范围应用有效。目前在广泛使用该测验的再标准化的中文版。包括个人—社会、精细动作—适应性、言语、大动作四个维度。适用于从出生到6岁的婴幼儿，测试一般需要15～20分钟。

丹佛发育筛查测验Ⅱ（DDST-Ⅱ）：从DDST到DDST-Ⅱ过程中，主要修订DDST有问题的题目。测试一般需要10～20分钟。每个项目分为通过或未通过，其结果与年龄为基础的模型进行比较，将儿童分为正常、可疑和延迟。

0～6岁儿童智力发育筛查测验（DST）：我国自编用于0～6岁儿童的治疗筛选工具。量表测量内容为运动、社会适应、智力3个维度，共120个项目，其中有3个维度的项目比例按1∶1∶2由易到难排列。

0～6岁儿童发育筛查父母问卷：由父母回答填写，有效筛选0～6岁儿童的发育障碍。耗时10～15分钟，每个年龄段选择不同条目的问卷，每个条目回答采取是或否两级评分，"是"评为1分，"否"评为0分。各年龄问卷起始条目之前的所有条目不用回答，视为全部通过，全部计1分，否则为0分。将全部条目得分相加形成量表总分。

学龄前儿童50项智能筛查量表：适用于4～7岁（3岁10个月～7岁3个月）儿童，在儿童保健和儿科临床等领域应用。分为回答问题和操作两大类，共50道题，包括自我认识能力13道；大动作和精细运动能力13道；记忆能力4道；观察能力6道；思维能力9道；常识5道。按照两分法计分，满分50分。

儿童应激障碍检查表（CSDC）：适用于2～18岁的儿童与青少年，由儿童观察者填写，可一人或多人填写。共36个条目，1个创伤事件条目，5个急性反应条目和30个近期反应条目。

儿童被忽视量表（CNS）：儿童被忽视量表是评估个体对儿童时期（16岁以前）被忽视程度的自陈量表，分为躯体忽视、安全忽视、情感忽视、交流忽视等4个因子。

中国儿童青少年忽视评价常模量表：儿童忽视有身体忽视、情感忽视、医疗忽视、教育忽视、安全忽视和社会忽视，其中符合学前儿童的量表为中国城市3～6岁儿童忽视评价常模量表。

四、诊断测验

诊断测验是用来确定幼儿在教育和／或发育上的情况（包括相关障碍及其原因），以提供教育规划意见的。与其他测验的不同之处在于，诊断测验旨在识别或测量特定问题或障碍，一般会提供是或否的答案。

麦卡锡幼儿智能量表中国修订版（MSCA）：属于诊断测验，个别测验，适用于2.5～8.5岁儿童，测试时间约1小时。也可延展至8～14岁智力发展障碍儿童的评定。6个分量表为言语、知觉－操作、数量、记忆、运动，前三者合成"一般智力"（GI）分量表。量表分数分为2种，其一是T分，用于前五个分量表的粗分转换；其二是IQ，用于"一般智能"（GI）分量表的得分置换。

0～6岁儿童神经心理发育量表（儿心量表）：以纵向为主，横断验证为原则。量表分为大运动、精细运动、适应能力、语言及社交行为等五个维度，每个年龄组6～8个项目，共计211个项目。正常儿童可在20～30分钟测验完毕。智力水平评价依据统计学换算结果将婴幼儿智能水平分为五个等级。

中国儿童发育量表（CDSC）：适用于3～9岁儿童的社会性发展状况，以认知发展理论为基础，按五个维度（维度）的结构设计即大动作、精细动作、适应能力、语言及社会行为，每个维度有1或2个测验项目，各维度权重相等，采用二分法计分。

Gesell发展诊断量表（GDS）：评估诊断0～6岁儿童发育水平的心理测量工具，评定0～6岁儿童智力残疾的标准化方法之一。以普通儿童的行为模式为标准，鉴定、评价观察到的行为模式。其中有五个维度为适应性行为、大动作行为、精细动作行为、语言行为、个人－社会行为。

中国儿童发展量表（3～6岁）：该量表分为智力发展量表与运动发展量表。智力发展量表包括语言能力测验、认知能力测验、社会认知能力的测验；运动发展量表是对幼儿身体素质和动作技能发展的测查。

2～6岁学龄前儿童行为量表：由父母或直接带养人回答填写，耗时15分钟左右。将注意、多动和攻击三个因子的粗分相加形成外向量表粗分，将退缩、焦虑、情绪控制和躯体化四个因子粗分相加形成内向量表粗分，将所有46个条目粗分相加得到量表总粗分。当得分大于等于划界分为异常，小于划界分为正常。

Conners评定量表：适用于3～17岁的儿童，用于评估ADHD（注意力缺陷多动障碍）和相关行为。

Conners父母症状问卷（PSQ）：适用于3～17岁的儿童，用于评估儿童多动症。包括品行问题、学习问题、心身问题、冲动－多动、焦虑五个分量表，还设计简明症状问卷（多动指数）。按0～3的四级评分，得分相加除以项目即Z分。在临床应用发现对多动症儿童的诊断敏感，对情绪障碍也有一定辅助作用，简明症状问卷用于治疗研究追踪疗效。

阿肯巴克儿童行为量表（CBCL）：是目前世界上应用最为广泛的评价儿童行为问题的

行为量表，用于筛查不同性别、年龄段儿童的行为问题，由美国学者阿肯巴克（Achenbaneh）在 1983 年正式提出，忻仁娥等制订了中国常模，修订成中国标准化版的阿肯巴克儿童行为量表，分父母评分表（CBCL）和教师评分表（TRF）两种，主要适用于 4 ～ 16 岁的儿童。

康奈氏问卷：筛查儿童行为问题（特别是多动症）用得最为广泛的量表。问卷应用至今约有 20 年历史，包括父母问卷（PSQ）、教师问卷（TRS，主要用于儿童在学校环境中的行为表现筛选）及简明症状问卷（即父母教师问卷，ASQ）。本量表适用范围为 3 ～ 16 岁儿童。

拉特（Rutter）儿童行为问卷：从一般健康问题和行为问题两个方面对儿童行为进行评估，分为父母问卷和教师问卷，分别对儿童在家中以及在学校中的行为表现进行评估，适用于学龄儿童，能够区别儿童的情绪和行为问题，判断儿童有无精神障碍。

孤独症行为量表（ABC）：适用于 18 个月 ～ 35 岁孤独症患者的筛查、辅助诊断。涉及孤独症患者的感觉、行为、情绪、语言、生活自理等多方面的症状，可总结为 5 个因子：感觉、交往、躯体运动、语言和生活自理。总分小于 53 分，筛查为阴性；总分在 53 ～ 67 分筛查为阳性；总分大于 68 分可辅助诊断孤独症。量表总分越高，孤独症行为症状越严重。量表由儿童的父母或与其共同生活达 2 周以上的人进行评定。

儿童期孤独症评定量表（CARS）：适用于 2 岁以上的人群，用于临床医生针对孤独症儿童言语、行为、感知觉等方面的观察。按照 4 级评分。

孤独症诊断观察量表（ADOS）：适用于 2 岁以上的孤独症患者，包括结构化的任务和非结构化的任务。评估者观察儿童在任务完成过程中是否出现了象征性游戏、语言运用等靶行为，对其进行编码、计分和评定，得出结果。评定包括社交互动、语言交流、刻板行为、情绪和异常行为，采用三点计分法。

中国学龄前 3 ～ 7 岁儿童气质量表（CPTS）：9 个气质维度组成，分别是活动水平、节律性、避趋性、适应性、反应强度、心境特点、持久性、注意分散、反应阈。采用六点计分法。

第三节 评估方式与过程

第一步：做好需求评估的整体方案

我们要清晰定义一次需求评估的预想成果，并据此制订详细计划以达到目标。这一步会为接下来的评估流程构建坚实的基础。首先，我们要结合本次需求评估的实际情况，设定目标和预期成果；根据目标制订可以引导性问题；编制进度表，为所有相关的评估活动制订时间节点、行动和职责；确认本次需求评估中的所有利益相关者，为他们在活动中的角色和参与的方式等制订计划；说明本次需求评估的内容（评估什么）、流程（如何评估）

和传播（结果可以提供给谁使用，以及获取的方式）。

第二步：收集和整理资料

资料也称为数据，是需求评估的基本要素。资料的收集有多种方式，包括质性的、量化的，我们在第四节具体讨论。刚收集到的数据叫作原始数据。原始数据并不一定对决策有用。我们通常要将原始数据整理成可读取和可解释的形式，这样我们才能依据数据做出需求分析。

严谨的数据分析是成功评估的关键。输入决定输出，成功的评估要求多样化和高质量的数据收集。多样化的数据是指数据类型可以是量化的数据，也可以是质性的数据，如此才能反映更加全面的信息。量化的数据可以提供更加客观和简洁的描述，而质性数据是对整体资料的细节性和丰富性的补充。高质量的数据要求数据收集过程应该遵循有效且可靠的方法，同时收集过程是不受其他因素的干扰并在操作上没有错误的。对于量化的数据收集工具，如量表、问卷或测验等，要有合适的效度和信度保证。对于质性的数据收集，应该依据目的性抽样的原则找到可信任的知情人。在收集的操作上，应有专业或受过训练的人来执行。

将多样化和高质量的数据进行严谨的分析。要注意不同数据类型和不同数据源之间的对比，如果能够为同样的假设提供支撑，那么结论会更加可靠。因此，要重视不同数据对同一个假设的证据累积。数据分析时，还要注意结合人口统计学变量和幼儿所在社区或城市的背景信息，以排除结果受到额外因素的干扰，避免额外的解释。

第三步：分析

对获得的资料进行分析和解释可能是需求分析中最困难的部分。这是因为，对于需求的判断没有绝对标准，所有的准则、标准和过程在本质上都是主观的。以心理学的术语说，这是一个定义不明确的问题。我们只能从多维度出发去做决策，争取做到更好。

一种比较简单的需求评估方法是采用差异模型，认为需求就是期望的幼儿表现与实际观察到的幼儿表现之间的差异。因此，做法是使用测试结果或其他一些容易量化的测量方法，并将实际结果与预先确定的标准（如地方或国家规范或要实现的目标的百分比）进行比较。观察到的行为表现与标准之间的差异就是需求。但问题是，一些标准是任意地或人为地构建起来的，因此这种做法主要是方便解释和易于应用，但是很多其他方面是值得商榷的。比如，大多数幼儿的一般化的表现并不意味着这是正常的表现，或者说是不需要再提高的表现。偏离"正态"或"一般"表现得也不一定就是不好的。因此，"常模"不一定是标准的。在实践中，可能很少注意到所制订的标准的价值及其与社会价值和目标的关系。标准的潜在价值必须是有价值的需求评估的一个组成部分。在进行需求评估之前，需要对需求的价值基础进行充分的考虑。

第四步：解释数据

解释数据的本质是挖掘数据背后的意义和启示。在这个过程中，要与多个利益相关人进行合作，以确保数据的解释是"接地气的"，并从中识别出幼儿的需求。相关人员一起来解释数据有助于在需求分析后采取务实的措施来满足幼儿需求。数据的解读与数据的整理，和呈现情况密切相关。数据的展示应具有可读性和可信度，比如要展示不同时间点或不同来源的资料，以供对比。在心理测量学上，这叫作三角验证。这样才能让研究人员更好地提取资料中的主题（即幼儿的需求）。

第五步：确定优先次序

需求评估最终要取得成效，就要将精力和资源投入到最重要的地方。这就需要我们确定不同需求的轻重缓急，将紧急而重要的需求置于优先地位。在需求评估过程中，我们可能会发现幼儿的多重需求。但是，我们要将需求清单缩小到可以掌控的范围。可以请利益相关者确定其中幼儿真正的需求，并确保这些需求符合本地实情。另外，特殊需要的类型范围可以是从轻微的言语或语言问题，到严重的身体状况或认知延迟等更严重的问题。幼儿可能被确定为只有一个方面有特殊需要，也可能有多个方面需要补救和／或得到特殊教育服务。所有这些因素将决定所使用的评估类型，将参与评估过程的专家的类型，以及最终建议的干预计划的类型。

第四节　资料收集

幼儿的相关信息是进行评估的依据。如何进行资料收集呢？各类数据收集方式在分析的层面可归纳为量化取向的和质性取向的。对于一些质性的数据，我们还可以进行量化处理，所以一些收集方式同时具备量化和质性的可能。量化的数据是指以数字形式储存的信息。质性的数据是指以非数字形式储存的信息，包括但不限于文字、图片、声音、视频等。

表 4-1　数据收集方式和对应的分析取向

数据收集方式	量化取向	质性取向
量表／测验／问卷	√	——
观察记录	√	√
约见	√	√
访谈	√	√
档案资料	√	√

一、量表、测验、问卷

量表和问卷都是常见的量化研究工具，都涉及通过对被试进行测量并收集被试的回答结果来获得数据，然后通过对数据进行统计分析来推论研究结果，得出相关的结论。量表或问卷分为自评和他评两种形式。多数文字型量表或问卷都是他评的，即由幼儿的教师或家长作答，因为幼儿对文字题目的理解能力有限。通过量表或问卷实测收集数据应注意以下问题：

（1）选取量表或问卷。评估人员要明确研究目的、研究对象和研究问题。根据研究目的、研究对象和研究问题选择合适的问卷或量表。量表或问卷在目标样本中的信效度要符合测量学要求。

（2）确定施测时间、地点或方式。时间和地点要便于施测对象填写，同时要避免影响施测结果的环境因素。量表施测可分为线上发放问卷和线下发放问卷。线上发放问卷具有便捷性、覆盖面广、及时等优点，但是也存在不认真填写或受环境影响的缺点，从而导致结果的偏差。应通过测谎题或填答时长等方式判断问卷的有效性。线下发放问卷后收集较为缓慢、数量或有限，录入和整理数据需要大量时间和精力，但针对研究对象会更准确，结果会更谨慎。进行线下施测前，要对量表或问卷施测者进行系统培训，培训内容包括相应量表或问卷的理论基础、内容、基本操作方法和结果解释的了解。要熟悉指导语和施测程序，尽量避免临时翻阅使用手册，以免造成遗漏或停顿等现象，影响施测的结果。

（3）人口统计学变量。正式的量表和问卷施测应伴随着对受调查者人口统计学信息的收集，如姓名（或其他可识别身份的代号，以便回访）、年龄（对于幼儿，应具体到月份乃至日）、性别、父母职业和受教育背景、联系方式、住址、家庭结构、社会经济地位状况等。一些情况下，还需收集幼儿的出生情况、喂养及生长史、主要抚养人、既往病史等。

二、观察

观察法是研究者通过感官或借助于一定的设备，在一定时间内有目的、有计划地考察和描述人的各种心理活动和行为表现并收集研究资料的一种方法。观察的目的是进行情景分析，为实际教学决策提供依据，以及了解幼儿个体特点。观察的内容包括事件或活动的情境、人物、行为等。比如，人物的身份、数目、相互之间的关系，行为的频率与持续时间等。

观察记录法包括自然观察和结构化观察。自然观察法是在日常生活环境中，有计划、有目的地系统观察幼儿的日常行为，从中了解幼儿心理活动特点和发展水平，从而找到支持、帮助、指导幼儿学习与发展的依据。结构化观察法是在特殊的实验环境下，观察记录幼儿对特定刺激的反应。自然观察的结果具有更高的生态效度，因为是在自然状态下观察。

但是在自然条件下需要花更多时间与幼儿互动，而且缺乏对观察结果的条件控制，无法捕获无关因素的影响。结构化观察要设置一定的条件，按一定程序进行，所有幼儿都将接受同样的刺激。这样得出的结果内部效度更高。但是由于情境是受到控制的，所以结果推广到一般场景时需要谨慎。

观察记录的方式有日记法、事件记录法、行为记录法等。日记法是以某一幼儿为观察对象，记录该幼儿每日情况，比如活动中的言语、情绪和行为表现。有学者认为可通过多个样本的日记式观察记录以提高结论的普遍性，但是日记法可能存在个人主观偏差。每一个记录者都有自己特有的观点，可能会选择性地注意到那些支持自己观点的行为。事件记录法是对于自然情境或结构化情境进行现场观察，尽可能详细地、客观地快速记录与观察目的有关的各种事实。行为记录法是对关键观察变量进行操作性定义后，对特定行为进行观察、记录和编码，转化为频数或时长等数字化的事实，以便于进行统计分析。比如，记录幼儿在一节课时间内发言、提问、捣乱、吵闹、眼神不定等行为，以分析其课堂分心程度或注意集中度。对于所有这些观察记录方法，在观察过程中也可以利用视听设备记录，如电影或录像、照相、录音带等。但是，这些手段记录下来的资料，依然要通过整理，转变成量化或质性的数据，再进行分析。

三、约见

约见是一种面对面交流的信息收集方法，参与者是进行评估的专业人士与幼儿及其家长或看护人。约见可以帮助评估者在初步筛查后进一步面对面了解幼儿，并从看护人那里了解更多信息，以支撑初步的评估假设。评估者在约见的不同阶段要注意不同的事项，以提高组织性和效率。约见的关键步骤和主要做法见表4-2。

表4-2　约见的关键步骤和主要做法

步骤	主要内容	注意事项
预约和准备	与幼儿的家长或看护人以及教师取得联系，约定时间、地点、目的和流程。	预约的过程中要注意礼貌，保护对方隐私，在征求家长同意后进行约见。可为幼儿准备一份简单的礼物，例如，小玩具。约见前简单了解幼儿的基本情况，如幼儿行为、言语交流和情绪表达等方面的特点，初步形成假设。
约见进行时	明确约见的目的，可利用一些评估工具针对目标概念进行检测；在交流中还可以观察评估幼儿的社交技能、互动特点、行为表现和情感反应，进一步巩固或改进假设。	态度上要礼貌和尊重，平等和友好；注意幼儿身心安全，确定场所安全，需有家长或教师在旁；积极倾听幼儿的发言，鼓励幼儿说出自己的想法和感受，了解幼儿的兴趣爱好和发展需求；积极从看护人处了解更多背景信息，要使用简单、易懂的语言，并尽可能避免使用难懂的专业术语；在获取知情同意的情况下，借助记录工具（录音、视频等）进行更好的记录。

步骤	主要内容	注意事项
约见结束后	及时记录、整理相关信息，思考和反思相关问题，检验是否达到约见目的所要求的资料，检查资料是否验证了自己的假设。对假设进行修改完善，以便提供精准的需求服务。	注意资料的保存、保密和隐私问题。

四、访谈

访谈主要是评估者与幼儿的家长和老师进行面对面的交流，了解幼儿的家庭、教育和社交环境，以及幼儿的兴趣、特长和需要。相比于约见，访谈更加具有结构性。最常用的是半结构化访谈。也就是，围绕访谈目的，在访谈提纲的指引下针对具体的某些主要问题进行访谈，同时对访谈的走向保留一定的开放性，以获得更加全面的信息。访谈的主要步骤和内容见表 4-3。

表 4-3　访谈的主要步骤和内容

步骤	主要内容	注意事项
访谈准备工作	与幼儿的家长或老师约定访谈时间和地点，明确访谈目的、访谈对象、访谈方式和访谈记录方式，准备好知情同意书和访谈提纲。如果有的话，提前收集幼儿已有的成长记录和评估报告等，以便深入了解幼儿。	礼貌且给予家长或老师安全感，确保配合访谈进行。合理安排时间、场地。
正式访谈：热身	请受访者或幼儿监护人签订知情同意书，知悉访谈的目的、用途、权利和义务。	礼貌介绍自己，沟通访谈的目的，建立信任关系。
正式访谈：访谈进行时	依据事先制订好的访谈提纲来进行访谈。依据受访者的回答来进行下一步发问，并不一定依照访谈提纲中主要问题的顺序依次进行。对于超出预期的回答，可以深入挖掘背后新的信息。	在访谈过程中，要注意肢体语言和语音表达，采用眼神接触、沉默、追问、澄清、具体化等访谈的技术和策略。如果访谈对象是幼儿，可视情况采用图片或故事等线索来帮助幼儿开口，但要注意避免错误的引导，因为幼儿的言语建构性较强。
访谈结束后	转录访谈稿，进行编码和归纳。	应牢固围绕最初的假设来进行分析。

五、资料收集过程中的伦理道德问题

搜集和整理幼儿的医疗报告、生活记录、成长档案、学习成绩和行为记录等文件，可以了解幼儿的健康状况、学习情况和人格特点。但是无论是哪种资料收集方式，均应取得知情同意。在搜集资料的过程中，研究者要遵守相关法律法规，保护幼儿和家庭的隐私权和信息安全。同时，要确保搜集资料的全面性、客观性和准确性，以便更好地进行评估幼儿和为幼儿制订适当的教育计划。

本章小结

对幼儿进行评估有助于发现幼儿的特殊需求。这是符合社会经济发展的规律和政策要求的，有利于促进教育公平和社会和谐。常见的评估工具包括准备性测验、成就测验、发育筛查测验和诊断测验。评估的步骤包括做评估方案、收集整理资料、分析、解释和确定需求次序。在综合的评估中，收集资料是重要一环，方法包括量表/问卷、观察、约见、访谈等。

思考题

（1）选择量表/问卷的时候要注意些什么？

（2）评估的步骤之间如何做到具有连贯性？

（3）量化的结果是否能作为唯一判断依据？为什么？

第五章　个别化教育计划

思维导图

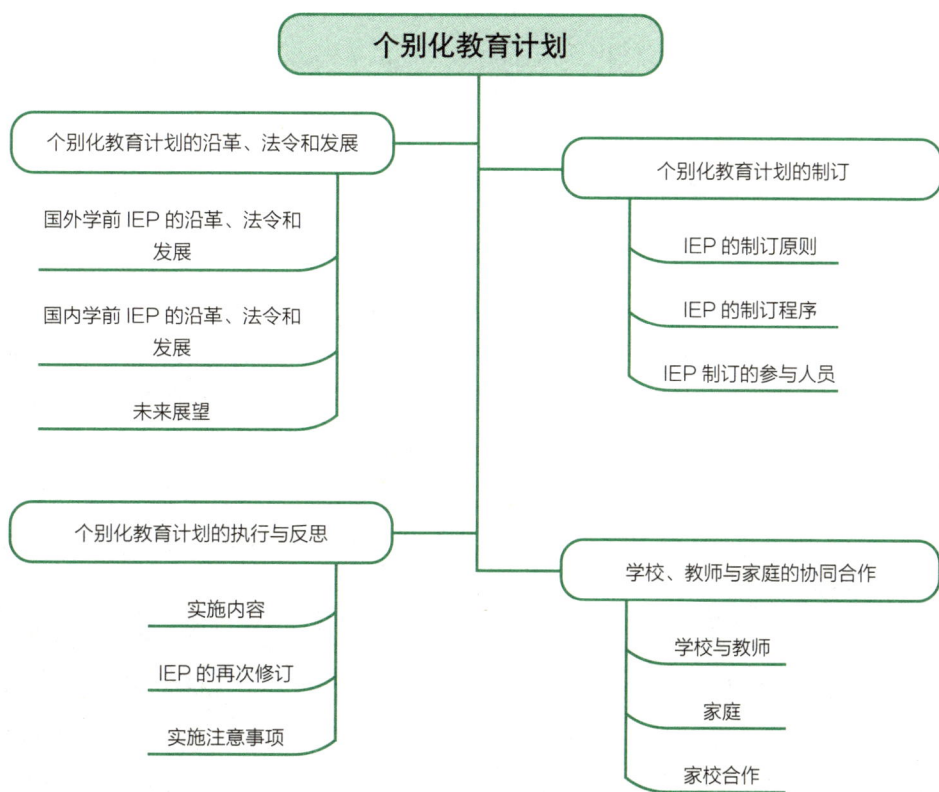

第一节　个别化教育计划的沿革、法令和发展

个别化教育计划（Individualized Educational Program，IEP），源于美国，是美国《所有残疾儿童教育法》的一项规定内容。地方教育部门的代表、医生、心理学家和教育学方面的学者、教师、学校负责人、社会工作者、学生家长或监护人共同组成小组，为每个被鉴定有残疾的学生制订一份书面教育计划，作为教育、帮扶该学生的工作依据。从学前融合教育的角度来说，个别化教育计划是指在对特殊儿童进行全面评估的基础上，根据儿童的身心特点和特殊需要而制定的一份教育指导性文件，以满足儿童个性化发展需求。

个别化教育计划是学前融合教育的重要内容，也是为特殊儿童提供支持的重要手段，其价值体现主要有：首先，个别化教育计划能够促使特殊儿童接受更为合适的教育，有利于特殊儿童的缺陷补偿和潜能开发；其次，个别化教育计划也能为教师开展教学活动和教学评价提供重要依据；最后，通过制订和实施个别化教育计划，能促进家校的沟通，发挥团队合作模式的优势。

本节主要介绍国内外关于学前个别化教育计划的沿革、法令和发展，以及对我国学前个别化教育计划的未来展望。

一、国外学前个别化教育计划的沿革、法令和发展

（一）美国

1975 年，美国国会通过了《所有残疾儿童教育法》，首次提出个别化教育计划。法案规定，政府要为 3 ~ 21 岁的残疾儿童、青少年提供免费、恰当的公立教育，且必须为每位残疾学生制订一份个别化教育计划。该法案还强调特殊教育和相应的服务要适合残疾儿童的不同需要，让残疾儿童在最少受限制的环境中受教育。此外，联邦政府鼓励为残疾儿童提供学前特殊教育，规定"学前教育补助金"的计算标准从"残疾儿童的普查人数"转向"实际接受学前特殊教育的人数"。据此，各州所获的联邦政府补助金与各州接受学前特殊教育的人数相挂钩。

1997 年的《残疾人教育法修正案》增加了若干规定，其中包括：将普通教师纳入个别化教育计划小组中；个别化教育计划须在适当的时候加入正向行为支持方案；为保证学前残疾儿童能够参与普通课程，IEP 应该在现有成绩水平部分说明儿童的障碍如何影响其参与普通儿童的活动、在教育目标部分适时制订其恰当地参与普通儿童活动的目标。

2004 年，美国国会通过了《残疾人教育促进法》。该法案要求州政府对学前特殊教育体系的管理实现规范化，并鼓励家长参与学前特殊教育过程。

2009 年发布了《学前全纳教育：美国特殊儿童委员会学前教育分会和全美幼儿教育协会联合声明》，此文件不仅对学前全纳教育的内涵作出了明确定义，还为家庭、教师、管理者、政策制定者、其他相关者提出了实施策略，对推动学前全纳教育的发展具有重要意义。

（二）其他国家

英国 1994 年颁布《特殊教育需要鉴定与评估实施章程》，建议有步骤地为有特殊儿童提供教育服务，提出五个阶段来评估和满足特殊教育需要，其中就包括拟订个别化教育计划。1997 年英国颁布了《让所有儿童成功：满足特殊教育需要》，要求所有学前儿童均要在普通学校注册，同时建议优先考虑对感官障碍儿童、肢体障碍儿童和中度学习障碍儿童的融合教育。

俄罗斯《学前教育基础条例》规定，任何学前教育机构都不得拒绝接受健康存在问题的儿童，要求每一个机构都能针对残疾儿童进行矫正教育。此外，俄罗斯成立了面向特殊儿童的社会服务性学前班，旨在保障特殊儿童的受教育权，实现人人接受平等教育的理想。

澳大利亚出台了《残疾人歧视法》和《残疾人教育标准》等政策，保障残疾儿童的受教育权，同时推进融合教育实践。维多利亚州实行的幼儿园融合支持服务计划，为残疾儿童提供早期学习和早期发展的机会，支持和尊重残疾儿童的个别化、多样化发展。

日本在《幼儿园纲要》中提出为特殊儿童制订个性化援助方案，强调幼儿园应加强与家庭、社区以及医疗、福利和保健等相关机构的合作，共同制订个性化的教育与援助计划，携手促进残障儿童的健康发展。

韩国早期颁布的《特殊教育振兴法》规定幼儿园实施无偿特殊教育，并提出多样化的特殊教育形式，包括巡回教育、融合教育、个别化教育、治疗教育等。为保证个别化教育的落实，《特殊教育振兴法》规定要为每个特殊教育对象拟订个别化教育计划。2007 年颁布的《特殊教育法》取代了先前的《特殊教育振兴法》，规定对身心障碍者实施从幼儿园到高中的 15 年义务教育，还增加了关于设置特殊教育支援中心的规定，能够为个别化教育计划提供支持。

二、中国学前个别化教育计划的沿革、法令和发展

近年来，我国逐渐加大力度全面推进融合教育，但由于受条件限制，个别化教育计划的推进较慢。我国虽未将个别化教育计划的制订纳入法律条文，但相关文件内容也在一定程度上体现了个别化教育计划的理念。

2014 年，国家出台了《特殊教育提升计划（2014—2016 年）》，提出积极发展残疾儿童学前教育，支持普通幼儿园创造条件接受残疾儿童。2017 年修订的《残疾人教育条例》强调要逐步提高残疾幼儿接受学前教育的比例，以及注重对残疾幼儿的早期发现、早期康复和早期教育。2017 年 7 月出台了《第二期特殊教育提升计划（2017—2020 年）》，鼓励各地整合资源，为残疾儿童提供早期康复教育服务。2022 年初发布了《"十四五"特殊教育发展提升行动计划》，鼓励有条件的地区建立从幼儿园到高中全学段衔接的十五年一贯制特殊教育学校。虽然三期提升计划中未提及个别化教育计划，但其中提出的加强个别化教育、推进个别化教学和个别化支持等，都体现了个别化教育计划的理念逐渐受到重视。

我国台湾地区在推行特殊教育方面规定了有关特殊教育的实施方案和细则。1984 年公布的特殊教育相关规定指出，特殊教育的实施要以适合个别化教学为原则。1985 年公布的启智学校（班）课程纲要中提及：个别化教学应依据每一位学习者的个别化教育方案实施。2009 年，修订的特殊教育相关规定明确特殊教育从三岁开始实施，至此，学前教育阶段实施个别化教育计划有了的依据。

我国香港地区虽然没有出台个别化教育计划的相关政策，但教育局推行的全校参与模式融合教育为有特殊需要的学生提供了强有力的支持。香港教育局鼓励普通学校秉持"及早识别""及早支援""全校参与""家校合作"和"跨界别协作"五个原则，在文化、政策及措施三方面互相配合下，推行全校参与模式融合教育。

我国澳门地区相关法律中要求教师为有特殊教育需要的学生制订个别化教育计划。2020 年公布的《特殊教育制度》将个别化教育计划定义为"每学年因应有特殊教育需要的学生的具体需要而制订的教育计划"，并详细规定了个别化教育计划的内容、制订或修订的程序。

三、未来展望

（一）施行学前融合教育专项立法

目前，融合教育已成为我国特殊教育发展的趋势，也初步形成了中国特色的发展模式和保障机制。我国相关法律法规虽然明确指出要支持普通幼儿园创造条件接收特殊幼儿，但是并未对学前融合教育的教育安置、教学内容、个别化教育计划和教育评估等作出明确规定，这也导致学前融合教育的质量难以得到保障。依据我国特殊教育背景和社会对学前融合教育的立法需求，我国应逐步实现学前融合教育专项立法，详细规定学前融合教育的实施细则，包括教育安置的具体方式和个别化教育计划的内容等，以尽可能满足学前特殊儿童的教育需求，保障学前特殊儿童的受教育权，提升学前融合教育的质量。学前融合教育专项立法不仅能够以法律的形式规定学前融合教育的实施内容，而且也能推动我国学前融合教育的普及和提高，以迈向融合发展的新阶段。

（二）完善多方参与的团队合作模式

我国并未规定个别化教育计划的具体参与人员，多数情况下，特殊儿童的个别化教育计划由教师主导，即教师作为制订者和实施者，决定特殊儿童的教育方向并为其开展教学活动和教学评价。有效的个别化教育需要多方的共同参与。首先，需要专业评估团队对特殊儿童进行全面的评估；其次，个别化教育计划的制订也需要家庭的积极参与，以更好地发挥家庭的力量、搭建家校沟通的桥梁；最后，医疗康复机构能够为特殊儿童的早期干预提供服务，有利于促进特殊儿童健康成长，发挥医教结合的优势。因此，我国需要完善个别化教育计划的团队合作模式，明确各方参与个别化教育计划的权利和义务，保证个别化教育计划的专业性和有效性。

（三）建立学前融合教育评估体系

评估是个别化教育计划的重要内容之一，也是教学活动开展的依据。在我国特殊教育体系中，儿童评估的具体内容和流程并没有明确的条文规定，且涉及评估的人员主要是特殊教育工作者和医疗机构的评估人员。我国缺乏规范化的融合教育评估系统。如评估工具的种类不全面，特别是缺少针对少数民族特殊儿童的评估工具；评估方式也较为单一，评估结果可能存在片面性、参考价值不大。基于此，我国应逐步建立健全特殊儿童的筛查、鉴定与评估体系，加强培养评估人员的专业能力，严格规定评估人员的资格认证，从而保证评估的客观性和科学性。

第二节　个别化教育计划的制订

《"十四五"特殊教育发展提升行动计划》中明确提出积极发展学前特殊教育，尊重残疾儿童青少年身心发展特点和个体差异，做到因材施教等，进一步强调了个别化教育对特殊幼儿在融合环境中学习和发展的重要性。因此，制订一份有意义且适合特殊幼儿发展需要的 IEP，是促进特殊幼儿在学前融合阶段获得最优发展的重要保障之一。

一、IEP 的制订原则

（一）科学且时限性原则

特殊幼儿发育虽然迟于同龄幼儿，但是其身心发展规律与普通幼儿无异，所以要遵循《3—6 岁儿童学习与发展指南》等文件的基本要求，科学教育幼儿，避免小学化倾向。个别化教育计划核心在于设定合适的长期目标和短期目标，随着年龄的增长，无论是普通幼儿还是特殊幼儿的发展变化都比较快，每个目标的达成均需要规定一定的合理周期（月、周），以便对后续结果的评估。最合适的方式是将目标的周期与个别化教育计划的回顾或会议保持一致。

（二）全面且适宜性原则

幼儿的发展是全人的发展，在制订 IEP 的过程中，注重幼儿发展的易变性，不仅要关注幼儿发展的弱势，还要关注幼儿发展的优势。各领域间发展要均衡，在发展较差的领域设定目标，发展较好的领域也要设定相应的目标；从多个领域进行评估，将目标定在最近发展区，做到目标制订的适宜性。

（三）客观且真实原则

为得到儿童发展的真实水平，可以通过多种方法帮助评估者获得具有客观性的数据，要尽可能消除评估者的主观性。如可多方协作参与评估，尤其是与普教教师，这将会有不同的视角和想法，并且多方整合的评估结果在一定程度上也可以避免主观性的判断；尽量当场获得真实有效的信息，不要过后通过回忆或者主观臆想对幼儿的表现进行揣测；幼儿只有在自然状态下的表现才是最真实的。

（四）实用且可操作原则

个别化教育计划的制订目标要明确，满足特殊幼儿的需求，确认特殊幼儿需要实施个别化教育的领域、掌握的技能以及达到的程度，有利于提供最少受限制的、促进融合的环境，制订的目标要有实际意义和融合教育的可操作性。

（五）具体且可量化原则

制订计划时必须提前对每个学生进行评估，明确学生在融合教育中有何种特殊需求。计划要用词准确，让执行者能清楚目标要求。同时，目标要具有可测量性，能够让执行者客观、准确描述出结果。

二、IEP 的制订程序

IEP 是为了满足特殊儿童独特的教育需求而服务的，制订一份有意义且适合特殊幼儿的 IEP 是教师、家长、学校所面临的挑战之一。因此，制订一份 IEP 需要遵循严格的步骤和程序。

（一）入园

各幼儿园根据国家或地区相关政策在招生方案中对特殊幼儿的接收方式做出相应的说明并拟订了特殊幼儿的招生计划。招生方案中应详细说明招生方式、招生对象、报名材料、报名时间等。同时，对于不同障碍程度的幼儿，应有不同的安置方式，如广州市天河区幼儿园招生方案中提到的，"能坚持正常集体活动的适龄残疾幼儿入普通幼儿园随班就读；具有天河区户籍的中度、重度智力残疾适龄儿童，可申报天河区启慧学校幼教班"，以此保障各类特殊幼儿接受学前教育的权利。

（二）信息收集

入园之后家长需要根据幼儿园的要求向园方提交相关信息，主要的信息提供者为父母或者熟悉特殊幼儿的家庭成员。信息收集是幼儿园对幼儿情况进行初步了解的过程。这些信息包括个人基本信息、家庭信息、生长史、医疗史、教育史（表5-1）。

表5-1 信息收集明细

个人基本信息	学生姓名、性别、出生日期、监护人、残疾类别、残疾等级、残疾人证相关信息、随班就读号
家庭信息	主要照顾者、主要学习协助者、家长对孩子的期望、家长的特殊需求
生长史、医疗史、教育史	是否有重大疾病或意外、是否有长期用药、是否有过敏症状、是否有校外康复训练、特别医嘱、医疗状况

（三）评估

特殊幼儿与普通幼儿的差异较大，针对普通幼儿的发展纲要、配套教材等不能直接用于特殊幼儿的早期教育。对特殊幼儿开展有效的评估也可以帮助教师更好地了解特殊幼儿各领域的发展水平，并从中看到幼儿的优势和短板，分析出特殊幼儿的最近发展区和潜能，为他们开展适合、有效的教育提供依据。

1. 评估人员

评估人员通常有医生、教师、家长等。评估人员的主体是教师，这样才可能更直接迅速地对信息作出反应，根据评估的结果来改进教学并最终实现评估的根本目的。参与评估的教师可以是普通教师、特教教师、资源教师。例如，在评估幼儿的情绪表达能力时，普通教师可以通过观察幼儿在课堂和户外活动中的表现，提供详尽的信息与特教教师共同参与评估；在评估幼儿的感官知觉能力时，特教教师或资源教师可以观察并根据评估量表进行评量，客观全面地参与评估。

2. 评估类型

按照评估进行的时间，可以将评估分为诊断性评估和终结性评估。诊断性评估一般在教育前进行，主要用于评估特殊幼儿的障碍类型以及存在哪些特殊需要，以便确定幼儿的教育安置形式、教育目标和教育方案。终结性评估一般在教育过程中或者教育完成后进行，其主要目的是评估教育方案和教育过程的有效性，在教育过程中进行的评估又叫作阶段性评估。评估具有时效性，无论是哪种评估类型，评估进行的时间都不宜过长，以防影响评估结果的真实性和准确性。

3. 常用的评估工具

（1）双溪个别化课程

双溪个别化教育课程是双溪启智文教基金会于1983年到1986年开发的一套以孤独症儿童发展为导向的启智教育课程和评量表，适用于3～15岁的中、重度智障儿童、少年。双溪个别化教育课程从感官知觉、粗大运动、精细动作、生活自理、沟通、认知、社会技能7个领域衡量个体发展。每个领域之下有技能，技能之下有目标。每个目标都有不同的评量标准：0表示无法适应环境的需要；1表示需要特别协助才能适应环境的需要；2表示重点协助便能达到适应环境的需要；3表示具有达到适应环境需要的能力（表5-2）。

表5-2　"双溪个别化课程"节选

1 感官知觉	1.1 视觉运用	1.1.1 视觉敏感度 0 盲或无视觉注意力 1 只能看见眼前约30厘米远的小物体 2 能看到眼前30～60厘米远的小物体 3 能看到眼前约1米远的小物体

续表

1 感官知觉	1.1 视觉运用	1.1.2 视觉追踪能力 　　0 盲或视觉注意力短暂 　　1 能注视物体 5 秒钟以上 　　2 能追视视野内一个方向移动的物体 　　3 能追视视野内任何方向移动的物体
		1.1.3 视觉辨别能力 　　0 盲或无法表现其辨别能力 　　1 只能辨别少数待定物品 　　2 能以视觉辨别不同物品 　　3 能以视觉辨别不同形状的颜色

该评估工具的目标设定由易到难，遵循个体的发展规律，每一次评估都能看到幼儿的进步并可预测幼儿之后的发展方向。教师也可根据每一次的评估结果去确定幼儿下一步的训练目标，便于教师制订长短期目标。

（2）AEPS-3

《评估、评价与干预计划系统》（Assessment，Evaluation，and Programming System，AEPS）是美国俄勒冈大学 Diane Bricker 及其团队开发的一套适用于 0 ～ 6 岁儿童的可靠且稳定的课程本位评估工具。它能够了解 0 ～ 6 岁儿童各领域的全面发展水平，并提供各领域发展的课程内容，实现评估—教学计划—教学成效系统联结。最新的《评估、评价与干预计划系统》第三版（简称 AEPS-3）在 2020 年引进我国，弥补了当前学前融合教育缺乏系统综合评估工具的缺失，并确保工具适合在中国本土进行使用。

AEPS-3 相比前两版的新变化有：①将 0 ～ 3 岁、3 ～ 6 岁分册进行整合，成为跨越 0 ～ 6 岁的连续性评估工具；②增加了有关幼小衔接所需的领域；③活动课程分别设计了学校环境和家庭环境，以 18 个日常生活常规和学校 / 家庭环境活动为基础。该评估工具评估的领域主要包括粗大动作、精细动作、生活适应、认知能力、社会沟通、社会情绪、数学和读写共八个领域。AEPS-3 中文版评分系统见表 5-3。

表 5-3　AEPS-3 中文版评分系统

评分	评分注解
2 分 = 儿童完全掌握的技能	儿童在没有任何协助的情况下，行为完全达成标准。 儿童独立达成题项内容。 该行为是儿童日常生活中的一部分。 儿童在不同的材料、环境、人以及其他相关条件下，都能始终如一地使用该技能。
1 分 = 儿童正在发展的技能	1A（Assistance= 协助）：儿童在协助下（身体、语言或环境支持）执行该题项。 1I（Incomplete= 不完整）：儿童只执行所述标准的一部分或儿童只在特定情况或条件下执行该题项。

评分	评分注解
0分 = 儿童尚未发展的技能	即使有重复的机会 / 协助，或者根据儿童障碍、文化等情况作出相应调整后，儿童也未能达成题项中的标准。 尚未观察到儿童能够达成该题项，因为该技能并非建立在儿童当前发展阶段的基础上。
得分注解	C（Conduct= 拒绝行为）：表示儿童由于受到自身行为（如不听从指令、注意力不集中）的干扰而未能表现出该技能。 M（Modification= 调整）：表示为了适应儿童的残障或文化，对该题项进行修改调整，以便儿童能够以不同于所述标准的方式，展现出题项所要求的能力水平。 Q（Quality= 质量）：表示孩子满足 2 分或 1 分的题项标准，但其表现质量尚有可提升的空间。 R（Report= 他人报告）：表示该评分来自他人（如儿童主要照料者、班级教师等）提供的信息而非对孩子的直接施测或观察。 注：标记了 A 、I、C 的技能不能被评为 2 分，标记了 Q 的技能不能被评为 0 分。

AEPS-3 在能够反映儿童真实能力水平的日常生活和活动中展开，评估的目标和课程内容都选自儿童最为重要的关键性技能（如适应环境和独立解决问题），达标的等级不仅评估单一的特定行为，也反映了儿童技能形成的过程和技能水平，但是最新的 AEPS-3 尚无相关的心理测量学研究。

（3）心理教育量表（Psychoeducational Profile，PEP）

此评估工具是目前国内康复教育领域广泛采用的工具之一，PEP 量表经由中国引进并进行跨文化修订之后，是一份能够充分反映出中国孤独症儿童的生理及心理特点的中文修订版量表，又称 C-PEP-3 量表。该评估工具适用于 2 ～ 12 岁的孤独症谱系障碍儿童，具体内容包含功能发展量表和病理量表两个分量表，共计 139 个项目，具体内容见表 5-4。

表 5-4　C-PEP-3 量表

	功能领域	评分方式
功能发展量表	模仿：10 个项目，测量孩子语言及动作的模仿能力，如动作模仿（摸鼻子、抬胳膊）、发音模仿（动物声音、口语）等	功能量表的评分系统为：通过（P），记 1 分；中间反应（E）；不通过（F），记 0 分
	知觉：11 个项目，测量视觉、听觉两种功能，如追随泡泡、拼图、寻找杯中物、声音定位	
	动作技能：21 个项目，精细动作 11 项，如串珠、使用剪刀、拧开泡泡瓶；粗大动作 11 项，如抛球、踢球单脚站立等	
	手眼协调：14 个项目，评估书写和绘画基本能力	
	认知表现和口语认知：39 个项目，两者项目有交叉	

续表

	功能领域	评分方式
病理量表	共44个项目，用来识别和评估患儿的病理行为及严重程度，包括以下5个领域：情感、人际关系及合作行为、游戏及材料的嗜好、感觉模式和语言	病理量表的评分系统分为：没有（A）、轻度（M）、重度（S）

C-PEP-3量表在实施时的时间、项目顺序呈现以及实施方法上都具有灵活性。该评估工具的量表材料非常丰富，如泡泡瓶、拼图、万花筒、胶泥等，容易引起儿童的兴趣使其积极配合测验。此外，评估结果可以直观地指导个别化训练方案的制订和行为矫正，便于教师制订个别化教育计划。

（4）婴儿—初中生社会生活能力量表

该量表来源于日本S-M社会生活能力检查修订版，由左启华主持修订，适用于6个月大的婴儿至14岁的儿童社会生活能力的评定，内容包括独立生活（SH）、运动能力（L）、作业能力（O）、交往能力（C）、参加集体活动（S）、自我管理能力（SD）等几部分（表5-5），该量表通常在幼儿接受教育前、后进行评定。由家长或每天照料孩子的抚养者根据相应的年龄段，按照儿童的具体情况逐项填写，最后由专人进行评分。评分者根据年龄分组和得分范围查出相应标准分，根据标准分进行社会生活能力评价。

表5-5　婴儿—初中生社会生活能力量表（节选）

> 6个月～1岁11个月
> 1. 自己的名字，能知道是叫自己。（自己的名字被叫时，能把脸转向叫自己名字的人的方向）
> 2. 能传递东西。（给小儿可握住的东西时，能从一手传递另一手）
> 3. 见生人有反应。（能分辨陌生人和熟人，或见到生人出现害羞或拘谨的样子）
> 4. 会做躲猫猫的游戏。（在游戏中，小儿能注视检查者原先露面的方向）
> ……
>
> 2岁～3岁5个月
> 20. 能脱袜子。（不借助父母的手，只要提示就可以脱）
> 21. 大便或小便后，能告诉别人。（不单是哭闹，而是能用动作或是语言表示）
> 22. 什么事都想能自己独立干。
> 23. 希望拥有兄弟姐妹或小朋友都拥有的相同或相似的东西。
> 24. 当受到邀请时，能加入到游玩的伙伴当中去。（跟着伙伴一起玩）
> ……

根据总分值由低到高，评定结果有9个级别：极重度（≤5分）、重度（6分）、中度（7分）、轻度（8分）、边缘（9分）、正常（10分）、高常（11分）、优秀（12分）、非常优秀（≥13分）。

（5）VB-MAPP

语言行为里程碑评估和安置程序（Verbal Behavior Milestones Assessment and Placement

Program，VB-MAPP）整合了 ABA 的程序和教导方法以及斯金纳的语言行为分析法，为所有语言发展迟缓的儿童提供一个基于行为的语言评估程序。VB-MAPP 主要用于学龄前语言障碍儿童的评估，其实也可适用于任何有严重语言滞后的个人，但如要用于年龄较大的个体就需要对项目进行调整或撤销。VB-MAPP 主要包括 5 个部分：里程碑评估、障碍评估、转衔评估、任务分析和支持性能力以及安置和个别化教育计划目标。前 3 个的评估结果结合起来将为一个干预方案的短期和长期目标以及干预重点提供建议。计分说明可见表 5-6。

表 5-6　里程碑计分说明：第一阶段节选

提出要求 4-M	自发性地提出（没有口头辅助）5 项要求，所要的物件可在眼前（TO：60 分钟）
目标	为了测定在没有大人引发提要求反应（也就是辅助后的提要求）的情况下孩子是否能提出要求。要求的主要控制来源必须是动机操作（MO，而不是大人的辅助）。
材料	在孩子的自然环境中存在的强化物。
例子	孩子看到其他孩子玩弄一个机灵鬼弹簧从而要求"机灵鬼弹簧"。孩子想到外面从而要求"出去"。
得 1 分	如果孩子在 1 个小时的观察时间里自发性地提出 5 次要求（并且至少有两个不同的要求，没有"你想干什么"或类似的辅助），便给他 1 分。
得 1/2 分	如果孩子在 1 个小时的观察时间里自发性地提出 5 次要求，但始终用同一个字来提要求，便给他 1/2 分。

（6）幼儿园观察记录

观察是幼儿教师走进幼儿心灵的主要手段，写好幼儿园观察记录是幼儿教师分析幼儿行为背后原因的一条通道，同时也是幼儿教师更好地了解孩子的重要途径。幼儿园观察记录内容主要有幼儿基本情况、观察教师、观察地点、观察时间、活动内容实录、活动分析及评价、教育措施等。

4. 评估内容

评估主要是衡量幼儿各方面的发展，往往也是教师设计课程的来源。《3—6 岁儿童学习与发展指南》（以下简称《指南》）常用于学前教育，主要从以下 5 个方面看待儿童的学习与发展：

表 5-7　《3—6 岁儿童学习与发展指南》

领域	发展方向
健康领域	身心状况、动作发展、生活习惯与生活能力
语言领域	倾听与表达、阅读与书写

续表

领域	发展方向
社会领域	人际交往、社会适应
科学领域	科学探究、数学认知
艺术领域	感受与欣赏、表现与创造

在特殊教育领域，特殊幼儿发展能力的考察维度划分得更细致。医院、学校和康复机构主要从幼儿的适应能力、健康状况、感官功能、动作能力、认知能力、沟通能力、情绪与社会行为能力、生活自理能力，以及学习常规等方面来看待特殊幼儿的能力发展，由此得出的评估报告更具有针对性。而在融合幼儿园中，评估内容既要遵循特殊幼儿的能力发展特点，又要符合幼儿园日常课程设置，因此将学前教育与特殊教育衡量幼儿发展的内容相结合，才能更直观地考察特殊幼儿在融合幼儿园的表现。

（1）适应能力

适应能力是指为满足个体生活和社会需要所需的日常生活能力，适应能力强的个体能够较快地应对新环境所带来的挑战。该维度主要考察个体是否具有独立生活的能力，是否愿意融入集体生活。《指南》中社会领域的社会适应部分也提出了相应目标，即个体喜欢并适应群体生活，遵守基本行为规范，对家庭、学校、国家具有初步的归属感。

（2）健康状况

个体的健康状况是指各个器官、组织在不同时期都能得到正常发育。《指南》健康领域的身心状况部分提出了相应目标，即个体具有健康的体态，在不同年龄段都有适宜的身高和体重。

（3）感官功能

个体的感官功能主要包括视觉、听觉、触觉、味觉、嗅觉，个体依此来感知周围环境，从而能够做出适当的反应。《指南》中提倡在自然环境中引导个体利用感官去体验真实的世界，如科学领域中的目标是鼓励个体在探索中认识周围事物和现象；艺术领域的目标则是让个体从自然界与生活中去发现美的事物，学会欣赏各种各样的艺术作品。

（4）动作能力

动作能力主要包括幼儿的粗大动作和精细动作的发展，除了帮助幼儿应付日常生活的需要，同时也体现出幼儿体能发展的程度。粗大动作主要考察个体的运动技能，如站、跑、跳、踢等；精细动作主要考察个体的手部操作能力，如握笔写画、使用文具等。在《指南》健康领域中的动作发展部分的目标也要求个体要具有一定的平衡力，动作协调、灵敏；具有一定的力量和耐力；要求个体手的动作要灵活协调。

（5）认知能力

认知指的是一个人学习、思考、应付环境和解决问题的能力，同时也是一种适应生活的能力，主要考察个体对空间、数量、形状、物品等方面的基本认知。认知能力的考察在《指南》的科学领域中有较多体现，比如要求个体可以初步感知生活中的数量与形状，发现事物之间的规律；感知和理解数、量和数量之间的关系，可以进行简单的运算等。

（6）沟通能力

语言是人与人沟通的主要媒介，沟通技能主要包括理解能力和表达能力两个方面，主要考察个体能否模仿他人言语、表达自己的需求，是否可以合理理解以及运用语言。在《指南》语言领域内容中，要求个体能够认真听并且能够听懂常用语言；愿意讲话并在能清楚表达的同时具有文明的语言习惯。沟通能力在《指南》艺术领域中也有体现，即要求个体具有初步的艺术表现与创造能力，能够模仿声音、动作等。

（7）情绪与社会行为能力

个体的情绪反应会随着年龄的增长变得逐渐复杂，情绪也是个体表达需求、与人沟通的重要媒介。社交的发展基本上是社会化的过程，个体的社会行为发展受生理和智力发展成熟程度、自我概念、同伴、父母、教师等因素的影响。该维度主要考察个体是否具有稳定的情绪以及一定的社交能力。在《指南》健康领域的身心状况部分要求个体要具有稳定的情绪，并且在他人帮助下可以快速缓解消极情绪。《指南》社会领域的人际交往内容则要求个体在集体生活中愿意与人交往，与同伴友好相处，自尊自爱的同时又关心、尊重他人。

（8）生活自理能力

自理即自我照顾，是个体具备的个人日常起居的独立能力。初生的婴儿各方面都需要家长照顾，随着个体年龄的增长和各方面能力的提升，开始尝试自己吃喝、上厕所、穿脱衣服、梳洗等。《指南》健康领域的生活习惯与生活能力部分则要求个体要具有良好的生活与卫生习惯、基本的生活自理能力、基本的安全知识和自我保护能力。

（9）学习常规

当特殊幼儿进入融合幼儿园，除了要进行基本的体能、能力和适应性评估，还需了解特殊幼儿的学习常规，如安坐能力、学习习惯、强化物喜好、午睡习惯等，以便教师能够依据幼儿的常规表现去施教。

（四）拟订IEP

1. 基本信息

基本信息主要包括幼儿的个人基本信息、家庭信息、生长史、医疗史、教育史等，在入园时已做好收集，教师根据收集到的资料进行填写，有争议的地方与家长进行沟通。

2. 评估结果填写

专业的康复机构或特教老师对幼儿进行评估，根据评估情况撰写评估结果，并与家长和幼儿园方进行沟通核实，对孩子的安置方式提出相应的建议，最后附上评估报告一起交由幼儿园存档。

3. 安置方式

特殊教师、普通教师与家长依据孩子的评估结果，参照孩子的能力选择幼儿的安置方式，如幼儿需要额外的医学支持，还需与医院进行相应的沟通。一般的安置方式有全融合，即全部时间都随班就读；半融合，即部分时间随班就读；特教班或资源教室。

4. 课程安排

课程安排主要分为幼儿园的活动安排以及特殊教育课程安排，幼儿园教师会基于特殊幼儿的能力与特教老师的建议去适当调整活动难度，使特殊幼儿既可以顺利参与教学活动，又能获得成就感，并在教学过程中调动一切积极力量辅助幼儿，如给特殊幼儿安排小伙伴，对特殊幼儿多些鼓励等。

5. 情绪行为处理预案

特殊儿童在认知方面低于普通儿童，在接受新事物时，其接受能力欠佳，感受范围狭窄，导致认知、情感、意志等很多方面发展得不协调，影响了特殊儿童面对挫折的能力，造成情绪和行为出现问题。因此在正式施教之前，教师应与家长进行沟通，了解孩子的性格特征并制订出一份应对措施。除此之外，特殊幼儿在园期间，如产生了情绪或其他不良行为（如攻击行为、自伤行为、刻板行为等），幼儿园教师应详细记录并及时与特教教师和家长进行沟通。

6. 家庭支持服务

家庭支持服务是通过培养家庭的自足感和赋能感，促使家庭更有效地发挥养育儿童的功能，从而加强家园合作。家庭支持服务的基本观点是支持特殊幼儿父母的自我成长，促进特殊幼儿的最优发展。在学前融合教育中，通过家庭支持服务的介入，提升家庭帮助特殊幼儿的力量，使整个家庭的功能能够落实。

7. 长短期目标

长期目标是特殊幼儿在一年或者一个学期的时间里需要达成的目标，根据每个特殊幼儿发展需要的不同，其长期目标的侧重点不同、数量不同，如《指南》健康领域中对幼儿手部动作的要求为3～4岁的幼儿能用笔涂涂画画，4～5岁的幼儿能沿线画出图形，5～6岁的幼儿能根据需要画出线条平滑的图形。此外，针对一个特殊幼儿的长期目标不宜过多和复杂，这样不利于幼儿目标的达成。短期目标是为完成长期目标而服务的，它主要着眼于特殊幼儿能在数周或数月时间内能够完成的技能和行为，如目标沿线画出图形，幼儿的学习步骤可分解为沿线画直线、沿线画曲线、沿线画简单图形（圆形、正方形、长方形）、沿线画复杂图形（星形、五边形、六边形等）。无论是长期目标还是短期目标，都要以特殊幼儿的评估报告为依据、以特殊幼儿的能力及发展需要为基础去制定，同时要与家长保持沟通，确保目标的可行性。

（五）IEP 会议

IEP 的评估、制订到最后的实施都需要集体的力量。IEP 初稿完成之后，需要整合各方意见，最后制订完整的 IEP。IEP 会议的成员主要包括前面提到的 IEP 制订的参与人员，会议地点一般在学校进行。IEP 会议类型通常有以下三种：一是首次会议，当特殊幼儿确定入学时，会召开第一次 IEP 会议，主要目的是收集幼儿信息，对幼儿进行初步了解；二是评估会议，即根据孩子情况需要对 IEP 进行调整时召开的会议；三是总结性会议，主要在 IEP 实施结束之后召开，同时也会根据最新的评估结果讨论下一阶段的 IEP 制订方案。

三、IEP 制订的参与人员

目前，在学前阶段是否开展融合教育主要看幼儿园的领导行为，所以个别化教育计划的制订也是视幼儿园融合教育工作的管理者而定，个别化教育计划的制订需要尽快建立 IEP 小组，经过小组成员会谈协商后，明确 IEP 各环节的具体细节，实现不同目标的教育形式。IEP 参与成员包括：

（一）行政人员

行政人员主要包括幼儿园园长和办公室人员。一方面，园长是融合教育的重要领导者，负责整个融合教育的统筹调配工作，其对特殊幼儿参与融合教育的态度直接影响着幼儿园中所有教师及工作人员对融合教育的支持程度。另一方面，办公室人员主要负责协助园长与教师的工作，如对幼儿的信息档案进行收集与整理，参考相关专家和家长的意见，为特殊幼儿提供所需的、合适的资源和专业的服务，协助 IEP 各小组成员之间的工作并且监督管理 IEP 的制订和实施等。

（二）普通班教师

在班级进行观察并提供幼儿在班级的表现信息，配合特教教师的课程教学及相关训练，与特教教师或资源教师合作共同参与评估商讨计划适宜性，定期参与会议交流，公布评估结果及计划目标，并在后续会议中与相关人员一同有针对性地对计划进行调整、更新、修正等。

（三）特教教师或资源教师

融合幼儿园的特教教师或资源教师需要与家长面谈并制订信息收集表，借助评估工具对幼儿进行观察评量和个别化评估，根据幼儿的情况提出建议和确定支持服务模式，撰写个别化教育计划长短期目标，与相关人员共同商讨计划的适宜性并且根据评估目标的达成情况进行修订，回顾幼儿在园的发展情况并给予转衔建议等。

（四）家长或监护人

特殊幼儿的父母必须参与IEP的制订和决策，需要提供幼儿的个人情况（病史、成长史、以往受教育经历等）及孩子在家庭、社区等学校之外的场所展现出来的行为问题以协助评估工作的开展，并就特殊幼儿的实际情况提出个人意见，以确保IEP实施的可行性。

（五）幼儿

幼儿时期的孩子暂时不具备自我决策的能力，但在制订IEP过程中依旧需要考虑幼儿自身的特点和兴趣，确保最后的目标是符合幼儿教育需求的。

（六）相关专业人员

根据幼儿的特殊需求，IEP的制订需要一些相关专业人员的参与。比如特殊幼儿在康复机构参与康复训练需要康复师、训练师的帮助，听障幼儿的电子耳蜗手术、脑瘫幼儿的矫正器配置等需要医护人员的帮助，这些专业人员都应该参与幼儿IEP的制订。

第三节　个别化教育计划的执行与反思

个别化教育计划（IEP）是当前开展融合教育的需求，也是帮助特殊幼儿融入普幼班级的重要手段。将个别化教育计划运用于幼儿园的实践教学，可以帮助幼儿园教师设计更符合特殊幼儿自身发展的教学活动，为特殊幼儿营造一个良好的学习、生活环境。

一、实施内容

个别化教育计划并非教学计划，不用等同于教学活动，但是特教教师和幼儿教师需要根据个别化教育计划设计特殊幼儿的一日活动，才能实现个别化教育计划的目标。首先要将幼儿需要完成的活动目标列入当前的个别化教育计划，确定课程调整的层次、实施人员和实施的策略；再通过排序和拆解需要完成的目标，为特殊幼儿选择教育实施人员和拟定具体的计划。

1. 选择特殊幼儿的课程形式

根据特殊幼儿教育目标的迫切程度和实施效果，确定特殊幼儿的课程调整的层次：普通班级活动、嵌入式活动、抽离式活动。

首先，我们需要考虑如何通过调整现有的班级课程和活动来实现特殊幼儿的参与。比如，增加墙面的活动流程示意图，以帮助特殊幼儿理解活动的转换和过渡；如果特殊幼儿凭借现有能力难以顺利加入调整后的班级活动，可安排同伴或成年人帮助他们参与班级活动并完成相应的任务；当特殊幼儿的某些能力和行为不适合当前的课程或教学方法时，可以选择部分时间参与随班就读，其余时间可去康复机构或医院进行个别化干预训练。

2. 将特殊幼儿的 IEP 目标与教学活动相结合

目前的学前融合教育课程，主要通过主题活动和补救性教学的形式来展开。主题活动的内容主要围绕着《指南》中的 5 大领域，符合适龄幼儿的发展需要。补救性教学则一般针对特殊幼儿而言，即当特殊幼儿不能通过主题活动完成某个目标时，可通过补救性教学来提高幼儿的能力。教学活动应根据幼儿的能力和实际需要进行调整，如：当特殊幼儿学习动机不够时，可以设置幼儿感兴趣的活动，再根据小步子原则，用各种不同且有趣的活动让幼儿逐渐实现目标和学会新技能，并对幼儿的努力和进步给予正向反馈；当特殊幼儿对刺激的接受能力较薄弱时，幼儿园教师在施教过程中需要考虑特殊幼儿的语言接受能力。对于阅读材料：在视觉上，需要考虑字体的大小和行距等，如果幼儿的文字阅读水平较差，可以考虑在材料中加入彩色的插图；在听觉上，教师的语言应足够清晰明确且速度适当。需要特别强调的是，学前融合教育的个别化教育计划最重要问题是如何与教学进行结合，而不只是停留在纸质档案上。

3. 做好 IEP 实施的记录

在教育方案实施过程中，幼儿园教师需要对特殊幼儿活动过程中的关键性信息进行记录，完成幼儿园观察记录，为 IEP 的再制订和实施提供参考服务。如果幼儿达到了教育目标，就考虑实施下一个教育目标，如果幼儿还是没能达到教育目标，则考虑调整教育方法。一般是在学期末对特殊幼儿的 IEP 计划进行回顾和总结，并为下学期制订特殊幼儿 IEP 计划做好准备。

二、IEP 的再次修订

在 IEP 的实施过程中，可能出现一些问题，比如特殊幼儿的学习进度超过预期或者幼儿的实际能力达不到计划预期时，需要幼儿园教师向特教教师反馈幼儿的学习情况与表现，对 IEP 进行及时的调整，保证 IEP 的实施效果。通常每个学期末都需要对 IEP 的效果进行评估，对 IEP 进行修订。

每个目标的评估都有其通过标准，IEP 实施一个学期后，需要对 IEP 的实施效果，也就是特殊幼儿的能力进行评估，从而拟订新的 IEP。结合专业的评估结果和幼儿园观察记录，对特殊幼儿的 IEP 目标进行再次审核，删减幼儿已经能够顺利完成的目标，保留还需要继续发展的目标，根据孩子现阶段能力适度增加新的目标。

转衔是指从一个阶段到另一个阶段的过渡。对于面临毕业去向问题的大班特殊幼儿来说，在园期间的最后一次评估不仅要评价幼儿的能力发展情况，也应为特殊幼儿的转衔计划而服务。通过评估帮助特殊幼儿升入适宜的学校，接受适合他们发展的教育。

三、实施注意事项

1. 确保 IEP 目标融入教学活动

IEP 是幼儿教师和特教教师设计特殊幼儿一日活动的重要依据。因此，在进行教学任务之前，幼儿教师和特教教师应根据活动内容以及 IEP 目标，同时结合特殊幼儿的特点，将 IEP 目标融入活动中，并且选用合适的教材教具，选择适宜的教学策略，从而更好地支持特殊幼儿参与活动，确保教学顺利进行。

2. 采取正确的教学策略进行教学

在对特殊幼儿进行教学中，无论是幼儿教师的集体教学，还是特殊教师的个别化教学，都应根据幼儿的特点去采取有效的教学手段，使特殊幼儿能够参与教学活动中，确保个别化教育计划的顺利实施。比如在集体活动中，减少特殊幼儿完成任务的步骤或者降低任务要求，以适应特殊幼儿的现有发展水平，同时善用强化物，提高特殊幼儿参与活动的积极性。

3. 保证评估的客观性

教学前后的评估影响着 IEP 的制订与实施，评估可以反映孩子的真实情况，为教师进行日后的教学以及 IEP 的再次修订提供了保证。因此，对孩子进行评估时，评估人员不可利用自己的主观臆想去推测孩子的真实表现，应保证评估的客观性，幼儿园教师也应如实记录孩子在园的表现，评估结果将作为下一次 IEP 制订的依据以及为孩子的转衔奠定基础。

4. 家长参与

IEP 的实施情境主要在学校、个别化补偿教育和家庭干预中。因此，在制订 IEP 的过程中，家长参与不可或缺。家长可以为教师提供与孩子相关的信息，如成长史、病史、生活作息、兴趣爱好等，帮助老师了解在家庭与社区中孩子的行为表现和状态，同时家长可以结合家庭现实为 IEP 提供个人意见，促进 IEP 的有效实施。在执行 IEP 的过程中，家长也有权提出自己的个人见解，与教师团队一起不断监督特殊幼儿的效果以及及时修正 IEP 目标。

第四节　学校、教师与家庭的协同合作

家校合作是指家庭和学校这两个对学生最具影响的地方形成合力对学生进行教育，使学校在教育学生时能得到更多的来自家庭方面的支持，而家长在教育子女时也能得到更多的来自学校方面的指导。

一、学校与教师

（一）环境

幼儿园作为实施学前融合教育最主要的场所，需要为幼儿 IEP 的实施创设有利的环境（包括物理和心理环境），对有特殊幼儿的班级采用弹性管理方式，如果可能，减少班额，必要时配备专业的教学协助人员，并为相关教师提供特殊教育培训和实习的机会等。

1.融合氛围

幼儿教师对学前融合教育的接纳度越来越高，但仍有许多人对其还存有顾虑和怀疑。因此，学前融合教育的发展需要良好学校文化氛围的助力，学校需要做好融合教育宣传和知识普及工作，提高园内教师对于学前融合教育的科学认识，对特殊幼儿及普通幼儿家长进行正确引导来提升其对学前融合教育的认识水平。

2.积极的态度

学前融合教育教师及相关人员受限于专业知识和技能水平，在实际融合过程中，虽然表现出积极的态度，但无法针对孩子的需求提供适切的教育。学校应给特殊教育教师创造更大的发展空间，加强特殊教育教师的培训工作，通过对特殊教育教师进行新观念、新知识、新技能的培训，提升他们的专业能力和教学水平，从而使其适应不断变化的学生要求。同时，营造宽松的工作环境和良好的学校文化氛围是提高特殊教育教师工作积极性的外部动力。

3.学校的无障碍环境

我国的学前融合教育环境中，幼儿园普遍存在着缺乏无障碍设施的现象，导致幼儿园无法为特殊幼儿提供良好的学习和发展环境。无障碍环境建设是融合教育发展的根本。无障碍环境的营造需充分考虑到不同类型学生的特点，全方位、多角度地便利特殊需要学生的日常生活和学习，让学生能够在无障碍环境中顺利完成学业，满足其受教育的需要。

学校的无障碍设计可分为通行无障碍、操作无障碍和标识无障碍三部分；室内环境设计包括照明设计、声环境控制以及通风采暖三个方面；主要交通流线应简单明确，各空间应在形状、色彩、尺度、物品摆放、地面或墙面触感等方面有明显差别，通道设计包括坡道设计、转角设计、平道牙设计；可视化设计主要包括可视入口、可视电梯和可视走廊；同时结合学生年龄段、学生的生活模式和行为习惯，进行点、线、面全方位多角度的无障碍设计。学校需重点考虑校园合理布局，完善教学和生活辅助设施，营造生理、心理层面的无障碍空间。

（二）师资

教师资源是发展高品质学前融合教育最有力的保障，但我国接受学前融合教育培育的师资体量并不乐观。教师是 IEP 实施的核心人员，但在整个 IEP 执行、落实过程中，教师们普遍存在缺少理论指导、缺乏系统规划等问题，而且对于教师们来说，IEP目标的设置往往是根据以往的经验进行，施行过程主观、随意，教师们也很难就执行过程中出现的问题进行针对性反思。

学前教师需要面对的是不同类别的特殊幼儿，需要了解如何针对不同需要、不同发展阶段的幼儿进行识别、照顾与发展支持等相关教育知识和方法。因此，对于教师的融合教育培养应该是全面、连续、系统、贴合实际的。学前融合幼儿园应为学前教育专业教师提供特殊教育相关课程的进修机会，对教育人才进行职前—职后的统整性培养，合力打造融合教育的"通才"，让融合教育成为学前教师必备的专业素养，形成完备的学前融合教育教师培养体系。

（三）课程

我国学前融合教育课程目标定位有偏差，可操作性和指导性不强，过分强调特殊教育知识概念和理论的掌握，难以真正落实到实践中。学前融合教育中，为满足不同学生的差异性需要，教师应根据学生已有水平，遵循最近发展区理论，对课程目标进行调整，从而兼顾到所有学生。

教育部对师范院校开设的学前融合教育课程并没有统一的标准要求，对课程标准也没有达成共识，系列课程的目标、内容、课程实施方案、课程评价体系等更不明确。在学前融合教育教学中，学校可以采取更加多元的课程实施模式，并对课程评价标准、形式、内容等方面进行灵活调整，以满足学生的教育需要。

（四）教学

学前融合教育过程中，特殊幼儿的障碍类型多样化且障碍严重程度不同，常规的幼儿园教育内容并不能满足特殊幼儿的个别化需要。很大一部分幼教工作者对特殊幼儿有一定的了解，但这种了解很可能只是停留在表面，对这些特殊幼儿的教育方式和教育原则等并不清楚。

面对这种情况，在学前融合教育教学中，教师可以针对学前特殊学生的特点制订个别化教育教学方案，在精准分析学情的基础上因材施教，注重全面发展、潜能开发、缺陷补偿，提升课堂教学的针对性和有效性。

教师根据特殊幼儿的发展情况和特殊需要还应采取多样化的教学方式、手段，并提供必要的教具、学具，注重启发式、直观性教学，促进特殊幼儿多感官参与，激发他们学习的主动性和积极性。

二、家庭

《国家中长期教育改革和发展规划纲要（2010—2020年）》（以下简称"纲要"）明确指出要充分发挥家庭教育在儿童少年成长过程中的重要作用，加强家庭与学校的沟通配合，共同减轻学生课业负担，同时提出要搭建终身学习"立交桥"，满足个人多样化的学习和发展需要。2017 年国务院新发布的《残疾人教育条例》明确了家庭对残疾人教育的责任，以及康复机构等对残疾人家庭负有的责任。近年来，对特殊幼儿的教育越来越注重对其社会适应能力的培养，在学校教育过程中越来越需要家长和家庭共同参与幼儿的教育评估、教育决策等过程。

个别教育计划（IEP）是根据特殊学生的身心特征和实际需求，为适应并发展其差异性与个别性而制订的教育策略与实施方案，家长必须参与制订过程。家长在这个过程中需要说明子女在家庭中的各种表现，如实说明子女的生长发育史、家族疾病史等情况，提供相关材料，如病历、住院记录、各项测试数据等，同时需要表明自身参与子女教育的条件和限制。总之，家长和学校需要在个别教育计划制订和实施过程中进行紧密的合作以保证儿童接受适当的教育。

在 IEP 实施的过程中，家长是极为重要的支持者。其一，家长是幼儿信息的最重要来源，可为特殊教育专业人员和幼儿园教师了解幼儿提供信息支持。其二，家长根据自己对幼儿发展水平和需求的了解提出要求，参与 IEP 的拟订，并且执行 IEP 中家庭教育的目标，为整个 IEP 目标的实现和幼儿的良好发展提供直接的行动支持。最后，家长需要接纳幼儿的状况，保持平和的心态，学习用新的视角看待幼儿的发展和进步，为幼儿创造快乐有益的成长环境。

三、家校合作

（一）现阶段家校合作存在问题

1. 特殊儿童家长缺乏家校合作的参与意识

家长对 IEP 的认知不足，误认为 IEP 会造成对幼儿的偏见与歧视，导致学生"标签化""边缘化"，同时也导致家长的参与度低。家长的参与意识不足，教育责任不清晰也是导致参与度低的另一个原因。虽然学校积极地推进"家校合作"机制建设工作，但是有些家长却并不愿意参与其中，认为教育学生本来就应该是学校的责任。除此以外，当前的"家校合作"基本上是以学校为主导，家长对合作内容、合作方式等没有发言权，学校如何安排，家长就如何做。

2. 家校协调沟通不足

以往的学校和家庭合作中，家长的角色定位只是特殊幼儿的抚养者、家庭作业的协作者，家长对 IEP 体系不了解，甚至在 IEP 制订过程中，学校也欠缺与家长及时沟通。在 IEP 制订完成后，学校和家长之间定期沟通不足。在 IEP 的实施和修订过程中，由于沟通不足，家长可能处于不知情的状态。

3. 学校对家庭教育的支持服务不完善

家庭教育也是 IEP 实施过程中重要的一个环节。不同文化背景的家长对 IEP 的执行效果不一样。家长缺乏特殊教育专业性知识，不知道如何在生活中执行 IEP 目标都会导致 IEP 实施效果大打折扣。学校对于家长执行 IEP 过程中遇到的问题缺乏完整的支持服务和指导意见，也会致使 IEP 目标在生活中泛化不明显。

（二）建议

1. 建立家校间的合作关系

教育是一个漫长的过程，家校合作涉及两个主要主体，分别是家庭和学校。

首先学校与家长应明确各自的责任，进而在平等的基础上相互配合，共同促进幼儿相关能力的形成。一方面，两者作为各自独立的个体承担着各自的教育责任。学校是教育的主阵地、主渠道以及主课堂，家庭是教育的基础。另一方面，两者又紧密联系，在教育叠加作用的影响下共同致力于孩子的健康成长。

家庭是幼儿园重要的合作伙伴。学前融合教育应本着尊重、平等、合作的原则，争取家长的理解、支持和主动参与，并积极支持、帮助家长提高教育能力。一是开展家长教育活动，包括沟通交流（面谈、电话、微信、QQ、钉钉等方式）、家长会议、家长的培训会以及家长开放日等。二是家长支持学校活动，包括社区实践、义演义卖活动以及研学活动等。三是家长参与教育活动，包括家长课堂、优秀家长分享会及亲子运动会等。四是家校共同协作教育活动，包括教育评估诊断以及 IEP 会议等。

2. 加强家校间的信息交流

幼儿园应建立良好的家校沟通体系，结合学校与家庭，全面了解幼儿的发展状况，既要了解现有水平，更要关注其发展的速度、特点和倾向等。管理人员、教师、幼儿及其家长均是学前 IEP 教育工作的参与者。评价过程是各方共同参与、相互支持与合作的过程。

一方面，学校教师和行政人员应主动与家长沟通，让家长知悉子女的特殊教育需要，邀请参与制订 IEP 计划、检视学习进展和成效等。同时，教师应请家长到校进行面对面沟通，了解幼儿在家庭中的种种表现及学习生活情况，以便更好地因材施教。另一方面，家长可以跟老师及时沟通，了解幼儿在校的表现，同时表达个人的正当要求，参与对幼儿下一阶段目标的制订，积极配合学校和教师的工作，与学校和教师一起为孩子谋发展。

3. 完善家校支持服务体系

幼儿园应与家庭、社区密切合作，综合利用各种教育资源，共同为幼儿的发展创造良好的条件。家庭教育对 IEP 实施的泛化具有重要作用。为了保证学生 IEP 目标在生活中的泛化，学校应该提供给家长更多支持服务。例如，制作 IEP 家长指导手册，说明家长在 IEP 制订过程中需要做些什么，或者告诉家长如何发问、描述、做决定等，为家长参与

IEP 制订创造条件。同样在 IEP 的实施过程中，家长可能会有各种不同的需求，如如何在家庭中配合学校教学，如何处理幼儿的问题行为等。对此，学校可以举行相关的家长培训，回应家长的需求。遵循幼儿年龄特点和成长规律，注重幼儿发展的整体性和连续性，有效促进幼儿身心健康发展。家长培训内容可以包括基本理论知识讲解，如原理和策略的讲解，常见的家庭干预方法等。此外，学校要定期了解幼儿所学技能在家庭和生活中的泛化情况，是否有一些近期发展出来的新技能或者家长担心的问题行为，帮助并指导家长在家庭里完成个案的 IEP 的相应部分。

第六章　幼儿的课程与教学策略

思维导图

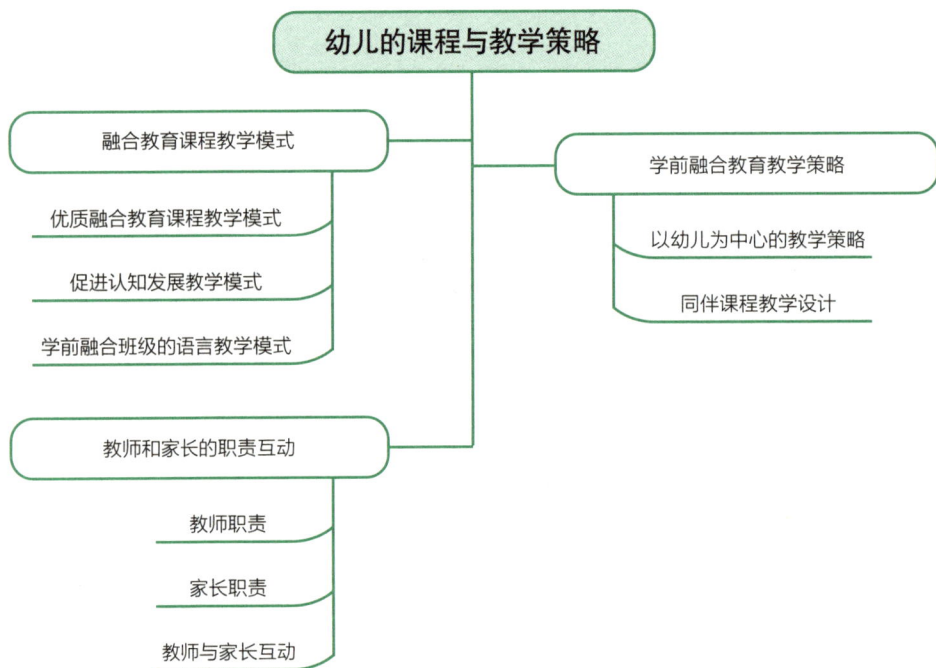

第一节　融合教育课程教学模式

一、优质融合教育课程教学模式

（一）情感交互

1. 关注儿童社会—情感领域

幼儿教育工作者需要通过精心设计的环境和有益的、结构化的互动来帮助学龄前儿童发展并获得他们在学校及以后的生活中取得成功所需的技能，这有利于儿童的成长和学习。最近在幼儿教育方面的很大一部分努力都是为了让孩子在学业上做好入学准备；然而，儿童必须达到几个基本的社会—情感里程碑才能在幼儿园课堂上有效地运用他们的知识。为此，美国国家技术援助和研究中心一直致力于收集和传播关于社会情绪发展对儿童早期和终身成功的重要性的研究（例如，早期学习的社会情绪基础中心，社会情绪干预技术援助中心，国家文化和语言反应中心，全国家长、家庭和社区参与中心）。

为了使残疾儿童充分融入学校和生活并在生活中取得成功，他们需要有机会做到以下几点：①培养积极的社交情感技能（包括社会关系）；②获得和使用知识和技能（包括早期语言、沟通、读写技能）；③使用适当的行为来满足自己的需求（例如，适应或自助技能，如养活自己）。

这些"功能性结果"领域的基本原理是，儿童应该获得发展社交能力、批判性思考和解决问题所需的基本知识、技能和行为，并且在日常生活中获得独立。

2. 增加儿童交往机会

40多年来积累的大量研究表明，当残疾儿童被融合于普通教育环境时，他们更有可能表现出积极的社会和情感行为，并且水平远远高于那些处于非融合环境中的同龄人。关于这一差距的流行理论是，在融合环境中，儿童有机会与表现出广泛社会情感能力的同龄人互动，可以学习适当的社会和情感行为的模型。

因此，让残疾儿童有机会与功能更高的同龄人互动也同样重要。研究人员发现，残疾儿童与具有较高社交技能的同龄人交往时，更有可能在未来模仿这些行为和技能。研究人员 Odom 和 Bailey 引用了一项研究，表明"发育迟缓和听力受损的儿童参与的游戏形式比与其他残疾儿童一起玩耍时更高级"。根据 Antia 和 Levine 的一项研究，耳聋或听力较差的孩子在与正常发育的同龄人一起玩耍时，更有可能参与到更高水平的游戏中。此外，当正常发育的孩子被教导与听力受损的同学交流的策略时，他们之间的社会互动的质量和数量可能会增加。类似的现象也出现在有特殊语言障碍的儿童身上。最后，患有自闭症的幼儿在融合的环境中，尤其是在有同伴支持的情况下，更有可能泛化或者将他们的社交技能应用到新的互动中。

3. 在融合课堂中进行持续的互动

当残疾儿童与同龄人分开，被排除在幼儿课堂之外时，他们无法观察到适当的社会行为，因此不太可能实现基本的社会里程碑，这与后来在学校和生活中的成功有关。在融合课堂中，"常规的、持续的互动"为残疾儿童提供了观察、发展、扩展和概括他们社交技能的机会。

4. 鼓励有意义参与的环境和文化

在高质量的环境中单独的物理安置只提供残疾儿童与他们的同龄人接触的机会，仅仅依靠这是不够的。通过日常社会互动、工作和游戏，在适当的支持下（如教学策略、社会支持），创造一种鼓励有意义参与的环境和文化，对儿童取得和维持成果也是必要的。如果早点开始，并利用同龄人的模式在社交和情感上向幼儿"展示"对他们的期望，孩子就不太可能经历挫折和孤立，更有可能被他人接受，并在学业上取得优异成绩。

5. 自然地促进所有儿童积极参与

典型的同伴可以学会用有针对性的方法来吸引能力不同的同伴。最近，Diamond 和 Hong 发现，发育正常的儿童也更有可能基于公平和公平做出让残疾儿童参与游戏的决定。他们的研究在包括身体发育迟缓的儿童在内的几个学前教室进行，结果显示，当活动对运动要求不那么高时，孩子们更有可能加入同龄人，这表明教师可以设计一个教室，自然地促进有残疾和没有残疾的所有学龄前儿童积极参与。

（二）课堂教学

1. 加强课堂无障碍环境的建设

无障碍是指通过增强无障碍设施，识别和消除有形或结构性障碍，并提供多种多样的学习机会，为每个儿童提供充分的学习机会、活动和环境。目标是确保所有儿童都能获得有效的学习环境、典型的日常活动和设置通识教育课程。

2. 保证儿童的参与

参与意味着重点是确保所有儿童都是家庭、教室和社区中积极、独立的参与者。这意味着成人通过使用从嵌入式到更明确的一系列教学实践来促进学习和参与，以确保所有儿童都有机会参与和学习所有领域。在典型的环境和学习环境中，成人使用个性化的调整、修改和适应来促进所有儿童的积极参与和归属感的养成。参与应以每个儿童及其家庭的需要为动力。

3. 通过发育筛查及早发现发育或学习障碍

早期发现发育或学习困难常常被证明是对幼儿的污名化，是让幼儿被排除在常规教育计划之外的开始。如果排斥是预期的结果，家庭不愿意参与对孩子发展的评估是可以理解的。但是，我们需要转变观点。筛查儿童发育障碍是一种专注的警惕性表现。发育监测和筛查用于识别有发育困难风险的儿童，以便他们尽早接受适当的服务。发育监测的特点还在于其过程的灵活性。它考虑了父母或参与儿童生活的任何其他人的观察，以及筛查工具的使用。为此，评估人员需要与家人进行坦诚的沟通。筛查应被视为一个持续的过程，因为在儿童发育的任何时候都可能出现困难。因此，监护者们和老师们都应该保持警惕。事实上，只有建立明确的转诊系统，为确定的需求提供资源访问权限，筛查活动才有意义。考虑到他们的文化和语言现实，使用具有可靠的心理测量特性的筛查工具和方法，优先考虑父母的参与并利用孩子经常光顾的环境，是有成效的。

早期发现发育困难的目的是在融合环境中更好地支持儿童、他们的家庭和他们的生活环境。

4. 注意学龄前和学龄儿童的转衔

从学前班到学校的过渡对弱势儿童来说是一个特别重要的时刻。随着时间的推移，有关儿童需求的详细知识以及在学前或日托环境中的成功干预应转移到学校环境中。学校必须提供融合服务。如果不利用这个机会追求融合，在日托或学前教育融合环境中所做的努力将付诸东流。

除了提前准备，对转衔的支持还需要发送和接收环境的敏感性和接受性。这种准备需要资源主管的支持，他们应该让团队有时间与学校社区进行沟通和协作。请注意，过渡期在入学前后持续数月。还可以采用不同类型的支持，例如过渡计划和使用投资组合来协助转衔。

（三）项目与技术

1. 将 LEAP 项目运用于融合课堂

一项严格的研究进一步证实了融合—驱动的学习经验和替代项目（LEAP）在两年内改善了自闭症儿童的结果。LEAP 是一个多层面的项目，它整合了基于研究的实践来支持将自闭症儿童融合到典型的学前课堂。研究人员对学校人员进行了为期 23 天的培训，并提供了为期 2 年的指导，以确保员工系统地保持高质量的学前环境，教授典型的同龄人支持社交和沟通技能（例如，同伴介导的指导和干预），使用有效的教学策略（例如，无错误的教学、附带教学），监测儿童的进步，并领导家庭技能培训。研究人员发现，与未融合 LEAP 项目模型的自闭症儿童相比，融合 LEAP 项目教室的自闭症儿童表现出的自闭症行为的严重程度较低。更令人信服的是，自闭症儿童进入普通教育教室后，在参与项目后保持了改善的行为。

2. 关注技术的使用

有可能支持儿童在教学环境中学习的技术对幼儿教育专业人员来说尤其重要。关于技术在课堂环境中作用的讨论体现在当前对适合发展的实践（DAP）的理解中。该术语是指教师掌握的：① 儿童如何发展和学习的知识；②个别儿童的长处、需要和兴趣；③儿童生活的社会和文化背景（全国幼儿教育协会，NAEYC）。1996 年，NAEYC 发表了一份立场声明，为在 DAP 中使用技术提供了不温不火的支持。不幸的是，这些早期对技术及其在幼儿生活中的作用的看法被媒体中的暴力、电视观看时间的影响以及其他与技术的教学用途混合在一起。然而从那时起，幼儿教育专业人员对技术在幼儿生活中的作用有了更大的认识和接受。2012 年，NAEYC 和圣文森特学院的 Fred Rogers 早期学习和儿童媒体中心修改了其关于技术的立场声明，更加强调其作为 DAP 在早期儿童课堂中的作用。

3. 使用教学技术（IT）来培养支持幼儿学习的重要技能

大量文献提倡使用教学技术（IT）来培养支持幼儿学习的重要技能，尤其是在新兴识字领域。然而，也有新的证据表明使用 IT 支持幼儿在写作、交流、社会行为和游戏领域的学习。

据报道，在使用 IT 的幼儿教室中，儿童的发展取得了进展。在 Penuel 等人的一项大规模研究中，参加了公共电视、视频和游戏纳入课堂教学的富媒体课程的学龄前儿童发展了早期识字技能（字母识别、字母 / 声音关联、故事概念）。同样，Pasnik、Strother、Schindel、Penuel 和 Llorente 在众多研究中报告了媒体对幼儿学习的积极影响。在识字技能发展领域，在字母知识、语音意识、单词识别和听觉故事理解方面取得了进步。媒体的使用有助于提高对字母的识别、音素的混合和分割、单词中的声母和押韵的识别，以及非单词的识别。Pasnik 等人还发现，在教学环境中使用媒体可以提高儿童识别印刷文字的能力。最后，报告表明，在媒体的帮助下，幼儿能够更好地回忆和理解故事的元素。

尽管存在证据基础来支持儿童使用技术可以取得的发展收益，但关于教学技术在课堂环境中的影响仍有许多研究要做。在我们看来，问题不在于是否使用教学技术来支持教学。相反，当今教师面临的主要挑战是如何有效地使用技术来支持课堂中幼儿的学习体验。

那么什么是 IT？对于学习者而言，IT 可以支持提高教学效果、效率和吸引力。如前所述，技术是帮助儿童更有效或更高效地做事的工具。有了 IT，孩子们可以比没有技术的帮助更有效地学习或做更好的事情。前面使用文字处理程序创建文本的示例是一种有效的转录方式，也就是说，它允许孩子生成可能难以用笔和纸创建的文本。其他技术会带来更高的效率，允许在更短的时间内完成相同数量（或更多）的学习或任务。在文字处理程序的案例中，使用文字处理程序可以在更短的时间内创建更多的文本，特别是对于可能正在发展写作技能并因此需要更多时间进行手写的幼儿。

许多技术比传统材料更具吸引力，这增加了幼儿将更多时间和精力用于学习或做某事的可能性。例如，芝麻街、PBS Kids 和 Starfall 等交互式网站的活动包括动画、声音、鲜艳的色彩和其他对大多数幼儿来说比传统的教育活动（如工作表）更具吸引力的属性。同样，数字白板和数字投影仪可以让孩子们以大屏幕查看这些基于网络的活动，这对年轻的学习者来说很有趣，尤其是那些倾向于通过视觉表示来学习的人。

幼儿教师使用 IT 还进行了仔细的计划，以将所使用的课程与学习标准、教学策略和儿童表现评估联系起来。因此，IT 工具用于规划教学，其中包括：①对用于支持课堂教学的相关技术做出决策；②决定如何将这些技术与特定的教学策略（例如，直接教学、建模、脚手架支持）一起使用；③确定在使用这些技术时如何评估儿童学习。

4. 运用辅助技术（AT）

虽然大多数发育中的幼儿可以在课堂环境中使用 IT 更有效地学习，但残疾儿童需要额外的支持才能参与活动。有些孩子可能在听、看、移动和操作物体、遵循常规、遵守社会规则和 / 或与他人交流方面有困难。这些残疾的儿童可能无法获得正常发育儿童的学习机会，因此需要额外的辅助技术支持。例如，

郝老师在开课时间向她的学前班展示了关于开始声音的课程。她向学生展示一张球的图片，并询问开始的声音是什么。当孩子们举手时，郝老师叫小天，小天说"b"。她展示了另一张幻灯片，孩子们在幻灯片上看到了一张猫的照片。她请小雷作答，他不具备语言能力，借助辅助技术发声。小雷按下他设备上的一个按钮，该按钮发出"k"音。

文老师经常在他的幼儿园教室里使用他的 SMART Board 来上 Clicker 6 课程。孩子们来到 SMART Board 并触摸学习网格中显示的按钮进行选择。轮到小沙时，她使用电动轮椅来到 SMART Board 面前。因为她手中的力量有限，小沙握着一根泡沫包裹的棍子，用它来接触屏幕以做出选择。

施老师希望她的学生安静地过渡到扫盲中心，坐在一张桌子旁，听她讲关于材料使用的说明，并将他们的产品放在各自学生的书架上。因为小凯很容易分心并且难以处理日常事务，所以施老师在他过渡到扫盲中心之前给了他一张层压的任务顺序图。该图表使用五个 Boardmaker 符号来表示例行程序中的步骤——去扫盲中心、坐下、听、画图和收拾东西。该图表提供了结构，以便小凯确切地知道他应该遵循什么顺序。施老师也在其他活动中使用类似的任务图表来帮助小凯。

一般来说，辅助技术（AT）是"任何可以帮助残疾儿童以某种预期表现水平完成他或她在没有该工具时无法完成的事情的工具"。无论是收起学习材料、完成一幅画，还是识别开始的声音，孩子们在完成任何课堂任务时都需要表现。因此，当提供 AT 来帮助孩子做一些预期的事情时，它就变成了补偿性的。AT 与孩子参与课程或课堂并取得教育进步是单独匹配的，并且是孩子唯一需要的。在前面的例子中，残疾儿童被期望参加计划好的课堂活动，他们需要 AT 来完成预期的任务。为残疾儿童做出决定是一个解决问题的过程。

（四）价值观与方法论

1.“社会—文化”教育质量观

“社会—文化”取向的认识论视角强调社会文化特性作为儿童学习与发展中介物的关键作用，重视儿童与同伴、成人、情境、事件之间的敏感性、互惠性及回应性关系。“学前融合教育生态系统模型”的研发经验充盈着强烈的社会文化特性，基于欧洲多国家、多民族、多语言的多元文化情境建构“文化适宜”的学前融合教育质量框架。一方面，“社会—文化”取向的儿童观认为“残疾”与“特殊教育需要”扎根于特定的社会文化基因，提倡在“优势（潜能）为本”观念中思考学前融合教育情境中的所有儿童“参与了多少”和“学习到了什么”，而并非提前预设特殊儿童“不能学到什么”及其可能产生的消极效应；另一方面，“社会—文化”取向的早期教育质量观提倡建构整合通用的质量评估指南，而并非直接设定标准化指标评价工具。各国应因地制宜进行本土调适，避免陷入质量内涵机械还原与评估情境单一局限的困境。

2.“结构—过程—结果”质量框架

纵览全球学前教育质量改革的浪潮，从国际组织与国家层面高屋建瓴地颁布标准、建构学前教育质量框架及质量监测体系，已成为提升学前教育质量的重要手段。欧盟委员会幼儿教育与保育工作小组与欧洲儿童基金会于 2014 年联合发起《关于幼儿教育与保育质量框架关键原则的提案》，呼吁欧盟成员国将“质量”作为幼儿教育与保育工作的优先事项，并提出“结构—过程—结果”的欧洲质量基准框架。该框架超越以往教育质量评估“输入—输出”的单向路径，基于动态建构质量意义的立场，为欧洲“学前融合教育生态系统模式”的思路设计提供了重要的方法论参照。其中，结构性质量（structural quality）着眼于学前教育系统如何被设计与被组织，通常包括园所的安全标准、物理环境、师资水平、师幼比、课程设计等要素。过程性质量（process quality）聚焦学前教育内部教育实践中的三大关键质量，包括师幼互动、同伴交往、家园共育。结果性质量（outcome quality）关切学前教育与保育给予幼儿、家庭、社区及社会的收益与回报。该框架特别强调所有幼儿在身体、情感、道德、精神等维度的全面健康成长，以便为培养终身学习者奠基。

二、促进认知发展教学模式

（一）支持特殊幼儿和同伴的社交活动

大多数孩子都是通过与有教养、有责任心的成年人和同龄人的互动，以及在高质量的幼儿保育或学前教育教室中进行学习的。学龄前儿童最重要的发展任务是成为同龄人中被接受的一员。

随着时间的推移，孩子们通过彼此之间的互动来发展关系。然而，一些残疾儿童将需要更有意识的、系统的指导来学习适当的社会技能。残疾儿童应该有多种多样的机会与正常发育的同龄人互动，反之亦然。大多数小孩子都会相互尊重。在融合课堂中，有机会与正常发育的同龄人互动的残疾儿童表现出更高水平的社交能力和更好的沟通技巧。例如，Justice 和他的同事发现，在教室里，有较高语言能力同伴的能力差的儿童，在学年结束时的语言技能比那些有低能力同伴的儿童的语言能力更好。这一研究和之前的研究表明，孩子的成长受到更有能力的同龄人的积极影响。然而，即使在融合性课堂中，与正常发育的儿童相比，残疾儿童也表现出更少的积极社会互动，更不可能被纳入课堂活动和游戏。他们有限的社交技能可能会阻止他们与同龄人进行积极的互动，最终导致社会孤立或排斥。所以课堂中教师应该支持同伴间的社交活动，使其发生的频率足以促进友谊的发展。此外，同龄人提供了积极的、有能力的模式，让残疾儿童通过模仿学习新技能。

（二）对特殊儿童提出更高的期望

在典型的儿童早期课堂中，人们对儿童成长和发展的期望往往比在隔离教室中的孩子的期望要大得多。例如，孩子们可能需要自己穿上外套，或者用手指拿起零食吃。不管期望是什么，对所有的孩子都一样。虽然它们可能通过"辅助和服务"的正确组合来实现，但这些更高的期望最终会导致残疾儿童在学龄前和以后的生活中取得更多成就，获得自信和独立，并发展更强的自我意识。

更高的期望最终会引导残疾儿童取得更多成就，获得自信和独立，并发展更强的自我意识。将残疾儿童融合到通识教育课堂显示出长期的好处，那就是有利于他们的社会情感发展。当幼儿被融合到普通教育课堂时，他们在课堂中所体验到的许多积极的社会益处会持续显现。年龄较小就接受融合教育的学生，随着年龄的增长，他们可能会表现出以下情况：

- 有隔离教室中接受教育的儿童所不具备的社会可接受行为和互动的理解。
- 增加与（有或没有残疾的）同龄人的社会互动。
- 与退出服务相关的污名化感觉更少。

（三）IEP 团队成员参与协作决策

每个 IEP 团队成员，包括家长，都要参与审查评估结果，确定每个孩子的长期目标（例如，合作游戏—社会和交流领域）和短期目标，指导孩子为实现确定的目标循序渐进（例如，向同伴索要玩具、轮流）。如果一个社交和交流迟缓的 5 岁孩子符合特殊教育服务的条件，她的 IEP 团队可能会认为，在她第二年上幼儿园之前，她能够与朋友合作玩耍是很重要的。但是，如果她不能向同伴索要玩具或轮流玩，她就无法实现这个目标。因此，团队创建了针对这些更具体的技能的短期目标，也使团队成员能够监控她朝着整体目标的进展。在这个计划中有两件事是固有的：①对儿童发展的理解，②对如何促进具体成果的理解。团队成员必须参与一个协作决策过程，这个过程要考虑关于孩子发展的证据、需求、家庭对孩子的优先级，以及将成功地支持孩子朝着确定的目标前进的实践——我们称这个过程为基于证据的实践。

第二节　学前融合教育教学策略

一、以幼儿为中心的教学策略

（一）教学策略要求

1. 设计环境

教师系统地、有意地设计环境，并计划为什么、如何以及何时嵌入学习试验，以确保每个孩子获得多重、有意义的教学机会。

2. 互动

（1）教师/工作人员对有或没有残疾的学生提供有意的、充分的、有支持的互动。

（2）有足够数量的对等模型。

（3）教师/工作人员为个别儿童提供必要的支持。

3. 专业支持

（1）教师/工作人员在必要时根据每个孩子的日常活动和学习活动进行个别调整。

（2）教师/工作人员为儿童提供足够数量的嵌入式教学试验，以解决完整的学习周期（习得、流利、泛化和维持）。

4. 家庭

教师/工作人员有意地鼓励家庭参与儿童的评估、干预和评估过程。

5. 融合服务

在制订和讨论目标和教学计划时，涉及孩子的服务提供系统（包括家庭）的相关个人都应作为儿童合作团队的成员。

6. 社会学结果

每个孩子的目标都包括那些与社会结果有关的目标，如友谊的发展、独立参与和社会接纳。Odom 和他的同事呼吁关注发展技能和社会学结果，如社会接受、参与和友谊。高质量的学前融合应该使所有儿童形成积极的、有意义的社会关系，独立地参与课堂和社区，并有归属感。因此，学前融合教育不仅仅是一个安置决定。高质量的学前教育还注重成人在幼儿园中使用的策略，以确保孩子们的接受、参与和友谊。这些有效的策略包括教所有的孩子社交技能，帮助促进关系、参与和归属感。认识到社交技能的重要性，美国特殊教育计划办公室确定了三种结果，其中一个是积极的社会情感技能（包括社会关系）。社会技能的结果被定义为"积极的社会情感技能（包括社会关系）"。早期儿童技术援助中心这样描述这个结果：积极的社会情感技能指的是孩子如何与他人相处，他们如何与成年人和其他孩子相处。结果包括孩子表达情绪和感觉的方式，以及他或她如何与其他孩子互动和玩耍。对于学龄前儿童来说，这些技能还包括如何在集体环境中遵守与他人互动的规则。

7. 专业化、个性化的支持

应根据儿童的个别需要向他们提供支持。支持应该跟随每个孩子，并在他们的融合课堂中提供。在学前融合的研究中，一个普遍的发现是，仅仅安置不足以促进学习和发展。残疾儿童的成功安置需要有意的、专门的指导和个性化的适应性活动。这些都是确保所有儿童成功地参与物质和社会环境所必需的。事实上，有意教学已经被描述为发展适宜实践。这意味着老师们要为那些需要额外教学支持的孩子们计划并嵌入足够数量的教学试验。

8. 课堂考虑幼儿对于技术的使用

幼儿教育环境中的教学的特点是需要幼儿做某些事情才能参与这些活动。众所周知，技术是工具性的，可以帮助人们完成仅靠人类能力无法完成的事情——更有效或更高效，更快或更多地完成任务。例如，笔和纸是幼儿用来写作的传统工具，书籍是阅读的传统工具。然而，它们并不是完成特定转录（即创建文本）和阅读任务的唯一方法。文字处理程序提供了使用笔创建文本的替代方法。交互式书籍和 iPad 应用程序可以使用语音组件，其中作品在发音时从左到右突出显示，这为阅读印刷品提供了强大且引人入胜的替代方案。这种技术替代品不仅被许多幼儿在家中使用，还在教学环境中也越来越受到年轻学习者的青睐，因为它们更具吸引力，并且可以最大限度地减少阅读、写作和与他人交流中的错误。大多数孩子可以使用传统的教学方法进行学习，因此使用技术支持课堂学习不一定是更好的方法。但是，如果技术是幼儿文化的一部分并且是首选的学习方法，则必须考虑将其用于支持教学。

（二）案例

课堂上集成技术的成果

将技术整合到课程中的教师经常观察到预期和意外的结果。例如，一位获得了一系列技术支持儿童的新兴读写能力发展的教师评论了她和她的孩子所经历的事情：

我只是认为我在努力，"我怎样才能把它应用到技术上？"所以，我一直在想，怎样才能做得更好？就像他们因为看到土拨鼠穿过隧道而笑的时候一样。我们谈论快和慢，或者我带来所有的行动。这是他们用电脑的真实生活，而不是虚拟的图画。我想我只是看到他们作为学生参加活动的愿望增加了。

在这个例子中，老师在她的教室计算机上使用了一台数字投影仪，并且不断地思考使用可用软件和其他技术来提供课程的新方法。她对将这些支持与基于研究的教学策略结合使用特别感兴趣，例如直接教授特定的新兴识字技能。

同样，另一位与患有自闭症谱系障碍的无语言学龄前学生一起工作的老师对学生无法通过在圆圈时间以与其他学生用相同的方式讲故事来参与课程感到困扰。他的口语能力有限，社交互动也有缺陷。然而，老师发现孩子可以使用电脑键盘和基于符号的软件程序打字来讲述故事，正如以下引文中所讨论的：

嗯，我们刚刚和父母谈过，问他们是否听到他说不止一个词，因为我们没有听到过。他过来给我讲故事，通常他不会，但他今天来了。我在为他做示范："告诉我你真正喜欢什么。"我无法从他那里得到任何回复，我正在打字，字正在大屏幕上显示，他正在观看，然后我输入，"我爱……"然后就等着了。他伸手去拿键盘，输入了 d-i-n-o-s-r。是的！上一个学生的故事有一张图片，弹出了一只恐龙的图片，他在屏幕上看到了。所以我回去重新拼写，这样图片就会出现，那是与那个孩子相处的一段美好时光，然后他读道："我喜欢恐龙。"而且他是不停地读，但通常他只是写，而不是读。

教师使用技术以不同方式尝试事物的这种经验及其产生的结果支持了使用各种技术的重要性，以及培养儿童有效使用技术的舒适度和专业知识水平的重要性。

Blum、Parette 和 Watts 报告了一项小组比较研究，该研究使用 PowerPoint 中嵌入的直接指令并使用数字投影系统提供课程的语音意识结果。结果来自一个由 55 名有残疾风险的学龄前儿童组成的幼儿中心。结果表明，与对照组相比，接受基于 PowerPoint 课程的学生的初始声音流利度提高了一倍。头韵和押韵的结果尚无定论。

以有意的方式编排融合是必要的

案例 6-2

这是小明上学的第一天。和许多父母一样，小明的父母也很担心他可能很难融入学校，很难交到朋友。三岁的小明很害羞，不知道如何与同龄人互动。到学校后不久，孩子们就有机会在中心玩耍。小明很自然地朝方块前进，因为他喜欢建造东西。在积木站，小明遇到了小迪，一个同样喜欢玩积木的孩子。

一开始，小明和小迪互动有限。然而，几周后，小明和小迪开始共用积木。他们的互动开始于无声无息，他们伸手去拿老师特意为鼓励他们互动而放置的同一块积木。他们的老师利用这些互动作为教学的机会，鼓励小明和小迪使用积极和适当的社交技巧。当小迪需要小明的积木时，老师会提示小迪向小明要那个积木。

在语言提示、时间和老师的强化下，小迪学会了独立地向小明要积木。到了年中，小迪和小明已经成为一支相当出色的施工团队！到年底，小迪和小明的社交能力都有所提高，他们可以互相分享更多的玩具，也可以独立地与同学分享。在学前班的年终派对上，小明和小迪的父母见面。小明的父母表示，他们很高兴小明找到了一个朋友，帮助他克服了接近和邀请同龄人一起玩的羞涩。小明的妈妈分享说，小明现在也会让不认识的孩子跟他玩！让他们惊讶的是，小迪的父母也反映了类似的情况。小明的父母根本不知道老师给小迪制订了一份个别化支持计划（IFSP）。他们告诉小明的父母，发起互动和分享是小迪 IFSP 的两个目标。在与小明的互动和老师的集中干预下，她表现出了巨大的进步。

二、同伴课程教学设计

在融合的环境中，正常发育的孩子会从他们的残疾同学那里学到很多东西。首先，仅仅是将残疾儿童融合，就会促使典型的同龄人对不同的同龄人有更多的理解，并对他们形成积极的态度。更多被提及的好处是可以在融合的环境中发生重复和即兴的互动。当残疾或能力不同的孩子试图与他们的同龄人进行社会互动时，通常发展中的儿童学会对这些提议做出反应，从而在以下方面采取进一步行动：

- 发起互动；
- 协商分享；
- 发展对其他孩子的理解。

典型的同伴可以学会运用有针对性的方法来吸引能力不同的同伴。Diamond 和 Hong 发现，发育正常的儿童也更有可能基于公平和公正来做出让残疾儿童参与游戏的决定。他们的研究在包括身体发育迟缓的儿童在内的几个学前教室进行，结果显示，当活动对运动要求不那么高时，孩子们更有可能加入同龄人，这表明教师可以设计一个教室，自然地促进所有有残疾和没有残疾的学龄前儿童积极参与。

除了体验改善的亲社会行为，典型的同龄人还可能有机会成为学术领域的专家。有强有力的证据支持这一观点，即能够为其他同学树立模范行为榜样的孩子，在这些活动中可能表现出更高的能力水平。当孩子们这样做的时候，他们也有可能表现出更多的：

- 自尊
- 自信
- 自主
- 领导能力

想象一下，当一个孩子在他或她的同龄人重视的一个话题上成为专家时，他或她会感到自己多么重要。

随着自我意识的增强、年龄的增长，典型的同龄人可以在适当的教师支持下转变为辅导者角色。典型的发育中的儿童对内容和材料有很强的把握，是这个角色的理想选择，他们可以与同龄人合作，促进他们学习课程材料。同伴辅导使典型的孩子能够继续解释概念，随后掌握主题。结果，典型的同龄人继续建立他们的自尊，并对残疾人保持积极的感情。因此，这种同伴支持模式带来了更好的课堂管理，让所有学生都能受益。此外，所有学生对课程材料和学校整体的热情也有提升。

第三节 教师和家长的职责互动

一、教师职责

（一）教师对自闭症的认识

1. 教师对可能影响自闭症的因素和调节因素的认识

教师了解自闭症（ASD）的事实有助于为被融合的患有 ASD 的学生提供适当的社会和教育环境。建设性知识对普通教育和特殊教育环境中的日常实践产生积极影响。具体来说，专家指出，与 ASD 学生一起工作的教师应该了解病因、具体特征、评估和诊断、个体学习差异、社会互动、治疗，以及早期融入主流环境的一些策略。

然而，传统上认为，对有任何特殊需要的学生进行护理和教育的最佳场所是专家所在的场所，因为他们知道所需的具体支持。要转变这种思维，因为融合需要所有教师，而不仅仅是专家。鉴于这种情况，必须赋予教师权力，教他们沟通和社交技能，以及如何解决问题行为的知识，或纠正对自闭症学生的负面态度等。

一般来说，教师（在教育的每个阶段，无论他们的专业如何）都需要一些关于融合教育的专业和科学培训。知识是教师为 ASD 学生提供融合学习机会的能力和意识的相关预测因素，帮助他们更好地参与早期筛查和识别过程。

通过这种方式，一些研究侧重于对职前教师的初步培训，以使他们为融合教育做好准备，或者分析教师是否专门从事自闭症教育或融合教育。其他研究侧重于经验和知识之间的潜在关系或教师开展工作的阶段是否会影响他们对 ASD 的认知。最后，还有一些研究旨在分析文化和知识之间是否存在相关性，或者用于评估知识的工具是否很重要。

2. 教师对 ASD 的了解和经验

除了提供 ASD 的初步知识，有人认为，与有 ASD 教学经验和先前有接触对教师的知识有积极的影响。出于这个原因，在职教师通常比准教师更了解 ASD。在韩国，为减少这些差异，为培养特殊教育教师的职前培训计划要求他们完成实习。在培训最后一年，大学生应完成一个月的全日制实习，以学习有效的教学方法，检验自己是否适合所选职业，深化专业知识，并培养教育理念。实习和志愿者工作机会等是为职前教师提供在实际教学情境中应用新知识的机会的重要机制。一项针对希腊教师的研究表明，他们对 ASD 儿童的工作经验提高了他们在管理 ASD 学生方面的专业知识。此外，由于经验丰富，教师和学生之间的关系也得到了改善。

3. 教师对 ASD 和专业化的了解

融合教育取决于教师的专业化和培训。毕业后专攻 ASD 是一种积极的方式，可以更好地了解这种障碍，并为学生的学习成绩带来重要优势。即使是对在职教师的 ASD 培训，他们对这种障碍的了解也有所增加。支持融合并接受过充分培训的教师可以在使真正的融合变得更容易方面发挥关键作用。此外，主流教师（从小学和中学阶段）如果缺乏关于教育有特殊需要的学生的知识和误解，在教授 ASD 学生时，他们感觉不到能力或自信。因此，有些人会参加特定课程，或者从专业人员的培训中受益。

4. 教师对 ASD 和阶段的认识

知识也与教师工作的相关阶段相关联。教师拥有关于 ASD 的良好或充分的知识有助于通过适应性设置、时间管理等来改善教育体验，并帮助教师识别潜在的压力源。在这方面，小学环境比中学环境对 ASD 学生更包容。小学阶段的教师似乎对 ASD 的知识水平较高。但是，小学阶段之后的教师往往知识很差。一些研究表明，转型阶段是加强包容性的关键时期。事实上，从小学到中学教育的转变是一个重大转变，假设存在相当大的社会、情感、学术和组织挑战。因此，必须对教师进行教育以帮助患有 ASD 的学生。在大学阶段，患有自闭症的大学生人数正在增加，这些学生能够获得足够的支持至关重要。然而，一项调查显示，包括教授在内的校园成员对 ASD 的了解有限。

5. 教师对 ASD 的知识以及用于评估的方法和工具

用于衡量教师对 ASD 知识的方法和工具非常重要。确定可靠的评估方法来量化 ASD 的知识是关键一步。根据对该主题的回顾，评估知识最常用的方法是自闭症知识调查（AKS）、卫生工作者儿童自闭症知识（KCAHW）问卷、自闭症知识问卷（AKQ）和自闭症包容性问卷（AIQ）。此外，他们审查的大多数文章都使用了定量工具（对小插曲、清单、多项选择、对 / 错或是 / 否以及李克特量表响应选项的响应），而 44 篇文章中只有 3 篇应用了访谈协议、简短回答或回答有关小插曲的问题。因此，他们没有收集有关教师知识以及用于评估的工具和方法的重要定性数据。

（二）参与职前和在职培训，支持 ECCE 融合

来自 ECCE 融合计划和机构的工作人员经常报告缺乏培训。他们列举了他们接受的初始培训与他们必须处理的具体情况之间的差异。此外，在实际干预环境中获得的理论知识的应用仍然存在困难。培训对于优质的教育和护理服务至关重要。为满足儿童和家庭的不同需求，需要提供准备充分的职前培训计划。在对四个欧洲国家（比利时、丹麦、斯洛文尼亚和荷兰）进行文献回顾之后，研究强调了教师专业能力对于促进社会融合的重要性。其中提到了与父母对话沟通、管理分歧、向他们学习以及以开放的态度探索一个主题的各个角度的能力和意愿。

这些培训计划不应仅限于那些与幼儿一起工作的人。对管理人员和其他监督人员的初步培训也应促进知识发展，以支持融合实践的实施。培训内容应包括对融合的态度和看法、差异的重要性、促进多样性（文化、性别、种族、语言、能力）和合作工作方式的发展。事实上，为此，协作技能应在专业标准中明确表述为基本能力。这些标准应旨在实现基本

知识和技能，例如对家庭的干预、采用对多样性敏感的做法、跨专业和跨部门合作、基于不同学习者概况的干预措施的个性化、过渡过程、真实的评估实践以及对学习和发展的筛选困难。

必须通过促进支持现有技能的跨学科能力的发展来提供专业发展机会，允许尝试不同的融合教育策略。此外，职业发展必须包括现实生活中的支持。因此，初始培训应从一开始就以知识应用为导向。还必须有一个专业的发展过程，以从日常情况的经验中学习，从而扩大可能的解决方案的范围，以应对在支持儿童方面遇到的挑战。专业发展还允许从业者根据现有知识批判性地审查他们的实践，以发展技能。

探索和试验涉及不同学科和部门的创新培训方案至关重要。这些人（工作人员和管理人员以及家属）参与实践是这些新办法的重要组成部分。专业发展也可以支持创新实践的实验和实施。此外，必须作出努力，利用各种公式和媒介，鼓励获得免费培训，并通过培训专家调动社区资源，从而增加获得知识和培训的机会。数字发展为接触、参与和保持与儿童早期利益相关者的联系提供了多种机会。只要考虑到包容、公平和可访问性的原则，就可以鼓励为教育资源、管理人员和家长开发数字内容。在某些情况下，数字访问仍然有限。重要的是要增加数字学习资源的数量，以响应学习者的需求和环境，允许定制的学习方案。这些资源可以为教育需求提供灵活多样的响应。数字技术提供了同步和异步学习的可能性。努力确保教育创新的可及性至关重要。但是，重要的是要保证数字技术不会成为另一个排斥因素。有必要将它与更传统的方式相结合，如地方广播，这已被证明是一个有用的工具，特别是在数字资源有限的情况下。还必须确保教育工作人员得到充分培训，以使用数字工具和资源。

二、家长职责

以家庭为中心的方法是早期干预 / 儿童早期特殊教育（EI/ECSE）服务的总体理念和框架的核心。家庭在对所有幼儿的服务进行评估、干预时发挥着关键作用，而早期干预的目标之一是提高家庭促进儿童发展的能力。单独的儿童早期项目不能有效地为孩子们的入学做好准备；儿童需要家庭和社区的支持。为了获得这种支持，高质量的融合幼儿园有意地鼓励家庭参与。

三、教师与家长互动

（一）教师重视家庭在融合中的作用

如果没有家庭的贡献，就没办法实现儿童早期融合。大量研究表明，要产生更大的影响，教师必须与父母合作。虽然已经朝着这个方向做出了努力，但要真正让父母参与关于他们及其孩子的决定还有很多工作要做。协作能力依赖于与家人共享信息以支持他们的决策。承认父母支持孩子发展的技能和能力是改变方法的条件之一，干预措施必须建立在现有技能的基础上。忽视父母对孩子的深入了解，就是剥夺了我们获取信息和专业知识的重要来源。与家庭密切合作，特别是对于那些孩子尚未精通教学语言的家庭，可以帮助其确定支持学习的替代策略。

（二）早期发现发育或学习障碍

早期发现发育或学习困难常常被认为是对幼儿的污名化，并且是被排除在常规教育计划之外的开始。如果排斥是预期的结果，家庭不愿意参与对孩子发展的评估是可以理解的。因此需要转变观念。筛查儿童发育障碍是一种专注的警惕性表现。发育监测和筛查用于识别有发育困难风险的儿童，以便他们尽早接受适当的服务。发育监测的特点还在于其过程的灵活性。它考虑了父母或参与儿童生活的任何其他人的观察，以及筛查工具的使用。为此，需要与家人进行坦诚的沟通。筛查应被视为一个持续的过程，因为在儿童发育的任何时候都可能出现困难。因此，发挥警惕的作用是共同的责任。事实上，只有建立明确的转诊系统，为确定的需求提供资源访问权限，筛查活动才有意义。考虑到他们的文化和语言现状，使用具有可靠心理测量特性的筛查工具和方法，优先考虑父母的参与并利用孩子经常光顾的环境，将受到青睐。早期发现发育困难的目的是在融合环境中更好地支持儿童及其家庭和生活环境。

（三）为幼儿及其家庭准备和支持过渡

了解儿童的需求也意味着认识到准备和支持他们生活中发生的转变的重要性。幼儿经历许多转变：从家庭环境到日托、社区环境或学前班，以及从学前班到学校。这些是需要提高警惕性的关键里程碑。

这些转变可能会引发各种可能导致边缘化儿童辍学的事件，从而影响儿童及其家庭。因此，必须强调资源、日托和学校人员与家庭之间合作的重要性。还需要认识到，从学前班到学校的过渡对于弱势儿童来说是一个特别重要的时期。随着时间的推移，有关儿童需求的详细知识以及在学前或日托环境中的成功干预应转移到学校环境中。学校环境必须提供融合服务。如果不利用这个机会追求融合，在日托或学前教育融合环境中所做的努力将不会成功。

除了提前准备，对转换的支持还需要发送和接收环境的敏感性和接受性。这种准备需要资源主管的支持，他们应该让团队有时间与学校社区进行沟通和协作。请注意，过渡期在入学前后持续数月。还可以采用不同类型的支持，例如用过渡计划来协助引入孩子。

（四）重视家庭优先级的决定

基于证据的实践使教师（和父母）能够就如何最好地支持幼儿做出明智的决定。如果家长希望他们的孩子能够和同龄人一起玩耍，作为专业人士，我们必须知道在什么样的条件下参加什么样的活动可以促进他们合作玩耍的技能。同样地，如果我们的目标是帮助孩子达到这里描述的结果和本章后面的内容，我们必须知道如何促进这些技能。为此，我们依靠证据——研究、专业智慧、家庭优先级和价值观——来确定高质量的幼儿教育环境、有效的教学实践以及教师和专业人员之间有用的沟通和协作策略，这些将促进孩子成功。

以证据为基础的实践应该列举任何学前融合的努力。三套实践——设计高质量环境的实践、促进本章所述成果的实践，以及促进专业人士和家庭合作的战略——与建设融合项目密切相关。高质量的学前环境符合一系列促进幼儿安全、学习和成长的研究驱动的标准。教学实践，如嵌入式干预或辅助技术，为幼儿提供了通过有意义的和相关的活动和经验获得新技能的机会。例如，嵌入式干预旨在帮助残疾幼儿有意义地参与日常事务。辅助技术是另一种用于支持儿童早期各种发展和功能技能的教学实践。

（五）提供高质量幼儿项目和服务

两个著名的幼儿教育专业协会 DEC 和 NAEYC 共同制定并发布了一份声明，倡导和支持跨学科、融合性的所有幼儿早期护理和教育。他们对融合的定义如下：幼儿融合体现了支持每个婴幼儿及其家庭权利的价值观、政策和实践，无论其能力如何，都能作为家庭、社区和社会的正式成员参与广泛的活动并融入环境。残疾幼儿和非残疾幼儿及其家庭的融合性体验所期望的结果包括归属感和成员感、积极的社会关系和友谊，以及发展和学习以充分发挥他们的潜力。可用于确定高质量幼儿项目和服务的融合性的定义特征是：获取、参与和支持。

无障碍是指通过增强无障碍环境，识别和消除有形或结构性障碍，并提供多种多样的学习机会，为每个儿童提供充分的学习机会、活动和包容的环境。目标是确保所有儿童都能获得有效的学习、典型的日常活动和设置，以及通识教育课程。

参与意味着重点是确保所有儿童都是家庭、教室和社区中积极、独立的参与者。这意味着成人通过使用从嵌入式到更明确的一系列教学实践来促进学习和参与，以确保所有儿童都有机会参与和学习所有领域的知识。在典型的环境和学习环境中，成人使用个性化的住宿、修改和适应来促进所有儿童积极参与和获得归属感。参与应以每个儿童及其家庭的需要为动力。

支持是指在提供高质量的项目时，对管理人员、教师、工作人员等更广泛的基础设施级别的支持。这意味着项目应该确保所有参与的成年人都能获得高质量的指导，有效的持续的后续援助，以及协作团队的支持。这也需要制定有效的政策来促进和激励高质量的学前教育。值得注意的是，IDEA 包括了类似的语言，以确保普通教育环境中的参与和成功。这些条款是"补充援助和服务"（34 CFR § 300.42）和"技术援助和培训活动"（34 CFR § 300.119）。

（六）结合包容、跨学科服务和协作团队

研究表明，跨学科、协调的服务提供系统与儿童和家庭的融洽程度相关。任何单一的学科都不能满足日益多样化的儿童群体及其家庭的需求。此外，儿童和家庭居住的社区在

规模、人口结构和经济资源方面差异巨大。残疾儿童可能正在接受来自各个学科的多个从业者的服务和支持。这些服务通常是不协调的，并且有不同的定义、资格标准和资金需求。年幼残疾儿童的家庭，特别是那些有高需求的家庭，与许多不同的服务和系统互动。当这些支持具有融合性并得到协调，以确保儿童取得足够的进展时，这些支持是最有效的。

高质量的融合幼儿园建立了一个协作团队的结构和过程。事实上，Lieber 及其同事声称，有效的协作团队是成功的、高质量的融合项目的关键特征。协作团队需要来自行政管理的支持、共同的融合理念、团队和家庭的频繁机会来满足，共同的目标和教学计划，以及确定的角色和责任。协作团队可以采取许多不同的形式，包括来自接受过专门培训的个人（例如，言语语言病理学家、职业治疗师）的指导，或由教师和特殊教育者共同承担课堂责任的联合教学模式等。

第七章 幼儿行为管理

情景导入

王老师气冲冲地找到园长："这个孩子我没法教了，我讲故事时别的孩子都听得好好的，他不是发出怪声音，就是坐在椅子上摇来摇去，怎么讲都不听，还是跑去厕所按小便池的按钮，不让他按就发脾气，又哭又叫。我什么方法都用尽了，还是搞不定。园长，不是把他转走，就是把我转去其他班吧，或者您自己来教他。"

当幼儿进入幼儿园开始集体生活，即意味着他们真正成为社会（集体）中的一员。他们通过自己的行为与社会（集体）互动，在这个过程中学习和形成符合社会（集体）的规范要求和正确的行为。这也正是幼儿园教育的重要意义之一。

作为幼儿园教师，我们常常会碰到一些行为"特别"的孩子：有在集体活动中随意离开座位，总是想往外跑的；有沉浸于自己当下的活动，当需要改变活动时，要么置之不理，要么因被打断而产生强烈的抵触情绪或过激行为的；有经常被小朋友投诉打人、咬人的；有在幼儿园里一天都过得很开心，唯独在爸爸妈妈送上学时又哭又闹，和爸爸妈妈难舍难分的……当孩子出现这些让老师"头疼"的行为时，老师们的反应往往是希望通过某些行动或策略改善这些行为。有些行为在教师的干预下有所改善，但有些行为的干预效果并不尽如人意。不管结果如何，当教师或者家长有"改变孩子行为"的主观意识并采取行动时，对幼儿实施的行为管理已经发生了。通过本章的学习，我们将了解引发幼儿行为问题的原因，掌握行为管理的基本原理和方法，能根据观察的目的与需要制订观察记录表，开展幼儿行为观察与分析活动，并理解正向行为支持的内涵，更加有效地实施行为管理，帮助幼儿发展适宜行为。

思维导图

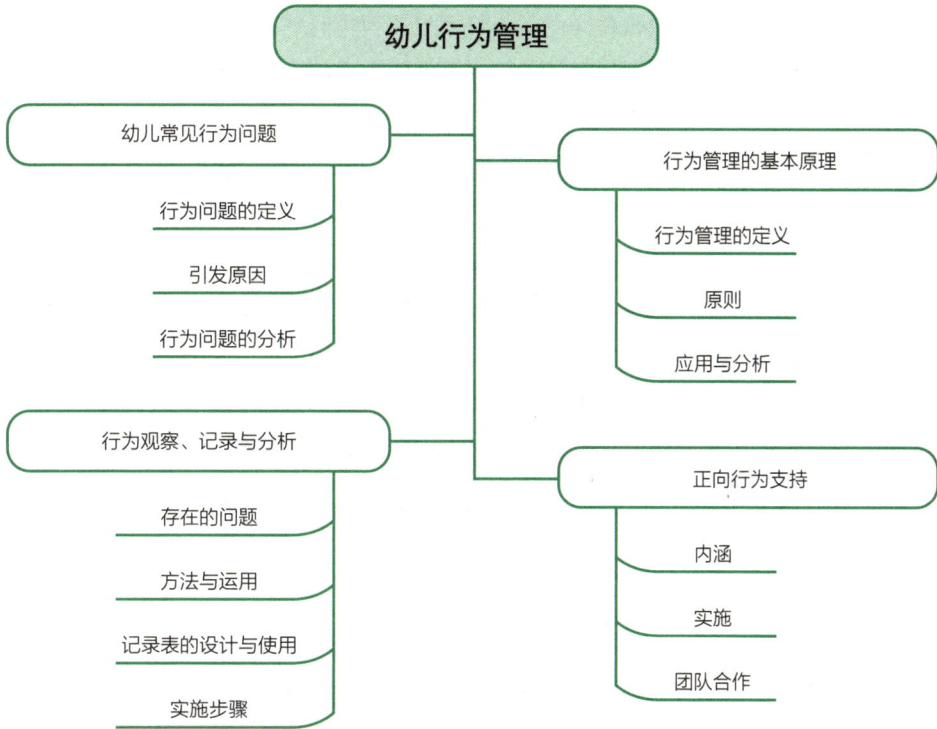

第一节　幼儿常见行为问题

幼儿行为不仅包括幼儿外显的言语、行动，还包括内在的心理活动，如情绪、感知、动机、思维和态度等。根据其适宜性，幼儿行为可分为适宜行为和不良行为。针对学前幼儿自控力较差、好模仿、不稳定、易变性等行为发展的特点，幼儿园对幼儿实施行为管理时，通常会遵循"示范性""激励性""一致性"等原则，采取"表扬奖励""行为榜样""环境暗示"等方法，达到帮助幼儿形成与发展适宜行为，预防和纠治问题行为的目的与任务。对于孤独症、多动症等特殊幼儿，在智力、感官、情绪、肢体、行为或言语等方面与普通幼儿存在一定差异，由此而引发的行为问题也有其典型的特征，医疗或者特殊教育机构通常会采用应用行为分析（Applied Behavior Analysis，ABA）原理来解读特殊幼儿行为问题背后的原因，进而实施干预，有效促进特殊幼儿行为问题的改变。

研究表明，76% 的教师认为，如果幼儿没有行为问题，则他们在班级管理和教学上可以驾轻就熟；同时，也有三分之一的教师表示，曾经因为幼儿的行为问题造成他们沉重的负担，甚至考虑放弃教职。由此可见，了解幼儿的行为问题产生的原因，如何"介入"行为问题，是学前教育工作者关切的课题，也是他们迫切需要掌握的专业知识与技能。

一、什么是行为问题？

对行为问题的认定，通常都带有行为管理者（教师、家长）的主观认知与判断，行为问题的具体内容因人、因时、因事而异。O'Berien 在 1998 年提出了以下几条行为问题的判断标准，适用于集体环境中的普通幼儿与特殊幼儿：

（1）该行为阻碍了孩子参与学习活动。

（2）该行为会干扰其他孩子的学习。

（3）该行为就孩子的年龄和发展水平来说是不适当的。

（4）该行为导致孩子被孤立于其他孩子之外。

（5）该行为对孩子的独立性发展有消极的影响。

（6）该行为会对学校（幼儿园）的人力、物力资源造成损害，或任由该行为发展会消耗大量的人力、物力资源。

（7）该行为会使对孩子来说十分重要的成人不喜欢这个孩子。

（8）该行为会导致孩子产生消极的自我概念，降低自尊心。

（9）该行为限制了孩子学习新技能的机会。

（10）该行为可能给孩子、同伴和成人的环境带来危险。

（来源：Effective Practices for Children with Autism：Educational and Behavioral Support Interventions That Work. James K. Luiselli. New York：Oxford University Press，2008）

本章所讨论的幼儿"行为问题"是指发生在幼儿园一日生活及学习活动中，与幼儿园规范及教学要求不一致，影响正常活动秩序和效率，并造成幼儿学习落后及阻碍社会性发展的行为。

二、引发幼儿常见行为问题的原因

引发幼儿常见行为问题的原因有很多，比如：家庭教养方式；幼儿希望通过异常行为引起成人关注的心理特点；活动空间、材料与幼儿的活动水平不相匹配；成人对儿童的发展水平期望不适宜；成人对待幼儿的要求与准则、信息的传达不一致等。另外，过敏、营养不良、感觉缺失、缺乏安全型依恋、家庭变故、孤独症（ASD）、多动症（ADHD）、抽动症等都有可能引发幼儿的行为问题。

案例 7-1

妈妈向老师抱怨，说每次带东东一起去超市买东西都要买一堆零食，不带他去他就会号啕大哭，带着去不给他买也哭。这一次妈妈想狠心不买，结果他就倒在超市的地上边打滚边哭，没办法妈妈只能按他要求买了，但是零食买回来吃了又影响正常进餐，很是头疼。

分析：在这个案例中我们可以看到，东东通过"哭闹"这种行为来达到"索要零食"的目的。妈妈的妥协给予了这种行为正强化，妈妈这种"妥协"的教养方式就成了"哭闹"持续发生的重要因素。

案例 7-2

明明在班级里经常欺负其他小朋友，总是有小朋友找老师告状说明明打人了。老师和妈妈沟通，妈妈说："老师，他不听话你就打他，我们没意见。他在家不听话他爸也揍他。"

分析：幼儿的攻击性行为是在环境中习得的。从妈妈的话语中可以了解，爸爸"揍他"的行为让明明觉得"打人"是阻止不被自己允许的事情发生的有效策略，"打人"是被允许的。

案例 7-3

老师在活动室外的走廊上设置了建构区，小轩和小刚看王老师和李老师都进了活动室，立即玩起了发射炮弹（互扔积木）的游戏，还砸中了旁边的小朋友。

分析：幼儿没有按照老师预设的方式进行游戏，还产生了不适宜行为，我们需要检讨他们是否了解了游戏的规则，是否具备了相关的游戏技能，以及我们提供的游戏材料和环境是否符合他们的兴趣、需要和水平。

三、幼儿行为问题有哪些？

根据前文对幼儿"行为问题"的界定，在幼儿园一日生活及学习活动中常见的行为问题见表7-1。

表 7-1 幼儿常见行为问题的类别及解析

类别	具体行为	行为原因及功能
攻击性行为	击打，掐拧，扯头发，撞头，抓扯，咬人，踢蹬，推拉，冲人吐唾沫，把物体砸向某人或者任何武力性的身体接触。	前三种行为常见于重度智能障碍、孤独症或感官障碍者的不适宜行为，攻击性、破坏性行为也常见于教养方式不当的普通幼儿。 从操作制约理论的观点来看，这些行为都是学习而来的，是个体对环境刺激不足与过度的调试反应，如寻求感官刺激、得到注意、获得想要的物品和活动，或者是为了逃避疼痛、饥饿、焦虑等内在不适的感觉，逃避不喜欢的活动与环境等。
自伤类行为	指向自己的任何武力性行为，比如，通过击打、捶、咬、挖、扯头发、掐拧皮肤、抠眼睛、撞头或使用物体伤害自己。	
刻板行为	刻板行为是指长时间重复某些特定的行为，但仅具有少许或者不明显的社会意义，且常会妨碍个体本身的学习、与他人的互动，以及日常生活的参与。	
破坏性行为	毁坏财物，砸向硬物，跳起，蹦跳，站在家具上，尖叫，扔东西，踢、拉物体，脱衣服或谩骂。	
逃跑或逃避行为	逃离座位，走开或跑开，拖延磨蹭或制造麻烦以拖延逃避。	
自我刺激类行为	重复性的语言或身体反应（摇摆，扑翼样拍打手或胳膊，凝视，搓手，玩涎液，手淫，吮吸物体，异食癖，重复性呻吟或尖叫）。	
多动行为	与其年龄发展阶段不相符的，自主或不自主的动作异常性增多。在幼儿阶段，表现为不安静、活动量大、奔跑、蹦跳、见什么都要摸一下、看一看，在家里翻坛倒罐、破坏东西。异常多动的幼儿其行为往往唐突、冲动、不顾后果，这些性质也有助于区别正常和异常。	多动的行为问题常见于儿童多动症，精神发育迟滞儿童约有半数表现为多动，儿童孤独症患儿中多动性行为异常也很常见，脑器质性损伤、精神病及一些药物也可以引起多动。
注意力不集中行为	注意不是一种单独的行为，而是心理过程的共同特征。注意力分散是注意力不稳定的一种表现，是对完成工作任务有不良影响的无关刺激缺乏抗干扰能力。注意有障碍的幼儿表现为分心、不稳定，不能使注意力长久地集中在一个事物上，而是经常不断地由一个客体转移到另一个客体。	注意障碍可见于多种情况，对事物的兴趣直接影响注意力，在出现心理应激、情绪问题、精神发育迟滞、其他精神障碍（如儿童期精神分裂症）或脑器质性损害时，也都会出现注意力不集中的现象。
违抗行为	违抗指儿童脾气暴躁、容易激怒、不服从、故意与父母或老师对抗，自己的过失却责怪别人、喜欢报复等。	

在这里，我们要区分清楚"问题"和"行为问题"，因为只有确定了行为问题，才能把这种行为放置于特定背景中，从而了解在该背景下发生的该行为对环境的影响和结果，如果行为问题都不清楚或者不明确，那么行为问题在什么样的背景下发生，具有什么样的结果和功能我们就无从得知了。

小欢是名孤独症幼儿。老师说："这个孩子特别喜欢玩车，每次区域活动就只去玩具角玩车子，我们放音乐收拾玩具准备去户外活动的时候，他总是听不见。如果打断他、收走他的玩具车，他就会大发脾气、用头去撞柜子。"

分析：在这个案例中，小欢"只玩车"指的是行为问题，"大发脾气"和"撞头自伤"是两种行为问题的形式。常见的幼儿行为管理，往往兴于"问题"，而止于"行为问题"，以至于"问题"积重难返，成为"难题"。

第二节　行为管理的基本原理

当行为问题产生时，行为管理者（教师、家长）通常会进行"行为介入"，以期解决行为问题。根据研究背景、理论基础、手段策略的发展，"行为介入"的理论支撑与方法策略也在不断发展，从行为改变技术、行为治疗、应用行为分析、行为管理再到正向行为支持。"行为管理"于 20 世纪 80 年代被提出，Cheesman 和 Watts 出版了《行为管理》（*Behavioral Management*）一书。"行为管理"是指行为管理者运用各种资源，灵活地配合和调度，以改变个体、改善环境，进而解决行为问题。之后，有学者提出"正向积极的行为管理"这一术语，主张在行为问题出现之前，通过调整引起行为问题的环境刺激与教导个体正向行为，以预防行为问题的出现。

一、什么是幼儿行为管理

幼儿行为管理是指在幼儿园一日生活与学习当中，教师根据正确的教育理念，采取恰当方法对幼儿在集体活动、游戏、学习生活活动中各种行为进行观察、指导和干预，养成幼儿良好的学习、交往与生活习惯，帮助幼儿最终实现早期自我管理。

幼儿的行为管理一般发生在幼儿班级集体生活中，涉及教育活动组织、习惯养成、德育和心理健康教育等方面，包括对幼儿良好行为的强化、行为问题的辅导。它既包括集体指导（普通幼儿的常规教育），也包括对开展融合教育的幼儿园里特殊幼儿的行为干预。

幼儿行为管理应当包括静态管理（物理环境的管理和纪律的规定）和动态管理（行为管理过程）两个方面。行为管理者的介入策略应该采取正向行为支持，并根据幼儿行为产生的具体情境具有复杂性、多变性、不确定性，因地制宜、因人而异，创造性地采取行为管理策略。

二、幼儿行为管理的原则

行为管理者对普通幼儿实施行为管理（培养幼儿良好行为习惯和矫正问题行为）时，应当遵循以下几条原则：

（一）观念引领与行为训练相结合的原则

行为管理者不仅要重视对幼儿进行行为训练，还要注意对幼儿进行行为背后的价值观念的引领。只有这样，幼儿的行为才更具有可持续性。碰到类似的行为情境时，幼儿才更能主动、有效地采取适宜的行为进行应对。

案例 7-5

王老师在引导幼儿学习七步洗手法的过程中，特别提醒幼儿在打湿手后，先关上水龙头再挤洗手液，并在"七步洗手歌"的前面加上了一句歌谣"打湿小手关水喉，我是节水小卫士"，还通过小实验对比，让幼儿了解搓手过程中如果不关水龙头会浪费多少水。以此来向幼儿特别强调要时时刻刻注意节约用水，从小树立环保节约的观念。

分析：王老师选取了"儿歌"和"小实验"这种符合幼儿学习特点的辅助手段，在学习"洗手"的过程中强调了"节约用水"的观点，让幼儿更加理解"打湿手后先关上水龙头再挤洗手液"这个行为动作的价值导向，进而更加主动地实施这一行为。

（二）一致性原则

为了取得更好的行为训练效果，行为管理者要注意坚持一致性原则，要做到：前后要求一致，不同行为管理者要求一致，家园要求一致，说的和做的一致。只有坚持了一致性原则，教育才有可能形成合力，才有可能取得良好的教育效果，否则，可能使教育无效，甚至会出现负向教育效果。

案例 7-6

小班入园三个月了，除小琴外，孩子们都能够自己拿着勺子独立进餐。只有小琴每一次都是坐在座位旁边等老师来喂饭，老师不喂就不动。小琴妈妈跟老师说："小琴在家一直都是大人喂饭，在幼儿园没人喂饭，小琴会饿肚子，请老师多关照，把孩子喂饱。"老师和小琴妈妈沟通后达成了以下共识：①适当增加小琴的运动量，减少零食的摄入，增强孩子的饥饿感；②在家在园都提供"舀豆豆""过家家"等小游戏，训练小琴使用勺子的技能；③给小琴提供更符合她能力的餐具；④坚持鼓励小琴自己进餐，及时强化、肯定小琴自己进餐的行为。不到两个星期，小琴已经能做到完全独立进餐了。

分析：在这个案例中，老师和妈妈统一了思想和行动，做到了要求一致，对小琴进行了循序渐进的指导，因此取得了较好的效果。

（三）示范性原则

按照示范性原则，行为管理者在训练幼儿的行为习惯时，要求幼儿做到的，行为管理者自己首先要做到。行为管理者要给幼儿树立良好的行为榜样。

案例 7-7

小陈老师刚接手大一班的时候觉得没那么闹腾，但短短一个月后，就发现班级里总是闹哄哄的，孩子们说话的嗓门越来越大，她很奇怪地问搭档李老师，李老师笑着让她留意一下自己的嗓门是不是越来越大。小陈老师想想，确实是自己的嗓门本来就大，孩子再大点声她就更大声，结果就导致了"闹哄哄"的现象。两位老师和孩子们一起做了约定，把室内音量划成了进餐时、午睡时、上课时、区域游戏时四个等级，并和孩子们共同遵守约定，那种闹哄哄的场景就不复存在了，孩子们也养成了在什么场合用多大的音量说话的习惯。

（四）坚持性原则

在行为心理学中，人们把一个人的新习惯或理念的形成并得以巩固至少需要 21 天的现象，称为"21 天效应"。因此，行为管理者在对幼儿进行行为习惯训练时，要做好打持久战的准备，至少坚持 21 天不断强化和训练，才能达到稳定程度。

（五）激励性原则

在幼儿表现出良好行为的萌芽状态时，行为管理者就应该开始不断地给予幼儿激励——教育者要多看到幼儿行为的积极一面，行为效果好就可以表扬幼儿，效果不佳则肯定其动机不错，同时，给予其改进的建议，只有这样才能不断激励幼儿向好。相反，如果教育者在幼儿有良好行为表现后，不仅没有给予肯定和鼓励，还对幼儿的行为效果做出吹毛求疵的评价，那么幼儿做事的热情就会迅速冷却。教育者要善于发现幼儿行为中的积极因素，并及时给予肯定和鼓励，进而不断激励幼儿去做他应该做的事。

（六）发展性原则

幼儿行为管理的目的是促进幼儿的发展。幼儿行为管理的一切工作都应该成为幼儿成长的促进剂，而不应该成为幼儿发展的障碍。幼儿行为管理的目的不是把幼儿的手脚管住，而是实现幼儿的自我管理、自我成长。

案例 7-8

一次半日活动观摩，进入到进餐环节，大班孩子十分有序地取餐，进餐时偶尔有几个孩子窃窃私语，老师都会立即予以制止。收餐时，老师也很严肃地站在收餐桌前检查每一个孩子的餐后整理情况，对完成不好的孩子，要求其重新进行整理。

分析：为了营造安静、有序的环境，老师严格约束幼儿的一举一动，对幼儿事事监管、处处控制、时时提醒，幼儿行为单一、思想单一。这种行为管理极有可能产生两种结果：第一，孩子变得驯服、死板；第二，孩子变得叛逆、反抗。管理阻碍了幼儿自主性发展，这是幼儿园教育应当极力避免的。

三、应用行为分析与特殊幼儿行为管理

在对特殊幼儿实施行为管理时，除了遵循上述原则，还可采取应用行为分析（ABA）的基本行为原理来进行干预训练。应用行为分析是用于矫正行为问题的一种心理治疗方法，但它和教育有着天然的联系。和其他心理治疗的方法相比，它具有关注应用、针对行为、

重视观察分析的显著特点。

应用行为分析顾名思义，是用来分析和改变"行为"的。与之相关的三个要素可以用"A-B-C"公式来总结它们之间的关系。其中，A（Antecedent）代表前因，指行为之前发生的行为、事件或情况，也称为"事发环境"。前因是任何可能引发行为的因素，它可能是老师的要求，也可能是环境的变化。B（Behavior）代表行为，指的是幼儿所做的事情，有时被称为"兴趣行为"或"目标行为"。该行为是关键因素（它导致了其他不期望行为），它是对幼儿或其他人造成危险的问题行为，也可以是将孩子从教学环境中迁移的干扰行为或是阻止其他幼儿接受指导的行为。C（Consequence）代表后果，是对行为的一种动作或响应，是幼儿通过该行为得到或避免的结果。"A-B-C"是行为矫正策略，它用来帮助我们理解为什么幼儿会有这样的行为，并帮助引导幼儿达到期望的结果，它既可以用来消除不期望行为，也可以用来培养良好的行为。

表7-2　"A-B-C"公式解析

前因（A）	行为（B）	后果（C）
区角活动结束，老师拿一个篮子请幼儿甲把玩具小车收起来，放进区角柜。	幼儿甲把篮子和玩具小车全都扔在地上。	幼儿甲一直在独处，直到他平静下来，并把玩具小车放进篮子，把篮子放进学具柜，才请他参加户外游戏活动。
风扇吹动影响了桌面的纸质操作材料，教师关掉了风扇。	幼儿乙停下操作，用头撞桌子。	老师来到幼儿身边，重新要求他做，并给予他喜欢的玩具进行安抚。
教师要求幼儿整理游戏材料。	幼儿丙大声尖叫："我不清理，我就不清理。"	老师忽视了这个行为，并且在大家收拾整理好后，带着他进入了下一个活动。

（一）应用行为分析的任务

1. 做好"消防员"

所谓"消防员"，就是指正确处理孩子的行为问题。一个好的"消防员"要学会如何给行为问题"灭火"。

2. 做好"引导员"

所谓"引导员"则是指引导幼儿学习知识、技能，提高他们的各项能力，要为他们"搭架子"，带他们"爬梯子"，一步步地向目标进发。

（二）应用行为分析的内核

幼儿的行为是ABA的内核。ABA中所指的行为不仅包括外显行为（看得见、听得着的动作、行动），还包括那些内在的，未显现的动作、行动和状态。ABA将孩子的一切表现都理解为"行为"："好行为"——适宜行为；"坏行为"——不适宜行为。不适宜行为又分为两种表现：行为过度和行为缺乏。所谓行为过度就是出现了不该有的行为。例如，为了得到自己想要的东西，不分时间、场合大哭大闹，满地打滚。所谓行为缺乏就是该有的行为没有出现。例如，受了委屈不会申辩，退缩忍让。一切不适宜行为都是希望控制和改善的：过度行为要减少，这就是"消防员"的任务；缺乏行为要增加，这就是"引导员"的任务。

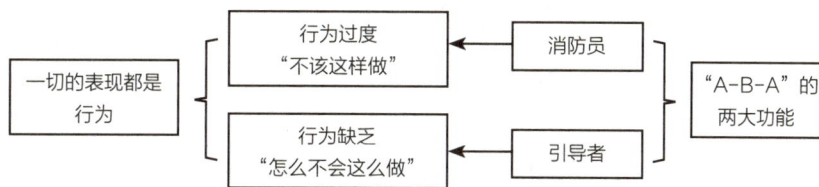

图 7-1　"A-B-A"两大功能

（三）行为的功能分析

幼儿的每个行为发生都有一定原因和目的。想要干预他们的行为就必须对行为进行"功能分析"，即找出行为的原因——它是为了实现什么"功能"，达到什么目的。我们可以从这两个方向去查找：

1. 分析行为的前提环境（即 A）

弄清楚"什么诱发了这个行为"。要考虑的因素既包括人物，也包括时间、地点和事件。

表 7-3　行为的前提环境分析

人物	该行为发生时谁在现场？
时间	该行为在什么时候出现？
地点	该行为经常在什么地点、什么场合出现？
事件	在行为发生之前有什么事情或者活动发生？
	在行为出现之前，别人说了什么或者做了什么？
	在该行为出现之前孩子在做别的事情吗？
频次	何时，何地，与谁在一起，在什么样的环境下该问题行为出现得最多（少）？

2. 分析行为的结果（即 C）

弄清楚"这个行为要达到什么目的"。需要考虑的因素具体包括：行为出现后——孩子周围的人做了什么？孩子得到了什么？孩子有没有逃避或避免什么？你对孩子的要求有没有变化？

搞清楚了这上述两项内容，才能明确幼儿的某个行为的来龙去脉，以便对症下药解决问题。

晚饭后，妈妈拿出提前准备好的《我去图书馆》这本图画书，带着小丁阅读，打算用社交故事的形式帮助小丁了解去图书馆时要遵守的一些行为规则。妈妈指着图画书中的场景开始讲解。可是小丁并没有把注意力放在图画书上，不到一分钟就开始东张西望。妈妈讲完后，要求小丁自己来指着图画书复述妈妈讲的故事，这时小丁开始摇摆脑袋和身体，还发出"哒哒哒哒"的声音。妈妈有些生气，捧着小丁的脸要求小丁对视，但这没有让小丁停止这些行为，他使劲儿想摆脱妈妈的手，并发出更大的声音。这样拉扯了很长一段时间后，妈妈感到精疲力尽，把图画书扔到一边，说："不讲就不讲了！"然后就离开了。

以这个例子为蓝本，我们按照行为功能分析的方式来回答上面提到的问题（表7-4）。

表 7-4　行为的功能分析案例解析

	人物	该行为发生时谁在现场？	妈妈
分析行为的环境	时间	该行为在什么时候出现？	晚饭后
	地点	该行为在什么地点、什么场合出现？	在家里，小丁的小桌子前
	事件	在行为发生之前有什么事情或者活动发生？	看图画书，讲故事
		在行为出现之前别的人说了什么或者做了什么？	妈妈要求小丁指着图画书复述故事
		在该行为出现之前孩子在做别的事情吗？	东张西望
	频次	何时、何地、与谁在一起、在什么样的环境下该问题行为出现得最多（少）？	本次为单次案例，不清楚
分析行为的结果		行为出现后孩子周围的人做了什么？	妈妈捧着小丁的脸要求对视，训斥、放弃要求
		行为出现后孩子得到了什么？	没有得到什么
		行为出现后孩子有没有逃避或避免什么？	避免了指着图画书复述故事
		行为出现后成人对孩子的要求有没有变化？	从要求指着图画书复述故事，到放弃该要求

通过回答上述问题，我们对小丁"摇摆脑袋和身体以及发出'哒哒哒哒'"行为的前提、后果有了初步的了解。前提：晚饭后、听故事、要求指着图画书复述故事；后果：被妈妈捧着脸要求对视并发生小的身体冲突（控制—挣脱—纠缠），被妈妈训斥，指读图画书的活动中止，复述故事的要求被取消。

根据上述各项的前提和后果，我们可以初步分析小丁出现"摇摆脑袋和身体以及发出'哒哒哒哒'"行为问题的原因和目的可能是：

原因一　吃完晚饭有点困；晚饭吃得太多，肚子不舒服。

原因二　不喜欢妈妈选择的这本图画书（不喜欢图画书里的形象、情境；图画书上有不喜欢的颜色······）。

原因三　不想指着图画书复述这篇故事（复述对于小丁来说太难了）。

原因四　喜欢和妈妈拉扯纠缠。

原因五　知道自己一摇摆脑袋、身体和哭闹，妈妈就会中止要求了。

具体是哪个原因，我们还要把这个场景放回到小丁的日常中，进行多次观察才能确定（关于行为观察，我们将在第三节中重点讲述）。

（四）行为改变策略

行为的发生都是特定的环境背景（A）下的产物（B），并且会反作用于发生该行为的内部或者外部环境（C）。任何一个行为都延续着"前提—行为—结果"（A–B–C）的序贯联系，在这个序贯联系中，行为直接由前提刺激引发的，这类情况被称为应答条件化，我们可以采用前提控制策略来预防。行为由结果而进一步影响的，这类情况被称为操作化条件，可以通过后果控制策略（控制行为的后果）来改变行为。

1. 前提控制策略

前提又分为立即前提和远前提，立即前提意指当下诱发行为发生的刺激，而远前提则是看似没有直接关联，但仍然对行为有影响力的背景因素。例如，幼儿原本排斥画画，上幼儿园前被家人责骂得情绪低落，活动中一看到老师分发画纸请小朋友画画便将它撕掉。其中，画纸便是立即前提，不喜欢画画、被母亲责骂则是远前提。前提控制策略的目的在于通过控制诱发行为问题的前提，来降低或中断行为的发生，达到预防的功能。同时，增加诱发适当行为的前提，引导幼儿产生好行为。前提控制通常通过满足幼儿需求、减少环境中刺激及给予提示等方式进行。前提控制策略分为：移除或调整易引发行为问题的事件或情境；安排困难的与简单、幼儿喜好的事件穿插出现，增加幼儿对困难工作的兴趣；增加引发正向行为的事件，进而减少行为问题被引发的机会；中断或中和负向事件的影响等。许多教室中的行为问题，可借由前提策略的介入来避免，相对于事后处理，能够减少教师的教学负荷，如降低任务难度、给予适当协助、预告行程、提供选择或休息的机会等。

远前提的介入在教学现场较不容易立即执行，但可以利用一些活动来降低影响，例如，关心幼儿的身心情况并给予协助、安排幼儿喜欢的活动使其放松等。前提控制策略有预防、快速、避免个体受伤、给予教师教导行为的时间等优点，但前提控制是短期的预防措施，选择需搭配行为教导、后果处理策略，才能达到长期的维持效果。

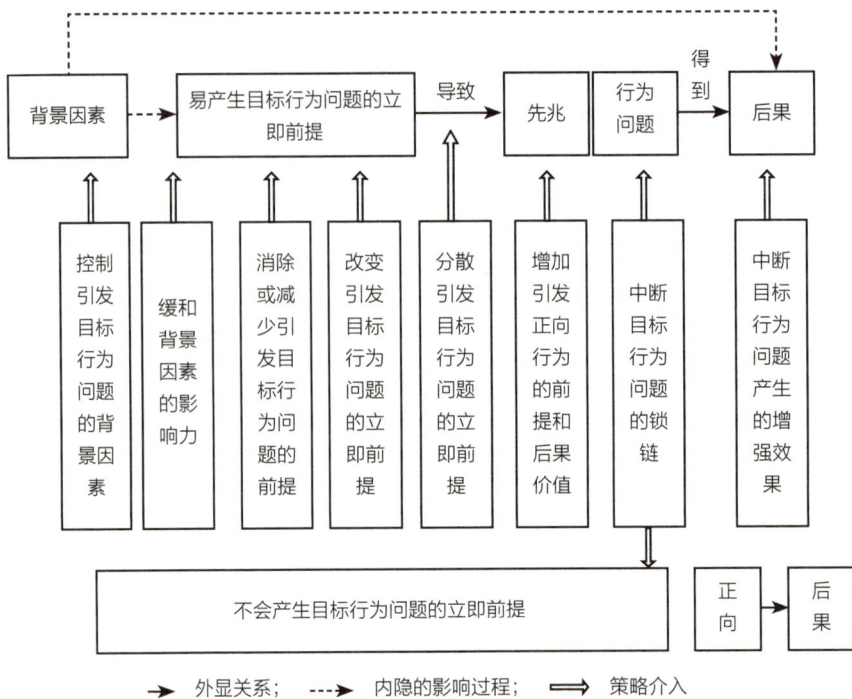

图 7-2　前提控制策略的运用

案例 7-10

李老师在每次的区域活动结束之前，都会走到小凡身边，用时钟告诉小凡活动要结束了，老师会放音乐提醒小朋友收拾玩具，小凡听见音乐后要和小朋友一起来收拾玩具，收好后再和小朋友一起出去玩。李老师确定小凡收悉了信息，就打开了音乐，并将音乐调至小声，然后再回到小凡所在区域，指导小凡和其他小朋友一起收拾玩具。有一天，李老师临时有急事请假，来代班的黄老师不了解班上的情况，区域活动结束时打开了音乐，并拍手大声提醒全体小朋友收拾玩具。小凡一边拍打地面一边哭着尖叫："关掉音乐、不要收拾。"黄老师只得抱住小凡，希望他能控制情绪，但收效甚微。最后，只能是另一位老师组织小朋友收拾好玩具后去参加户外活动，黄老师继续抱住小凡，等他精疲力尽后安静下来。

分析：李老师很了解小凡作为一名孤独症幼儿常常因为独特的感知觉特点引发的行为问题：小凡由于听觉过敏，对较大音量的声音会表现出烦躁、不安；小凡有刻板行为，让他从一个活动转到另一个活动很不容易。因此，李老师会采用"消除或减少引发个体行为问题的前提"的前提控制策略，提前告知小凡活动将要转场，并确保他做好结束活动前的心理准备，同时降低音乐的音量，避免引起他的不适，消除了引发小凡"拍打、尖叫"行为问题的前提。而黄老师作为代班的老师不了解小凡的情况，没有及时消除或者减少前提，因此引发了小凡的行为问题。

2. 后果控制策略

幼儿因环境及自身需求影响而产生行为，行为的后果决定了行为是否再次出现，并影响其发生的频率和强度。若个体通过某种行为达到预期目的，所获得的结果便跟行为产生链接，个体可能再以同样行为来重复；当产生行为问题时，便需要阻断这样的链接，不增强行为问题，但对可接受、适当的行为给予回应，使行为问题无效、发展适当替代行为并进一步建立正向行为，这样的介入方式即为后果处理策略。如果把行为的后果比喻成"吃果子"，后果控制策略的总体原则是：行为问题没有好果子吃，适宜性行为才有好果子吃。图7-3中提及的消退、惩罚、差别强化、塑造、刺激控制、串链等策略都是这一原则的具体应用，只是针对具体条件的不同采取了不同的办法。它们是如何帮助行为管理者实现"消防员"或者"引导者"的任务的呢？

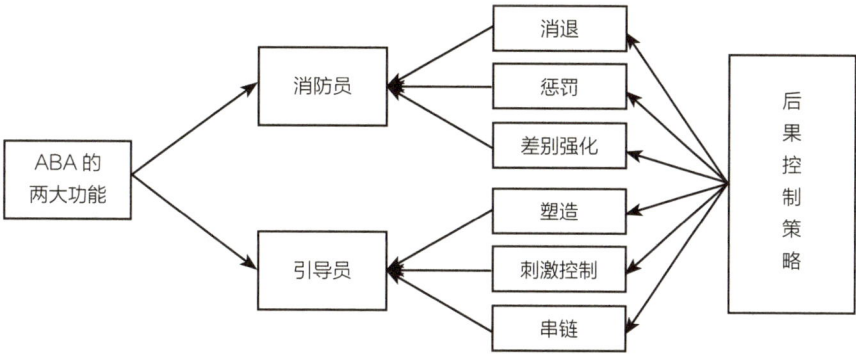

图 7-3　后果控制策略在 ABA 中的运用

从表 7-5 的具体做法中我们可以进一步了解。

表 7-5　后果控制策略的具体运用

目标	策略	举例说明
减少坏行为	消退	把"好果子"拿走（去除问题行为的强化物）。
	惩罚	问题行为不但吃不到"好果子"，而且要吃到"坏果子"（做出问题行为后不但不会有好的结果，反而会有令自己感到不舒服的结果）。
	差别强化	各个击破，让适宜行为有"好果子"，让问题行为没有"好果子"（区分幼儿的行为，对于适宜行为就给予强化，问题行为绝不强化）。
增加适宜行为，增强技能	塑造	不等最终的适宜行为、技能的出现，只要表现出类似或接近适宜行为、技能的行为，就有"好果子"（一步步靠近目标，每一个进步都予以强化）。
	刺激控制	在管理者的帮助下，让幼儿表现出好行为、技能，然后就会有"好果子"（先辅助幼儿达到目标，然后慢慢减少辅助）。
	串链	把要学习的技能分解开来，一点一点地教给幼儿（搭建支架帮助幼儿往最终目标前进，每上一个台阶都予以强化）。
	差别强化	让问题行为没有"好果子"的同时，让适宜行为有"好果子"（区分幼儿的行为，不好的行为不予强化，对于好的行为则给予强化）。

1）消退

消退原理是指某被强化的行为，一旦其发生之后不再继续给予强化物，则该行为的频率就会减少直至消失。消退法则是按照消退原理设计的行为干预策略，是最为常用的消除或减少问题行为的基本技术之一。

婷婷今年4岁，父母在家里比较溺爱她，因此在上幼儿园前使她养成了一些不良习惯。上幼儿园后，婷婷在幼儿园就餐时，也像在家里时一样，每次需要加饭时，她不是说"老师，我的饭吃完了，请给我加饭"，而是举着碗在那里"哼""哼"地叫。针对这种行为，老师决定不予理会。每当婷婷举着碗"哼"的时候，老师就像没有看见一样，继续照顾其他小朋友吃饭而不理她。只有她说"请给我盛饭"时，老师才理睬她，给她盛饭，并对她进行口头表扬。慢慢地，婷婷就不用这种方式要求加饭了。由于婷婷是在家里养成的这个习惯，因此老师要求婷婷的父母也采取同样的方法。当婷婷在家里举着碗"哼""哼"地叫时，父母也不理睬她，直到她能用正常的语言提出自己的请求才对她的请求作出反应。这样，婷婷彻底改掉了这个不良习惯。

分析：在这个案例中，婷婷在家里每次"哼"时父母就给她加饭，因而"哼""哼"地叫是受到加饭的强化而形成的。一旦行为的强化（给婷婷加饭）停止了，这种行为就会越来越少，直到终止。

2）惩罚

针对幼儿出现的某种行为问题给予一定的惩罚，是一种减少问题行为的策略。但"惩罚是最后的办法"，正向、积极地强化才是最有力量的工具。在"介入"幼儿行为问题时，前面提及的策略基本能取得较好的效果。无论行为问题的程度轻重如何，惩罚对于幼儿而言都是一种不良的体验。尤其是在实施过程中使用不当，不但不能改变已有的行为问题，还有可能引发新的行为问题。如孩子总是受到打骂作为惩罚，他可能会认为打骂是解决问题的方式，从而模仿打骂产生攻击性行为；又如，为了逃避惩罚而撒谎等。

应用行为分析不仅对特殊幼儿问题行为的预防与干预有着积极作用，其原理与策略也同样适用普通幼儿的行为管理。但值得注意的是，采取任何一种策略，都要遵循"幼儿为本"这个理念，尊重幼儿权利。行为管理者在实施的过程中更要顾及幼儿情感和心理健康，任何违背幼儿学习与发展规律，不能促进身心健康发展的策略都是不可取的。

3）差别强化

差别强化指在同样的前提背景下，个体可能有多种行为表现，但只有某一种行为会得到强化，而其他任何行为都得不到强化。在这种情境下，该行为出现的可能性增加，而其他任何行为都将减少或者消失。简而言之，就是"区分孩子的行为，该强化的要强化，不该强化的不强化"。它包含三个特征：①在同一情境里，个体必须有两个或两个以上不同表现形式的行为参与其中；②只有适宜行为被强化；③不适宜行为被消退。

小志 3 岁，还不会说话。在家想要什么的时候就会大声哭叫，这时家人会猜他的想法，把他想要的东西一样样摆在面前，直到猜中后他才停止哭闹。上幼儿园后小志依然如此。老师和家长沟通达成共识：第一，以后每当小志哭叫时，无论多厉害，所有人都坚决不能满足他的任何要求（先排除身体不适引起的哭叫）。第二，当小志偶尔用手指想要的东西时，要马上做出反应，立即把他所指的东西给他，并用夸张的语气夸奖他。坚持了三个星期后，终于收到了效果：小志明白了哭叫不能再为自己带来满意的结果，用手指去指出才是最有效的表达办法。

分析：这个例子就是成功运用差别强化策略的实例。同样是要拿到什么东西，一个行为是"哭叫"，另一个行为是"用手来指"。每当小志哭叫时，所有人都避免满足他的任何要求，这是在实施"消退策略"；当小志用手来指想要的物品时，立即把他所指的东西给他，并用夸张的语气表扬他，这是在运用"强化策略"。

4）塑造

塑造是获得一种全新行为或者技能的过程，它包含两个特征：一是具备一个特定的目标行为；二是利用差别强化的原则循序强化接近目标的行为。生活中所见的多数行为都是被塑造出来的，包括适宜行为和问题行为。当我们要引导幼儿获得一项全新的适宜行为或者技能时，我们可以参考塑造策略的步骤来进行：①遵循适当性原则，从幼儿的实际需要出发，确定最终的目标行为；②了解孩子现有水平，确定最初的起点（起始行为）；③根据"最近发展区原理"，分解目标，确定渐进的步骤；④找好、用好强化物，使每一个步骤都能顺利完成。

小志 3 岁了，由于胆子小，任何行动都很小心缓慢，生怕受伤，以至于刚来幼儿园的时候还要家长推着小推车来上学，独自站立时都会害怕摔倒。吴老师先确定了训练小志独自站立的目标，先站立 5 分钟，再站立 10 分钟，每当小志达到目标后就给予他喜欢的工程车玩具作为奖励。之后吴老师又开始训练小志走路，最初先在小志 1 米外的桌子上放上工程车和警车玩具，在吴老师的鼓励下小志独自走到桌子边，并获得了玩玩具车的奖励。当小志不需要吴老师鼓励也能自己走到桌边后，吴老师又把桌子摆在了 2 米外，在吴老师的鼓励下，小志可成功地走过去拿到了玩具车，接下来距离越拉越远，最终小志终于不再害怕自己独自走路了。

思考：吴老师是怎样运用塑造策略帮助小志学会独自走路的呢？

5）刺激控制

刺激控制策略用教育学中的"支架教学"来比喻将更容易被大家理解，它的实施过程就像是为幼儿搭建一个梯子，然后帮助幼儿向上爬。帮助孩子上梯子和帮助孩子向上爬的过程，叫作辅助，如躯体辅助（手把手教）、示范辅助、姿势辅助（动作、表情等提示）、言语辅助、学习材料辅助、视觉提示辅助等。在运用这一策略过程中，有两个关键点：一是成人给予幼儿的辅助逐渐撤除，从最初大部分需要依靠成人辅助，到最终幼儿能够独立地完成任务。二是每一步目标达到之后，都有一个强化的过程。只要幼儿完成目标，无论辅助有多少，都应该给幼儿以强化，这样才能使幼儿的进步巩固下来。

新学期开学两周，绝大多数的小班小朋友都能自己独立进园了。小浩行动、语言发育较迟缓，也从来没有在陌生的环境里离开过成人的陪伴，如何让小浩也能像其他孩子一样做到独立进园呢？陈老师先是每天早上站在幼儿园门口等待小浩和妈妈的到来，并热情地拥抱小浩。第一周，由妈妈和陈老师一起陪同小浩进园，再一起走上二楼、拐弯进教室。这条路上会遇见站在大堂、二楼楼梯拐角处的工作人员，每次经过的时候陈老师和妈妈都会停下来，引导小浩和这两位工作人员问好。第二周，陈老师在园门口从妈妈手中接过小浩，牵着小浩的小手一起进班的过程中还会继续引导小浩向工作人员问好。第三周，陈老师站在大堂前向被妈妈送到园门口的小浩示意，鼓励小浩自己走到大堂前面来，并给予小浩大大的拥抱与夸张的表扬。第四周，由大堂工作人员接替陈老师的这项工作，陈老师的位置改在二楼楼梯口，第六周小浩就能自己独自进园并进班了。

思考：请思考一下，陈老师在训练小浩独立进园的时候采取了哪些辅助的方式呢？

6）串链

串链是将大的目标分解成一个个小的目标，然后再将它们像链子一样连接起来，或者像一块块的拼图，最后组成完整的一幅画面。当学习的行为是比较复杂，难以一下子掌握的时候，串链是非常适用的。比如教孩子洗手时，就可以将洗手分解为多个步骤：挽袖子、打开水龙头、关上水龙头、挤洗手液、搓手、开水龙头、冲水、泼水冲洗水龙头上的泡沫、关水龙头。还可以将各个步骤拍成照片，贴在水龙头旁的墙壁上，每次都带领孩子浏览这些图片后再开始实操相应的步骤。我们使用的电器说明书，也采用了串链策略。

表 7-6　串链的类型及运用

方式	释义	适用领域
顺向串链	按照整个任务的顺序，从头做起。以"投沙包"为例，可以分解为：右手抓沙包、屈肘、掌心向上举至耳后、右腿向后踏一步、身体后倾、右膝弯曲、左手向前向上举起保持平衡、用力向前向上扔。	复杂的游戏：踢球、赛跑
		粗大动作：传接球、跳绳、游泳
		阅读技能：认识字母、读句子
		书写技能
逆向串链	把分解开的步骤反过来，将最后完成的动作放在前面教，这样能保证最后一步总是孩子独立完成的，起到自然强化作用。	大多数生活自理能力：穿衣服、叠被子
		说出个人信息：姓名、年龄、家庭地址
		独立到达某个地点：去学校、去超市

方式	释义	适用领域
同步呈现	同步呈现是把所有步骤作为一个单位一起教,采取这种方式时,应全程跟踪,采取"影子式"辅助方式,以便当孩子不能完成目标时能马上给予辅助。	大多数烹饪技能:煮咖啡、烧热水、烤面包
		大多数休闲游戏:打保龄球、跳舞

第三节　行为观察、记录与分析

观察是人类认识世界最基本的方法,它不但是人的感觉器官直接感知事物的过程,而且是人脑积极思维的过程。对幼儿园教师而言,观察的主要目的是了解幼儿、评价幼儿、检查幼儿的发展状态;筛选出特殊幼儿,给予他们特殊的照顾与关怀。

幼儿行为观察是指通过感官或辅助工具,有目的、有计划地对自然状态下发生的幼儿行为及现象进行考察、记录、分析,从而获取事实资料的方法。幼儿行为观察是幼教工作者必备的专业能力,通过观察幼儿日常生活的行为、使用工具(材料)的行为、幼儿与同伴或成人的互动行为、游戏行为、幼儿语言和阅读发展的情况、认知能力以及特殊幼儿的行为等,来帮助教师了解幼儿发展的一般状况并进行有效的行为管理,有助于教师深入认识幼儿的行为特质,重新检视和调整介入幼儿行为问题的策略与方式。

一、教师在幼儿行为观察中存在的问题

1. 抓不住观察重点,缺乏观察目的

出现这种问题的教师往往对幼儿的游戏、活动以及各年龄段幼儿发展水平缺乏感知,不能获取有价值的活动情况、同伴交往等有效信息,因此谈不上适时介入和指导。

2. 不会问"为什么",观察表面化

往往只观察到外显的表象,缺乏对幼儿行为的深层次理解,没有带着思考的观察,导致无法根据幼儿实际情况进行个别化指导。

3. 不知道该"怎样记",流于形式

不知道该怎样对行为问题做系统化的观察记录,记录缺少有效信息,对反思没有什么帮助和价值。

4. 不知道该怎样根据观察到的内容进行反思、分析

出现这种问题的老师往往缺乏能帮助自己提高分析、反思水平的理论框架,故而分析的结果未能引发有效的反思,因此也谈不上为"介入"幼儿行为问题提供有效的支撑。

二、幼儿行为观察的方法及运用

幼儿的身心发展规律导致幼儿的行为通常表现在外，并且能被直接观察、描述、记录或测量。幼儿行为观察的方法有很多，大致可以分为以下几类：

表 7-7　观察方法简析

条件	方法	运用说明
观察的情境	自然情境观察法	自然情境观察法是在自然环境下，对当时正在发生的事情进行观看、倾听和感受的一种活动，它是最有效且可信的方法。
	实验情境观察法	通常在有控制的情境中用来观察一些发生次数不多或一些比较私密的行为。实验观察法除要根据需观察的内容提前准备好物质环境，还需预设观察事件的人物、角色、对话等情境。
是否直接介入	参与观察法	观察者不暴露自己的身份，加入到被观察者的群体或组织中，进行隐蔽性的观察。在对幼儿行为进行观察的过程中，观察者和幼儿一起生活、游戏、学习，在密切的相互接触和直接体验中，倾听和观看幼儿的言行。参与性观察者的双重身份要求必须保持研究所必需的心理和空间距离，有时会失去客观性。
	非参与观察法	观察者不介入幼儿的活动，以局外人或旁观者的身份进行观察。非参与性观察者操作起来较为容易，比较"冷静客观"，但容易产生"观察者效应"，很难深入探究。
是否使用媒介	直接观察法	观察者依靠自身的感觉器官进行观察，在现场获得研究对象的资料。这种方法比较简便，但难以精确全面。
	间接观察法	借助某一中介进行的观察，如仪器、视频录像、笔记记录、测量工具等。还包括以外在行为线索，间接推论内在的心理活动和心理过程。
结构紧密与否	结构型观察法	是一种有控制、系统的观察，观察者事先设计了统一的观察对象和观察标准，对所有的观察对象都使用同样的观察方式和记录规格。
	无结构型观察法	是一种更具弹性、开放式的观察，整个计划是在观察中逐步展开的，在实施过程中逐渐修改而明朗，逐渐具体和实际化。

另外，从观察内容的完整性以及记录方式来看，还可以分为叙述观察法、取样观察法、评定观察法等，这几种方法也是幼儿园教师经常使用的。

表 7-8　幼儿教师常用观察方法简析

方法		定义	观察内容	注意事项
叙述观察法	实况记录法	在一天中的某段时间内，详细、完整地记录被观察者所有的行为表现，并加以分析的方法。	任何已在决定好的观察标准中的行为和情况。	记录要尽可能具体详尽，要将客观描述和主观解释区别开。

方法		定义	观察内容	注意事项
叙述观察法	轶事记录法	观察者将感兴趣的，认为观察到的有价值、有意义的幼儿行为和事件用描述性的语言随时记录下来，供日后分析的方法。	观察者认为值得记录的、有价值的幼儿重要行为。	每次仅描述及评价一个事件；捕捉适当事件，尽快记录；记录要客观、准确、完整；区分记录事实描述与主观解释。
取样观察法	时间取样法	以一定的时间间隔为取样标准，观察记录预选行为是否出现以及发生的次数。	专门观察和记录在特定时间内发生的特定的行为，遵守特定时间。以量的统计来了解行为发生的次数、类别和程度。	所观察的必须是经常出现且外显的行为；必须有明确的目的，要对目标行为下明确的操作性定义，并确定单位时间的长度、间隔及观察的次数。
	事件取样法	在选定的行为或时间的发生为取样标准，在自然情境中等待行为事件的发生，然后进行记录。	事件取样法不受时间限制，只要事件一出现便可记录，侧重事件的性质、过程及起因等。	做好选择行为样本、确定操作定义、决定观察的形式、设计表格等前期准备工作；了解行为或事件的一般状况，以便选择最佳观察时机。
评定观察法	行为检核法	又称项目清单法，用来检核被观察行为的出现与否。操作简便，可综合，可比较，可进行量化处理。	适用范围广，生活活动、学习活动、游戏活动等一日生活各个情境都能使用。	只记录了行为是否发生，而对于行为发生的时间、事件的发生发展缺乏详细的描述和背景资料，需要与其他观察法灵活结合使用。
	等级评定法	根据一定的标准，由观察者对幼儿的某些行为加以评定的方法。		容易发生主观偏差，评定前应制订各种等级的具体标准指标，并由几个观察者当场评定，以考察一致性。必要时可重复评定，求取平均值。
作品分析法		以研究对象的活动作品为中介，通过对作品全面、细致、深入的分析，从而推断出研究对象行为特点和心理发展的一种间接观察幼儿行为的方法。	通过观察绘画作品了解幼儿的生活经历与兴趣、内心情感与需求、能力发展水平、性格和心理健康状况。	运用作品分析法时，教师不仅要"看"作品本身，还要观察幼儿创作的过程，必要的话邀请幼儿描述画面内容，获取更多信息，以克服解读作品的主观片面性。
学习故事法		用一种叙事的形式对幼儿学习和发展进行评价的方式。它不仅是一种学习评价的方式，更是一种以儿童为中心的，教师与幼儿一起工作的方式。	学习故事是在日常教育教学情境中所做的"聚焦式"观察，通过注意、识别、回应来关注的是幼儿能做并感兴趣的事情。	学习故事是为了支持幼儿进一步学习所进行的形成性评价，而不是对学习结果的测评，重点在于发现幼儿的"闪光点"，而不是缺点与不足。

三、观察记录表的设计与使用

在进行幼儿行为观察与记录时，我们要尽可能避免采用一些复杂、不易实施的观察策略。设计的记录表格也应简单、突出重点、易于操作，还应根据观察方法的需要，考虑目标行为的定义、特征、介入目标、观察情境、观察者、可以观察的时间、可以使用的测量工具、要求的正确性（如是否要求观察信度），以及资料收集给谁看等因素，才能帮助教师抓住观察重点，排除干扰因素，提高观察的效率，并为接下来的反思与分析提供有力的支撑。根据需要观察的行为特征来分，观察记录表可分为频率记录、达标尝试数记录、持续时间记录、拖延时间记录、比率记录、反应时距记录、百分比记录、活动分析记录、等级量表等。根据观察记录的时间来分，又可以分为连续记录、时距记录、时间取样记录和结果测量。

当需要观察的行为是其强度或质量，且实施介入的目标是降低者提高这一行为的强度或质量时，我们就可以考虑选择使用等级量表。

表 7-9　幼儿行为等级量表

幼儿行为等级量表								
观察对象：阿俊　　　　观察者：莫老师　　　　观察情境：活动室、户外活动场地 目标行为：与人交谈时未能注视说话者（定义为……） 介入目标：与人交谈时能独立注视说话者达 5 秒以上（定义为……）								
观察日期	观察时间	目标行为等级							备注
		1	2	3	4	5	6	7	
		经言语提醒仍未注视说话者，或注视未达 1 秒	经言语提醒可注视说话者达 1 秒	经言语提醒可注视说话者达 1 秒以上，5 秒以下	经言语提醒可注视说话者达 5 秒以上	独立注视说话者达 1 秒	独立注视说话者达 1 秒以上，5 秒以下	独立注视说话者达 5 秒以上	
9/11	8：30	√							
	10：30		√						
	11：30	√							
	12：30		√						
	14：30	√							
	16：30		√						
摘要：在 1 天的 6 次观察中，阿俊的行为等级介于 1 和 2 之间，平均等级为 1.5									

当我们要在单位时间（如 1 天、1 节课）内，记录目标行为的出现次数，我们可以采

用频率记录表。采取该表时，需要注意清楚界定何为1次目标行为。如记录"摇晃身体"的频次时，要清楚界定摇晃身体1次是指身躯前倾后仰1次。

表7-10 幼儿行为频率记录表

针对某一项行为			
观察对象：小玉　　　　观察者：何老师　　　　　　观察情境：活动室 目标行为：口语攻击行为（定义为……）			
观察日期	观察时间	次数	备注（补充描述）
2021/5/14	8：00—16：00	11	
2021/5/15	8：00—16：00	12	
2021/5/16	8：00—16：00	10	
摘要：在3天的观察中，小玉每天出现口语攻击性行为的次数介于10～12次，平均每天11次。			

思考：如果请你设计一份两项行为的频率记录表，该怎样设计呢？

活动分析可以将复杂的行为分析成较精简，而且易于执行的步骤。它常应用于特殊幼儿学习新的行为或技能的记录，能促使教学目标更具体及系统化。

表7-11 幼儿行为活动分析记录表

幼儿行为活动分析记录表								
观察对象：小可　　　　观察者：黄老师　　　　　　观察情境：活动室 目标行为：专心听他人说话（定义为……） 评量方法：（　）单一机会（√）多重机会								
活动分析步骤　　观察日期	9/6	9/6	9/7	9/7	9/8	9/8	9/9	9/9
1. 对说话者的内容，做出反应。	－	0	－	－	－	－	－	＋
2. 听说话者说完话，眼神不离开。	－	－	－	－	－	＋	＋	＋
3. 眼神能注视说话者。	0	－	＋	＋	＋	＋	＋	＋
4. 能面对说话者。	－	＋	＋	＋	＋	＋	＋	＋
达成百分比	0%	25%	50%	50%	50%	75%	75%	100%
备注（补充描述）								
注：评量结果代号说明："＋"为正确反应，"－"为不正确反应；"0"表示没有反应。 　　达成百分比＝（每次评量勾选"＋"的步骤数÷总步骤数）×100% 摘要：在4天8次的观察中，小可的目标行为达成百分比介于0%至100%之间，平均达成百分比为53.1%。								

在观察幼儿某种行为是否出现，或者该行为表现出来的程度，我们可以使用行为检核

表来进行记录。但要注意的是，检核与评定的目的是了解幼儿，以提供更适宜的帮助，而不是进行横向比较。

表7-12 幼儿社会性情绪评定表

观察对象： 观察者： 观察情境： 观察时间：					
观察评定指标	评定标准	等级			
		A	B	C	D
1. 发起活动	A 总是自己选择活动并热情投入。				
	B 优势发起活动时需要帮助并乐于接受建议。				
	C 经常在发起活动之前长久犹豫不决。				
	D 很少自己发起活动，也不听建议。				
2. 注意力长度	A 能较长时间持续从事已选定的活动，有时还延续到第二天。				
	B 能在同龄幼儿一般可维持的时间内持续从事活动，至活动结束。				
	C 需要鼓励才能把活动进行完毕。				
	D 很少把活动进行完毕，常常改变活动。				
3. 好奇心	A 对新鲜注意或新事物很感兴趣。				
	B 主动积极地探索教室内的新事物。				
	C 对有趣的东西感兴趣，一般无兴趣。				
	D 对任何新东西不感兴趣或很少感兴趣。				
4. 挫折忍耐力	A 能有创造性地解决实际问题，遇到较大困难、挫折时，表现出成熟的行为。				
	B 通常能努力尝试并忍耐挫折，但在困难挫折较大时，可能表现出不成熟的行为。				
	C 遇到并不严重的困难、挫折就放弃努力、哭闹或者发脾气等。				
	D 不能忍受任何程度的挫折，稍有困难就哭闹、放弃努力或发脾气等。				
5. 与教师的关系	A 能力较强，经常主动帮助教师。				
	B 与教师关系较好，但只在需要时才要求教师帮助或注意自己。				
	C 有时要求教师过分地帮助和注意，或常要求与教师的身体接触，或有时攻击教师。				
	D 持续不断地寻求教师的注意、接触或帮助，或常常攻击教师，或完全不理睬、忽视教师的存在。				

观察评定指标	评定标准	等级			
		A	B	C	D
6. 与其他成人的关系	A 对任何其他成人的到来都感兴趣，喜欢和成人讲话。				
	B 不主动发起与其他成人的交往，但如果教师吩咐，便愿意与其他成人接触。				
	C 对别人发起的交往无反应，或拒绝跟人离开活动现场，或过分急切地希望得到别人的注意。				
	D 当陌生人接近时，哭叫或躲起来，或表现为直接要求陌生人对自己过多注意。				
7. 遵守日常规则	A 明智地理解并遵守常规，即使教师不在场也这样做。				
	B 通常能遵守常规，但有时会打折扣。				
	C 经常试图检验常规的限制范围，或不能遵守常规，或有时会对常规的改变感到焦虑或不适应。				
	D 经常不遵守常规，或对常规有过分强制反应，或对常规和作息制度的任何改变都感到焦虑。				
8. 与其他幼儿交往	A 经常主动发起合作性游戏。				
	B 有时主动发起活动，通常接受并参与别人发起的游戏活动。				
	C 经常拒绝别人的劝告或建议，或常常独自玩而不和别人一起玩。				
	D 大多数时间拒绝或回避其他幼儿。				

为避免受主观判断导致的偏差，在制订此类评定表格时，我们应将每个等级对应的评定标准拟订得清晰、可界定。

四、幼儿行为观察的实施步骤

（一）确定观察目的

确定观察目的就是要明确观察活动中应该观察什么，聚焦于研究问题所涉及的观察对象的行为表现或相关事件。根据行为管理的需要，幼儿行为观察的主题包括适宜行为和行为问题两个方面。在实施观察前，要将观察目的转化为可操作的问题。观察的目的不是宽泛的概念，而是根据可观察、可测量、可操作的特征来界定变量含义的方法。即从幼儿具体的行为、特征、指标上对变量的操作进行描述，将抽象的概念转换成可观测、可检验的项目。例如，观察做事拖延的行为，可以将其界定描述为："教师发出停止上一活动，开始下一活动的信号后，超过多长时间（如5分钟以上）仍未完成的为拖延"。再如，帕顿根据幼儿游戏中的社会参与程度，将游戏分为六种活动类型：无所事事、旁观、单独游戏、平行游戏、联合游戏、合作游戏，每一类型都赋予操作性定义并据此设计观察量表。

表 7-13　六种游戏类型的操作性定义

游戏类型	操作性定义
无所事事	儿童没玩游戏也不加入他人，走来走去、东张西望。
旁观	观看其他幼儿的游戏，有时也搭话，但自己没有直接参与。
单独游戏	独自一人游戏，只专注于自己的活动，与其他伙伴无互动。
平行游戏	和旁边幼儿玩同样的游戏，但是各自玩各自的，互不干涉。
联合游戏	与同伴一起玩类似游戏，出现相互追随模仿的行为，但没有组织与分工。
合作游戏	儿童围绕具体目标形成小组玩游戏，每个幼儿担任一定角色，有分工和协作。

（二）制订观察计划

观察计划涵盖的内容较多，是整个观察活动的指导纲领。通过表 7-14 我们来了解有关要素。

表 7-14　观察计划的制订

次序	内容	注意事项
1	制订观察目标	指的是在本次活动中，观察什么、完成什么任务的表述，是观察的全部意图。
2	确定观察对象	根据观察目的来决定观察的对象是具体的某个个体、小组、还是团队。
3	选择观察环境	在什么地方（场所、情境）进行观察； 在什么活动中进行观察，气氛如何； 这些地方有什么特点； 观察者如何站位。
4	观察取样	确定观察的时间和事件，目的在于收集与观察目的有关的行为。如计划观察某幼儿在集体教学中的干扰行为，我们可以选取上午 9：00—9：25 在该幼儿参与本班集体教学活动时进行。
5	选择观察者的角色	带班教师通常以参与者的身份进行观察，如有研究的需要，一般采用非参与观察法，用"旁观者"的角色进行观察。
6	明确观察的时间与次数	根据观察的目的与任务，确定观察所需要的时长、次数。
7	确定观察的方法与手段	不同的观察方法有自身不同的优势与局限，教师要根据观察的目的、观察对象活动的特点以及观察者所具备的观察条件来选取观察的方法与手段。

次序	内容	注意事项
8	制作观察记录表	确定好以上内容后，就要制作观察记录表，方便教师在定量观察、行为检核表、描述性记录中迅速将它记录在表格中的适当栏位。表格的设计要尽量简单，多使用代码，同时留有附注的空间。
9	观察结果的分析	教师应进行分析与评价，并根据结果制订行为介入、干预计划。

（三）实施观察

做好各项准备工作之后，就可以按照计划进行观察了。为了更清楚、有条理、尽可能详尽地再现观察场景，并随时记录观察者在观察过程中发现的特殊情况、产生的疑问和个人的感受，为后续的行为分析与反思提供参考，除了提前准备的观察记录表，我们还需准备一份实地记录笔记，用以记录时间、观察到的事件、观察者个人的感受及解释或疑问。

表7-15　实地记录表

时间	观察到的事件	观察者的解释和疑问
9：10—9：15	老师向幼儿出示了一个将一张纸的两个短边对粘成两个角的帽子状的东西，和幼儿讨论一下贴上装饰物可以变成鲨鱼、小鸟等，装饰用的眼睛、翅膀可以用对折彩纸的方法剪出一样的图案来，便让幼儿开始做小鸟、鲨鱼了。	老师为什么不让幼儿讨论"帽子"的做法呢？是想让幼儿自己探索吗？还是说这对幼儿来说很容易？可是作为旁观者，我没太明白该怎么做。
9：15—9：25	一个女孩共花了五分钟发现了做法，做出了帽子，她旁边的两个孩子请她帮忙。另一张桌子上的一个男孩用不同的方法做了类似的帽子。其他22个孩子不是在叠来叠去，找不到门道，就是做起了其他东西。	看来做这样一个看上去简单的帽子对幼儿来说是个很大的困难。老师在设计时是怎么考虑的呢？在课堂进行过程中老师有没有注意这一点？为什么没有改变原来的设计？

完成观察活动后，教师应尽快根据现场看到和听到的事实性内容、观察者个人在观察时的感受和想法的实地观察记录和笔记来进行理论分析与评价，对幼儿行为进行的分析应从以下几个方面入手：

（1）对幼儿的行为进行概述（时间、地点、人物、事件、具体行为表现）；

（2）对目标行为进行行为应用分析；

（3）找出目标行为的功能目的（幼儿的深层需求）；

（4）制订介入、支持策略。

要提供高质量的行为分析与建议，行为管理者必须了解儿童的身心发展规律，掌握特殊幼儿独特、典型的行为特征，从儿童本身的角度、正向鼓励的角度和专业的角度进行客观分析。同时，也尽快根据分析结果判断幼儿的行为问题，结合本章第二小节中的方法与策略制订介入和干预的方案并组织实施。

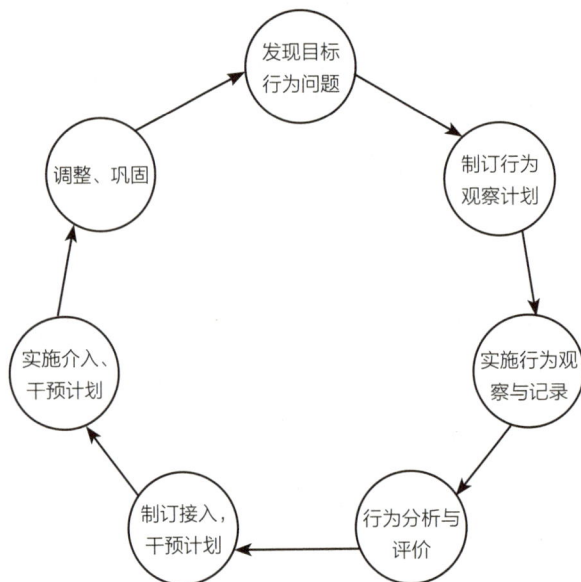

图 7-4　幼儿行为管理流程

第四节　正向行为支持

正向行为支持（PBS）强调行为是学习而来的，且可以被改变，更多考虑环境中的刺激和个体行为的成因，根据功能性行为评量（FBA）的结果来形成支持方案，对症下药，针对行为问题的核心原因作出处理。本节将对正向行为支持的内涵及其实施加以叙述。

一、正向行为支持的内涵

（一）正向行为支持的起源

正向行为支持自 20 世纪 80 年代开始在美国兴起，以应用行为分析（ABA）[1] 为基础，发展成综合性的介入模式，针对严重行为问题或发展迟缓的个体进行处理。正向行为支持针对行为问题，采取有别于传统偏向惩罚、隔离的管理方式，以尊重、理解、预防、科学的观点，利用功能性评价对行为成因提出假设后，拟订适当的介入策略，通过系统地整合各种策略、实施和检讨，来改善行为问题的发生，并以提升个人的中心价值与社会价值为长远目的，而不仅是消除问题。

1997 年，美国身心障碍教育法（IDEA）修正案中，引入行为支持计划（BIP）这一概念，

---

[1] 应用行为分析主要在几个部分影响正向行为支持：
第一，建立明确的行为介入程序；
第二，提供评估和介入之策略，包括行为功能的分析方法；
第三，投注有效管理及科学测量的观念，使正向行为支持更具结构、策略和实际。

并做了相关规定，使正向行为支持的概念得以延伸应用在更多元的情境中，如学校、家庭、社区，以及所有孩子身上，而不论他们是否具有特殊需要。处理的范畴除了情绪、互动上的不适当行为外，还包含了广泛的社会或学业上的行为问题。

此外，正向行为支持的发展，还受到"正常化及融合运动"和"个人中心价值"的提倡所影响，其中，对个体的尊重及人人平等的观念，成为正向行为支持的核心价值，期望身心障碍者和其他人生活在相同的环境，并能获得相同的机会，获得应有的尊重和享有平等的资源。

"科学告诉我们如何去改变，价值告诉我们应该去改变什么"，正向行为支持融合了价值观点和科学观点，所使用的策略不仅重视成效，也强调个人尊严和选择机会。

（二）正向行为支持的特色

正向行为支持对个体和行为问题持以下三种观点。

1. 视行为问题具有"功能和目的"

正向行为支持属于"教育型"的行为处理方法，认为行为问题具有沟通意义，旨在表达一种"寻求了解"的语言，拥有其功能和目的。相似形态的行为几乎发生在每一个人身上，但是功能可能不同，传达的社会互动含义也各异。旁观者认为个体某种行为是不适当的，但可能对个体来讲，这是他最适应的行为。正向行为支持强调了解行为背后的原因和功能，而不仅仅是关注表面的行为。

2. 秉持"尊重"的态度看待有行为问题的个体

正向行为支持秉持"尊重"的态度看待有行为问题的个体，即使是有身心障碍者也有其尊严，需要受到尊重，尊重强调"以人为先"。我们常说"幼儿为本"，这意味着不管是普通幼儿还是特殊幼儿，都具有优势和能力，都具有自我决策、接受融合的权利。此外，对行为管理策略的接受度不分普通幼儿和特殊幼儿，普通幼儿无法接受的管理策略，运用在特殊幼儿的身上同样不被接受，并且行为管理策略应当重点关注提升个体的"生活品质"，而不是改变或补救个体的缺陷。

3. 结合"多元理论"分析行为是"个体与环境"互动的结果

正向行为支持结合"多元理论"观点，视行为问题为"个体和环境"互动的结果。因此，在分析行为问题原因时，不仅要评量个体，也要评量个体所处的生态环境，并注意其"文化特征"。

在介入上，正向行为支持重视环境因素的探讨和调整。正向行为支持不将关注点放在行为的结果，而是去理解行为出现的成因和历程，因此强调预防重于治疗。正向行为支持亦提倡使用教育性策略，认为行为的产生都是经学习而来，不应强调个体的过错而只采用惩罚、隔离的方式，应从以人为本的角度看待个体行为问题，了解成因、考虑环境因素的影响，给予适当的环境调整和行为教导。行为介入的目标设定需要考量个体所处环境和重要他人，符合个体需求并能具社会效度。

正向行为支持重视科学实证。正向行为支持认为，介入前的评估及介入过程中所使用的策略，都应采用具实证研究的方法。例如，运用功能性行为评量，即借由科学性的分析方式来假设行为问题成因，有别于过去只以行为后果或旁人观点去做猜测，更具体、明确地了解个体的需求和环境的缺乏，能针对行为问题的核心原因做有效率的处理。

正向行为支持强调团队协作，强调以团队协作的方式来发展及执行处理方案，成员共同讨论及合作，进一步运用多元观点、整合各方资源。

综上所述，正向行为支持不仅能用以处理行为问题，从早期针对个人的教育介入，到班级、学校、家庭、社区等系统都能延伸应用，它所反映的是"尊重个体权益"和"社会归属"等一系列价值观。

二、正向行为支持的实施

（一）实施程序

借用 Walker 等人所发展出的全校性正向行为支持分级系统，我们也将幼儿园正向行为支持的实施分为三个层级。

表 7-16　正向行为支持分层实施解析

层级	范围	说明
第一层	全园性的介入	对绝大多数幼儿（80%～90%）实施全面的预防性介入，利用如创造融合接纳的校园文化、制订园规及班规、建立良好行政支持与课程支持体系，来降低行为问题个案的出现。
第二层	团体性的介入	对特定的、已出现轻微行为问题的学生（5%～15%），采取团体式的介入，如小组主题课程、额外的行为支持或辅导等，来减少个案行为问题恶化的风险，并降低行为问题的出现。
第三层	个别化的介入	针对有严重性、复杂性行为问题的学生（1%～7%），实施个别化介入，来降低行为问题的强度及频率，如发展功能性行为支持方案、个别化教育计划或特殊教学方案，并且需要高强度、团队合作的介入方式。

具体的正向支持的实施步骤如下：

表 7-17　正向行为支持实施步骤与实施原则

实施步骤	说明	实施原则
决定介入问题	收集信息并选择最具急迫性的行为问题进行介入。	1.厘清学生的行为问题严重程度是否需要有行为支持计划。 2.厘清行为问题的严重性，排出处理的先后次序。 3.让个体了解、接受并认可整个处理方案。 4.确保保密的原则，并维持学生的尊严。

实施步骤	说明	实施原则
界定目标行为	以操作型定义，将目标行为具体界定出来。	清楚地界定处理目标，相关人员须有共识。
分析成因	利用直接性/间接性的功能性行为评量，搜集并分析行为相关信息。	应实施功能性行为评量收集信息，包含广泛性资料，如家庭背景；特定性资料则针对行为问题做调查。
发展假设	依据功能性行为评量结果，对行为功能提出假设。	行为功能的假设应包含行为发生前的情境与环境、会发生的行为以及行为发生的目的、用意或功能。
发展方案	依据行为假设，决定必须调整的情境及必须教导的行为，并规划策略。	1. 介入策略应根据评量结果拟订，小心地选择并掌握逐步渐进的原则。 2. 介入策略应为相关执行人员所能胜任的。 3. 介入策略的拟订和执行需考虑个别差异。 4. 介入策略不只针对个体，也要显示教师、家人或其他重要他人如何改变。
执行方案	实施介入策略，并不断讨论和检视执行情形。	1. 相关人员应有一致的策略执行方式。 2. 团队人员应定期召开相关会议，依各自职责进行介入工作。
评鉴方案	收集信息并检视成效，并进行调整或重新设计。	应依实际进展随时修正方案。

综上所述，正向行为支持的实施可依据个案行为问题严重程度来选定介入范围及方式，从幼儿园、小群体到个人，皆有不同的介入方式。实施步骤则包括决定介入问题，界定目标行为、分析成因、发展假设到发展、执行及评鉴方案，并应配合实施原则的落实来确保介入的有效及符合教学伦理。

（二）功能性行为评量

在正向行为支持的实施中，了解行为动机并建立具体明确的介入目标十分重要，因此功能性行为评量是必不可少的。功能性行为评量不是一种工具，而是搜集及分析行为信息的过程，用于找出个体的某种行为目的、分析其成因，并了解行为与环境间的关系，使介入更有效率，也减少无端耗费的时间。从本章第二节和本章一些图表中可以看出，问题行为的成因非常多元，且可能相互影响，功能性行为评量就是在收集这些信息，为整体介入方案立下明确基础。功能性行为评量主要通过以下三种方法进行。

1. 间接评量

间接评量又称非正式评量，包括检核行为相关记录、问卷调查，使用检核表或评定量表、进行访谈等。利用访谈，在与教师、家长等相关人员的互动中，主事者能深入了解个体周围他人对于行为的想法，并给予功能性评量的相关信息。事先建构结构化的访谈大纲，可帮助研究者更有效率地收集需要的行为信息。间接评量的信息收集需要幼儿身边人士提供信息，其优点是实施简单、迅速，并且能了解行为问题的历史及原因，但也容易受评估者或受访者的主观想法及记忆回溯情形影响。

2. 直接评量

相较间接评量，直接评量耗时较多，但所获得的数据较为客观与精确。直接评量需事先规划，选择合适的记录方式，在相关场所及环境中进行系统化的观察，获得行为发生当下的各种信息。我们已在本章第二小节中了解了 A-B-C 行为功能分析的方法与步骤，下面以另一种常用的直接评量方式"时距记录法"来举例说明。

相较于 A-B-C 观察记录法可全面或聚焦式地对行为作记录，时距记录法针对单一行为，将时间分段成"时距"单位（如 15 秒或 1 分钟为一个时距），记录时距内行为发生的次数，并计算百分比得到行为频率和持续时长等数据资料。根据不同行为问题的发生频率，可采用不同的记录形式，记录形式可分为以下四种：

（1）部分时距记录：目标行为在时距内不论出现几次、持续时间多长，都只记录一次。适合高频率且迅速出现的行为，如活动时尖叫、攻击他人等行为。

（2）全时距记录：目标行为的出现必须维持整段时距长度才记录。适合用在持续表现的行为上，如上课分心。不过因为记录条件较严格，全时距记录法可能会低估行为发生的频率。

（3）瞬时间取样：瞬时间取样的时距可采固定或不固定的方式。观察者在特定的时间点（如时距一开始或时距一结束时）观察幼儿并做记录，观察者无须在时段内从头至尾观察幼儿，例如，每隔 1 小时，观察一次幼儿是否摇晃手部。此方法适合用在连续性观察没有作用、观察者同时观察多位幼儿，或观察者身兼教学者，须同时进行教学和记录等情况。

（4）行为散布图：利用行为散布图可连续多天观察行为在不同时段的发生频率。观察者能直接从图上行为记录的分布，看出行为与时间、相关活动间的关系。在行为散布图中，纵轴将一天以时距或课程等划分为数个时段，而横轴为不同天之日期，以此记录每个时段中行为问题发生与否及其次数。行为散布图除了能直接分析外，因为时距设定较长、记录简便，也适合教学者在课堂上使用。

时距记录法能提供具体的百分比数据，显示行为发生的频率和时间等信息，也能用于比较，但无法同 A-B-C 观察记录法般呈现行为的前提与后果。

3. 功能分析

不同于前两类评量方式通过自然情境来了解行为功能，功能分析需要刻意设置实验情境以评估自变项对因变项的影响，从而分析出行为问题的功能或验证假设。功能分析的优点是最具科学实证，且清楚呈现出行为与前提、后果等变项间的关联，但功能分析需要专业人员来执行与解释结果，因幼儿的行为问题不太复杂，正式的功能分析反而耗时且非必要。

间接评量、直接评量和功能分析，三种方法各有其特色和限制，目的都是找出行为成因，了解环境因素的影响。研究者应根据不同个案和情境来选择可行的评量方式，或综合运用、相辅相成，并注意在实施过程中保持严谨、客观的态度。

（三）干预策略

通过对应用行为分析及功能性行为评量的了解，可知行为都有其环境背景、前提刺激、功能和后果因素，解决这些因素对行为的影响是重要的干预目标。前文所示的行为路径图，清楚呈现出行为成因的不同类型和彼此间的关联关系，而不同类型的因素亦有相应的干预策略。针对行为成因逐项处理，并整合成方案，大致包括预防性的前提控制策略和生态环境调整策略，针对行为的教导策略和针对后果控制策略，我们在本章第二小节中对前提控制和后果控制策略有介绍，现就生态环境调整策略和行为教导策略做具体说明。

1. 生态环境策略

生态环境策略包含调整幼儿的生活形态、改变周边他人的态度、营造支持的环境等。正向行为支持的干预十分重视环境对行为造成的影响，因此强调行为问题的处理应从了解成因、改善环境开始。根据 Bronfenbrenner 提出的生态系统理论，个体发展的环境可分为微观系统、中系统、外系统和巨系统，从家庭、幼儿园和社区等生活环境、周边事物间的相互关系、教育政策、社会福利到整体社会思想及价值观，都与个体行为有关联。当使用功能性行为评量仍无法找出明确前提时，可从整体大环境着手来影响行为。

2. 行为教导策略

前提控制或生态环境调整的策略，只能预防行为的产生，无法深入解决幼儿的行为问题或使幼儿了解并调整自身的行为。因此，还需要通过行为教学策略，教导幼儿学习正向的行为，并能以适宜的替代行为来达到相同的目的。行为教导策略因不同的行为问题而有多元的干预方式，可分为三种模式。

第一种是行为模式，针对行为进行直接的修正训练，并教导替代行为，如示范、行为塑造、后效契约、系统减敏感法、关键反应训练等方式。

第二种是认知行为模式，幼儿通过认知学习来修正自身的行为，有社会性故事及自我管理策略两种。

第三种是自然取向语言教学，教师在自然环境下制造学习机会，使行为学习融入一日生活各个环节中。

在干预行为问题前，需先决定干预问题并界定目标行为，接着通过功能性行为评量，选定适合的方式作观察，以分析成因、发展假设，再经由团队合作讨论出干预方案并执行。正向行为支持的干预应当包裹式进行，将影响行为的因素逐一处理，使前后呼应提升效率。依据影响因素，干预策略可分为前提控制、生态环境、行为教导及后果控制四种类型。最后，评鉴策略执行的结果，检讨并修正，使整体干预更完善，构成完整的正向行为支持方案。

三、正向行为支持与团队合作

以正向行为支持干预幼儿的行为问题，需要以团队合作的方式与教师共同拟订及执行策略。团队合作不仅能促使目标的达成，还能促进教师的个人专业成长、教学精进和班级管理。通过分享讨论而产生的多元思考，可能引发出教师不同的教学思考。当面对班级中出现的行为问题时，单靠一人往往无法得到有效的处理，使教师倍感压力，因此，需要班级教师间，或者与行政人员、专业人员以及相关他人的合作。

在正向行为支持中，认为个体的行为自环境学习而来，因此强调环境的营造，而环境中包含了许多人，人们如何协助、如何与幼儿互动也将影响行为干预的效果，所以彼此之间的合作十分重要。

此外，正向行为支持是一系列的程序，从决定目标行为、进行功能性行为评量、发展假设、拟订策略，到执行、评核、修正，需要考虑多方因素，相关工作也可能增加教学负担，因此，成员应共同搜集资料、充分讨论，并通过持续观察以监控执行情况，不断调整策略，最终的效果评估，也可取决于团队对幼儿行为进步的满意程度。

综上所述，团队合作是可以带来许多效益的工作方式，能避免单打独斗可能导致的压力和盲点，通过集思广益和共识凝聚来达成目标。在教学环境中，团队合作不仅能促进教师工作效能，还能互相分担教育责任。在正向行为支持的行为干预上，教师间的团队合作更是必要的执行基础。通过合作，得以提供给个体更高质量的环境支持，更有效率地降低行为问题，亦有助于增进团队成员处理行为问题的能力。

第八章 学前融合教育的教学与干预

学习目标

1. 了解学前融合教育中常用的教学方法。
2. 了解学前融合教育早期干预的有效策略。
3. 了解学前融合环境下的差异教学与个别教学。

情境导入

2021年9月6日，昆明学院附属幼儿园正式开园，这是一所在高校专业指导引领下的集教育和康复于一体的学前融合幼儿园，目前有全融合（轻度）、特殊班（中度）、康复训练（重度）三种安置形式，为儿童提供优质的教育康复服务。该幼儿园构建并开展CRF教育康复模式，即让每一个孩子能够接受在普通班环境下的全融合班级活动（Class）；儿童发展中心支持下的个别化教育康复训练（Rehabilitation）；基于家园共育理念的家庭康复干预（Family）。自2017年3月开始尝试学前融合教育实践研究，融合幼儿从最开始的8名，到2021年9月开园时的36名，再到2022年9月的近80名，可见教育康复质量得到认可。从另一个角度来看，特殊幼儿在普通幼儿园接受融合教育已成为特殊教育的发展趋势。

近年来，国家高度重视融合教育，义务教育阶段融合教育不断深化发展，基本形成了以普通学校随班就读和以特教班为主体、以特殊教育学校为骨干、以送教上门和远程教育为补充的全面推进融合教育的良好局面。然而，特殊教育资源主要集中在义务教育阶段，学前融合教育尚处于起步阶段。随着我国经济文化和教育思想的发展，学前融合教育也逐渐成为国家及民众关注的重点。2021年12月国务院办公厅关于转发教育部等部门《"十四五"特殊教育发展提升行动计划》的通知（国办发〔2021〕60号），在大力发展非义务教育阶段特殊教育方面提出了明确要求：积极发展学前特殊教育，鼓励普通幼儿园接收具有接受普通教育能力的残疾儿童就近入园随班就读，推动特殊教育学校和有条件的儿童福利机构、残疾儿童康复机构普遍增设学前部或附设幼儿园，鼓励设置专门招收残疾儿童的特殊教育幼儿园（班），尽早为残疾儿童提供适宜的保育、教育、康复、干预服务。

可以说，学前融合教育的质量直接影响义务教育阶段融合教育的成效。由此，本章将主要介绍学前融合教育的教学与干预。基于特殊幼儿的发展特点和自身需求，在学前融合教育环境下进行适当的教学和干预，对于提高特殊幼儿的认知水平、运动能力、社会适应能力有着重要的作用。

思维导图

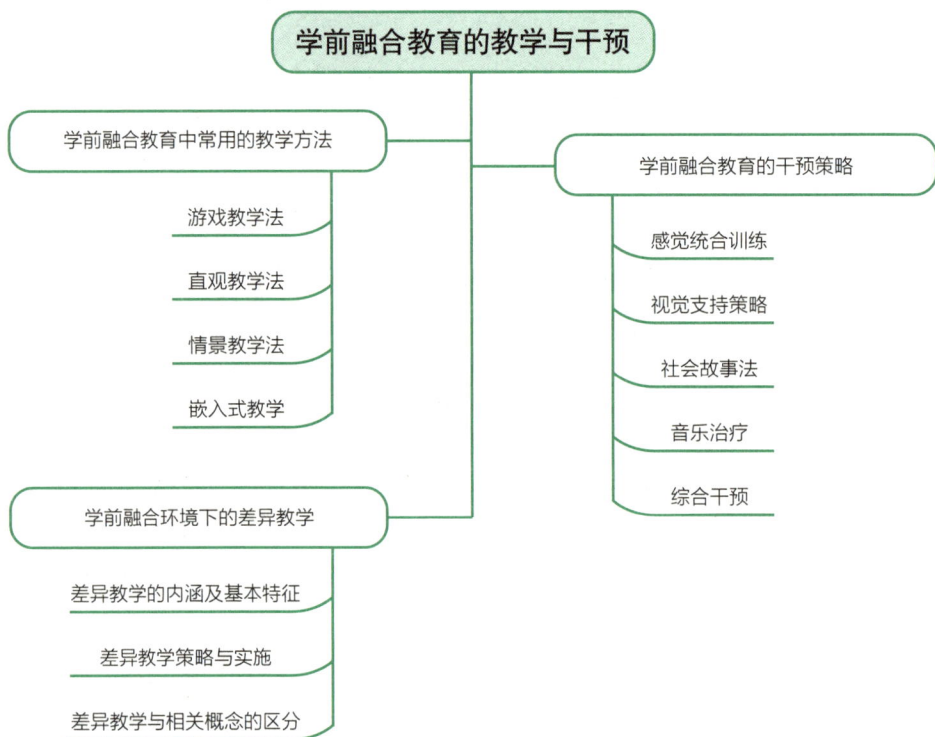

第一节　学前融合教育中常用的教学方法

学前融合教育旨在为 3～6 岁的特殊幼儿营造正常化、非隔离的教学环境，提供适合其发展的教育和相关的服务措施，使特殊幼儿与普通幼儿共同学习，实现最大潜能的发展。Kirk 指出，融合教育的成功并非依靠运气，单纯将特殊幼儿安置于普通教育环境并不意味着他们就能获得高质量和高标准的教育。在学前融合教育过程中，教师应适当调整教学目标、内容、方法和手段，尤其是考虑特殊幼儿的缺陷和发展需求，尽可能促使融合环境中的所有孩子都获得相应的发展。课堂教学是实施学前融合教育的关键所在，而有效的教学方法对课堂教学十分重要。教学方法体现了特定的教育和教学价值观念，指向实现特定的教学目标要求。本节将主要介绍学前融合教育中常用的教学方法。

一、游戏教学法

幼儿时期是孩子的启蒙教育阶段，游戏教学法是最常见的教学模式，利用多样化的游戏教学活动，营造轻松、活跃的教学氛围，让幼儿愉快学习、健康发展。游戏教学法在特殊教育中亦广泛使用。学前融合教育中更多采用合作性的集体游戏，或是基于课程游戏化理念的教育游戏活动。通过游戏教学，不仅可提高特殊幼儿的认知水平和语言能力，还能提供更多的社会交往机会，通过游戏中的互动、参与、共享、合作等，获得积极的游戏体验。

（一）游戏教学法的内涵

顾名思义，游戏教学法就是以游戏的形式教学。具体来说，游戏教学法是指运用游戏的方式，将教学目的、内容融入其中，教师学生通过游戏活动，遵循游戏的规则，进行教学。游戏作为儿童生活的一部分，是儿童自愿参与的活动，在假想情景中反映周围生活，不具有强制性的社会义务，伴随着愉悦的情绪。我国幼儿教育专家陈鹤琴指出："儿童以游戏为生活"，主张"游戏性的教育"，"儿童既然喜欢游戏，我们就可以利用游戏来支配他的动作，形成他的习惯"。苏联心理学家维果茨基认为，通过引导与协助，儿童从游戏活动中发展出最近发展区，游戏中的想象情境可以帮助儿童发展抽象思维。可以说，游戏教学在我国特殊儿童的早期教育中被广泛运用。

（二）游戏教学法的分类

按学科分类：包括语言游戏、数学游戏、音乐游戏、体育游戏、舞蹈游戏。

按人员组成方式分类：包括个人游戏、小组游戏、团体游戏。

按游戏教育作用分类：包括角色游戏、结构游戏、表演游戏、体育游戏、智力游戏、音乐游戏、娱乐游戏。

按侧重类型分类：包括操作性游戏、情节性游戏、竞赛性游戏、运动性游戏、智力游戏。

以上各类游戏分类，互有交叉，并非截然区分。教师在游戏教学时应注意以下几点：第一，讲清楚、示范游戏要求或规则；第二，总结评议游戏活动；第三，收拾整理游戏活动现场。

（三）游戏教学的优点和缺点

游戏教学的优点在于，游戏是幼儿最喜欢、最感兴趣的活动方式，它能借助多种手段、材料模拟现实或想象中的场景，让幼儿在轻松、愉悦的氛围中接受干预、主动表达、获得身心发展；在集体游戏中，除了教师的引导作用，还可利用同伴间的影响，安排能力较强的普通幼儿在特殊幼儿旁边进行协助、提示等；某些如集体游戏、教学游戏一般不需要较复杂、专业的工具材料及实验室环境，普通教师经过简单培训即可上手，易于实施。而游戏教学的缺点主要是游戏的时间、内容不好把握，游戏太短太少，学生还没兴奋，课堂气氛也未能调动起来；如果游戏时间太长或数量过多，忽略了主要教学内容的讲授和训练，就会喧宾夺主。游戏应该为课堂教学服务，当它成为一种摆设，或者是为游戏而游戏的时候，游戏就失去了它的魅力。

二、直观教学法

俄国教育家乌申斯基指出：儿童是用形象、色彩、声音来思考的。幼儿思维水平以实物形象直观，慢慢地过渡到模象直观、言语直观水平。所谓直观，就是针对幼儿的形象思维特点而展示的形象。在幼儿教育中，利用直观手段提供各种刺激，对提高幼儿的注意力、理解力、记忆力等思维能力有好处。直观教学法常简称为直观法。

（一）直观教学法的内涵

直观教学法是一种让幼儿直接感知认识对象的方法。教师在教育过程中配合讲述、讲解，向幼儿展示实物、教具或做示范性实验和表演，借以说明和印证所讲授知识。在学前融合教育中，应根据教学任务、教学内容以及幼儿的年龄特点和障碍情况，恰当地选择直观手段。直观手段的运用必须与教师的讲解密切配合。此外，在运用直观法的教学中，教师要注意直观法的背景性，以及直观法的思维核心性、过程性和层次性。针对幼儿的不同思维水平和言语能力，有意识地利用直观手段，促进幼儿思维水平的发展。

（二）直观教学法的分类

根据直观的难易程度，直观教学法主要包括三种类型，分别是实物直观、模象直观和言语直观。下面逐一简单介绍。

1. 实物直观

这是通过直接感知实际事物而进行的一种直观方式。例如，带幼儿到大自然中观察。在大自然中，幼儿能直接感知碧绿的草地、蓝蓝的天空、白白的云朵、飞舞的蝴蝶和鲜艳的花朵，也会看到云朵的不同形状、花儿的不同色彩，聆听到自然界的各种声音，甚至观察到各种动植物之间的联系。这些能丰富他们的知识和经验，为以后的学习提供强大的背景。

2. 模象直观

这是通过对事物模象的直接感知而进行的一种直观方式。比如，各种图表、幻灯片、模型和教学电影电视等的观察和演示。除了缺乏嗅觉和触觉的直观性外，可以在一定程度上弥补幼儿生活经验的不足。但模象直观通常建立在对事物的具体形象的基础之上，因此需要调动幼儿以往的生活经验。

3. 言语直观

这是在形象化语言作用下，通过学生对语言的物质形式的感知及对语义的理解而进行的一种直观教学形式。幼儿可以借助言语理解更抽象的事物，但言语直观不如实物直观和模象直观那么完整、鲜明和稳定，因此往往结合两者使用。例如，在音乐课上，教师通常一边示范唱一边随音乐做动作，帮助孩子对歌曲有完整地认识。

（三）直观教学法的注意事项

在幼儿园的教学过程中，很多教师运用直观教学法，但往往只停留在吸引学生的注意力上。教师应该重视直观教学法在幼儿教育中的作用，但有几点应该注意：第一，直观教学法的背景。除了正常的课堂组织中自觉运用直观教学法外，教师还应对直观教学法在散步、游戏、郊游等活动中的运用引起更多注意。教师要让周围世界、自然界不断地以鲜明的形象、画面来培养幼儿的意识。第二，直观教学法的思维核心。运用直观法最重要的目的是引发问题或补充经验，聚焦幼儿对核心问题的思考。也就是说，直观法是为了帮助儿童摆脱从直观形象，将思维过渡到概括性和规律上。若教师片面强调直观，造成直观过度，反而会分散幼儿注意力，妨碍幼儿思考问题。第三，直观教学法的过程。幼儿教育原则提醒我们，直观性应该贯穿整个幼儿教学过程。很多教师对这句话的理解是：每堂课都需要注意教学的直观性。这种理解是非常片面的。幼儿的学习是一个不断发展的过程，因而教师应注重直观教学法的延续性、连续性。

三、情景教学法

著名教育家陶行知指出：生活即教育，教育是从生活中来，从生活中展开。强调日常生活是对人生动、形象、有效的教育。人在情境中学到的东西最多、最真实，教育只有植根在生活当中才有生命力，才能成长。学前融合教育教学中常用情景教学法。它能使学生通过形象化的感知达到抽象化的顿悟，同时激发儿童的学习热情，从被动学习转化为主动学习。

（一）情景教学法的内涵

所谓的情景教学法，是指在教学过程中，教师有目的地引入或创设具有一定情感色彩的、以形象为主体的生动具体的场景，以引起儿童一定的态度体验，从而帮助儿童理解和获取知识或技能，并使儿童心理机能获得发展的方法。简而言之，幼儿园情景教学就是模仿一个具体的环境，让儿童如临其境，在其中自然地发现、自由进行交往、积极进行思维活动，从而达到一种深刻记忆、增加实践经验的效果。情景教学法主要是由某种富有感情色彩的活动而形成的一种特有的心理氛围，是通过设计生动形象的情景以激起学生学习动力的一种教学方法。在学前融合教育教学过程中，根据儿童的年龄特点、心理特征和障碍情况，设计合理的教学情景，引起儿童情感上的共鸣，进而获得最佳的教学效果。

（二）情景教学法的特点

1. 形象生动

情景教学法的情景并不是对实体的完美复制，而是通过简单的模拟，设计出与教学内容相似的形象。通过这个相似的形象与学生自我意识中的形象衔接起来，达到升华，使学生更能通过老师设定的形象达到情感上的共鸣，从而加深对学习内容的理解。

2. 情意深长

情景教学是以生动形象的场景，激起学生学习的情感体验。教师通过生动的语言，把情感寓于教材内容，在课堂上形成一个广阔的"心理场"，作用于儿童的心理。情景教学倡导"情趣"和"意象"，为学生创设和开拓了一个广阔的想象空间。不仅能促进学生更深刻地理解和掌握知识，还能不断激发学生的想象力。

3. 情、景、知三者融为一体

情景教学为了创设一定的教学场景，就要运用生活显示情景、实物演示情景、音乐或视频渲染情景、直观再现情景、角色扮演情景、语言描绘情景等一系列的方法，将学生的情感带入到教师创设的情景之中，使学生在情景中产生更加丰富的情感和情绪体验，从而能更好地将相关知识与个体感情相融合，形成属于自己的一套想象体系，把情、景、知更好地融合在一起。

（三）情景教学法的注意事项

首先，教师营造气氛要把握"度"。课堂教学情景是为教学而设立的，目的是使学生在欢乐的气氛中掌握知识。营造氛围要适度，如果教学中一味追求情景，就会偏离教学的正常轨道。因此，这就要求教师要备好课，并不是教材上每一个知识点都可以创设情景，也不是每一个知识点都需要创设情景的。对那些有必要创设情景的知识点，就要及时恰当地运用。同时，教师要控制课堂节奏，防止偏离中心。情景创设的目的是教学，创设情景后，学生进入角色了，作为引导者，教师要及时把学生的思维转到教学内容上，而不应该只注重讲情景，偏离主题。此外，一些课外的情景教学，特别是随机性利用情景，要讲究场合和时间的把握，真正做到"生活即教育"。

其次，教师要有较高的敏锐度。在学前融合教育中，既有普通幼儿，也有特殊幼儿，教师要做到"有教无类"，能准确、迅速地抓住问题的关键或要能组织相关的教学活动。特别是一些幼儿表现出问题前兆时，教师应该有所察觉并迅速采取适当的情景教学活动。

四、嵌入式教学

Snyder 和 Ayankoya 认为，嵌入式教学策略是一种用于规划、实施和评估学前特殊幼儿的教学方法。它在日常活动和过渡期间，针对幼儿的个别化学习目标提供有目的和系统的指导，这些目标通常与个别化教育计划制订的目标保持一致。这种教学方法的重点是有逻辑地将学习机会嵌入到自然的活动中。教师通过嵌入式教学策略，在日常活动和常规教学中创设短小的教学环节。这些教学环节关注的是幼儿的个体学习目标，并将其融入活动和常规之中。

（一）嵌入式教学的内涵

嵌入式教学策略是一种实证主义的教学方法，旨在通过正在进行的常规活动，按照一定教学程序在学前融合教育教室实施对特殊幼儿的指导，从而促进特殊幼儿的自主参与和学习，是特殊幼儿早期教育中的推荐做法。换句话说，嵌入式教学是指将学习计划或个别化教学活动嵌入到日常活动、集体教学或由儿童发起的活动的教学方法。因为是在当前的活动和常规中进行的，所以进行嵌入式教学时教师不需要对教室进行大范围的调整。教师还可以充分利用幼儿的兴趣和喜好，这些兴趣和喜好是幼儿参与和学习的动力。如果教师在一天的不同活动中设计了几次嵌入式教学策略，那么幼儿习得的技能也可以在多个场景中得到提高和泛化。

（二）嵌入式教学的步骤

在学前融合教育中使用嵌入式教学策略要非常自然。教师必须事前进行精心的设计，以便保证特殊幼儿能够通过这一策略获得充分的技能练习。美国华盛顿大学特殊教育系 Susan 教授和 Ilene 教授认为嵌入式教学策略主要包括七个步骤：

（1）明确幼儿的学习目标和学习标准。

（2）收集能够反映幼儿现有表现水平的基本信息。

（3）使用活动矩阵来选择活动、活动区或教室常规。

（4）设计教学互动，并把它写在计划表上。

（5）按计划实施教学（牢记发出具体且明确的指令、等待幼儿回应、提供反馈）。

（6）记录教师所提供的机会。

（7）定期检核，评估幼儿是否已经达到目标。

（三）嵌入式教学的优势

嵌入式教学的优势包括：第一，基于普通幼儿的教学目标和特殊幼儿的个别化教育计划目标制订教学目标，既不影响普通幼儿的教学效果，又能满足特殊幼儿的需求；第二，教学实施的场景自然多样，可在课堂活动之间随意转换，既能不占用正常的教学活动时间，又有利于教学内容的内化和迁移；第三，在教学过程中，可根据幼儿情况及教学需要及时调整教学计划；第四，采用实时评价和长期追踪相结合，一方面自然环境中的评价能提高评价的准确度，另一方面及时反馈结果方便调整后期的教学计划。

努力让每一个孩子享受公平而有质量的教育，是每一位教育工作者奋进的目标。实施学前融合教育，正是对公平而有质量的教育需求的回应。近年来，越来越多的孤独症、多动症、发育迟缓等特殊幼儿进入普通幼儿园接受教育，教师一定要根据实际情况正确使用教学方法，因为学前融合教育中教学方法的运用是有效教学的保障。

第二节　学前融合教育的干预策略

早期干预在广义上是指对学龄前有发展缺陷或有发展缺陷可能的儿童实施的预防、鉴别、治疗和教育的一系列措施，以促进其向健康正常方向发展。生理学研究表明，出生后的最初 5 年里，人的大脑细胞不仅形成大部分的连接，而且具有最大的可塑性，对环境刺激表现最为敏感。这一时期是特殊幼儿干预的黄金时期。如果幼儿在学前这一关键期里接受恰当的早期干预和康复训练，可促进其多种能力的发展和障碍的消退，逐步适应并融入社会。本节将主要介绍学前融合教育中常用的早期干预策略。

一、感觉统合训练

感觉统合训练一词起源于美国南加州大学 Ayres 博士提出的"感觉统合"理论，这一理论最初主要是针对存在感觉统合失调表现的儿童。根据 Ayres 博士的观点，只有通过相关的感觉统合训练，才能让个体神经系统的不同部分协调运作，进而使个体与环境相适应。

感觉（sensory）是外界刺激作用于相关感觉器官，经过个体神经系统的信息加工所产生的对该刺激的特异属性的反映。统合（integration）是个体神经系统接受感觉信息并将其进行分类的过程，是个体对自己身体各器官、肌肉与内外部环境的神经作用的过程。感觉统合（sensory integration）是指个体脑部将各种感觉器官上传的多种感觉信息进行多次分析、综合处理，并作出正确的应答，使个体在外界环境多元化的刺激中能够适应并有效地运作。

感觉统合训练是一种运动训练矫正法，通过特定的运动器械对幼儿的感觉和运动能力进行有目的、有计划的训练。研究发现，感觉统合训练能提高幼儿动作的灵活性，促进注意力、记忆力、理解力、人际交往能力、语言表达能力等的提升，并且能增强自信心。将感觉统合训练应用于学前融合教育中，针对不同障碍类型、程度的特殊幼儿，以改善个体由于生理缺陷所引发的一系列适应性的行为问题，如借助走平衡木、攀爬、荡秋千、玩球类等项目进行大运动能力训练，借助串珠、串线板、几何图形镶嵌板、神秘袋等教具进行精细动作训练。

二、视觉支持策略

3～6岁幼儿思维发展水平正处于具体形象阶段，采用多样化的视觉支持能够拓宽幼儿的视觉思维，加强幼儿的视觉感知，帮助幼儿更好地理解认知经验。视觉形象与存在于头脑中的已有经验、思想观念建立联系，转换成各种图片、图形或图像形状，有助于幼儿传达与情绪有关的其他信息。当幼儿展示自己所建构的视觉形象时，教师应该从视觉交流中，领会所观看到的视觉形象的建构价值和意义。Elder J. 认为，在学前教育阶段，幼儿的教育伴随着不同发育阶段的挑战。视觉支持可以作为一种动态学习媒介，适应不同的学科和主题，是幼儿优质的学习来源。

大部分特殊幼儿在学习上都有特殊的感官需求，传统的教学方式往往是听觉式的，教师采用反复说明、口语提示和肢体协助等方式协助幼儿理解和执行工作。然而，对许多依赖视觉学习的幼儿来说，由于其天生学习困难，如短暂的听觉记忆、直觉式的冲动行为、注意力的缺陷、信息处理的困难、沟通能力不足等，采用一般的教导方式，不足以协助其发展学习或社交技能，因此，需要额外的视觉支持和协助。

视觉支持策略是一种综合运用各种视觉工具，包括图片、符号、实物、表格等，帮助幼儿参与日常生活、理解时间顺序、了解环境特点等的干预策略。视觉支持工具主要包括：

（1）视觉流程图（visual schedules）：通过清晰的图像呈现一段时间内活动的流程，有效增进幼儿对活动顺序的理解，提高他们对活动的预期并降低焦虑。

（2）视觉任务分析图（visual task analysis）：用图表的方式呈现一项活动的步骤，促进幼儿对活动概念及内容的理解。

（3）规则提示卡（rule reminder cards）：用图表的形式规定行为的执行原则及恰当方式，甚至展示不遵守原则的可能后果，促进幼儿对社会行为及交往规则的理解。

（4）环境组织图（visual to structure the environment）：帮助幼儿理解任务以及可能的任务选择，促使其在自然环境中更加独立，减少向成人寻求帮助的需要。

三、社会故事法

1991 年美国密歇根州杰尼森公立学校（Jenison Public School）的教师 Gray 女士根据多年教学经验，提出社会故事法。社会故事法作为特殊儿童教育康复的一种干预策略，近年来越来越多研究者将其运用于孤独症、智力障碍和其他身心障碍儿童的生活技能、沟通能力、问题行为方面，尤其以孤独症儿童为干预对象的情况居多。Gray 将社会故事法定义为根据孤独症儿童的需要，由父母或专业人员撰写一则或多则相关的简短故事，故事内容描述一个社会情境以及该情境中所涉及的相关社会线索和恰当的应对技巧，教育者通过暗示、提醒和引导，帮助儿童产生符合社会情境的行为、社交技能和语言等，帮助他们在自然情景中正确反映并适应生活，即社会故事教学的目的是通过故事形态呈现，协助学生理解社会情境中所发生的事情，并表现出适当的社会行为。

Gray 提出社会故事法包括以下几个基本步骤。首先，社会故事的编写必须针对特定的社会问题或情境并将其作为重点。其次，一旦目标技能或情境确定，立马判定情境的特征，如情境在何处发生、有谁参与、持续时间多长、如何开始和结束的、发生了什么。具体来说，可通过对照顾者和教师的直接观察和采访，收集关于不适当行为的功能或特征。此外，还要收集儿童的优弱势及其对目标技能或情境的观点等信息。然后，与教师、儿童及其家长分享这些信息。最后，根据这些信息编写社会故事，可由家长、教师、治疗师、邻居及家庭成员等任何为孤独症儿童工作或与之一同生活的人编写。

社会故事的编写内容包括六个基本句型：描述句、观点句、指导句、肯定句、控制句和合作句。描述句对情境中的人、事、物进行客观描述，引导故事的发展；观点句主要是呈现情境中其他人对此情境的观点，帮助儿童理解他人观点和行为间的关系；指导句是描述在情境中儿童被期望表现出的行为；肯定句主要描述该情境下大多数人所持有的普遍价值观；控制句为儿童提供该情境下适合个体的独立应对策略；合作句帮助儿童了解在遇到问题时可以向谁求助。Gray 建议，在编写社会故事时，要多使用描述句、观点句、肯定句和合作句，少用控制句和指导句，以免引起儿童的厌恶和反感情绪。

总的来说，社会故事法通过选择恰当的故事主题并配以图片或照片，帮助干预对象理解在特定情境下的社会规则和可能发生的事件，进而建立符合社会期望的技能和行为。社会故事法在学前融合教育中的应用通常是借助绘本故事或观看图片的方式进行，一般由教师选择有针对性的故事内容，引导特殊幼儿阅读并理解故事，就故事内容进行提问并引发思考讨论，最后再回到日常活动中实践和检验效果。

四、音乐治疗

音乐治疗（Music Therapy）这一专有名词，由美国音乐治疗协会在 1950 年成立时确定。美国率先将其确定为一门独立的学科，并对此开展系统的研究。音乐治疗自 1980 年传入中国发展至今，已在特殊教育、精神健康、肢体康复等诸多领域开展临床实践和研究。

Bruscia 的音乐治疗定义在中文音乐治疗著作和论文中被引用最多，他提出，音乐治疗是一个系统的干预过程，在此过程中，音乐治疗师利用音乐体验的各种形式，以及在治疗过程中发展起来的，作为治疗动力的治疗关系帮助治疗对象达到健康的目的。该定义强调音乐治疗有不同流派理论和干预方法，是一个包括前期评估、制订治疗方案、实施干预和最终评价等严密而科学的系统干预过程；音乐治疗师使用的手段包括听、唱、演奏、创作等所有与音乐体验相关的形式；音乐治疗师、有治疗效果的音乐和治疗对象，这三者形成的动力关系才是真正的音乐治疗。

对于特殊幼儿，由于其先天发育欠缺，大脑皮层不能很好地兴奋或抑制，导致兴奋程度相对较低，注意力的稳定性和灵活性较差，音乐治疗通过音乐游戏、声音刺激、视觉注意和语言诱导等方式，可以促进其大脑皮层的神经连接，刺激中枢神经系统和内分泌系统等的生理性变化来达到调整情绪和心理能力，增强智力，提高社会适应力等效果。在学前融合环境中，音乐治疗通常以小组的方式开展，让普通幼儿和特殊幼儿一起，通过创设特殊的音乐活动教室、选择适合的音乐素材、精心设计治疗过程、及时评估治疗效果等方面进行干预。对特殊幼儿来讲，音乐治疗实际上是一种音乐体验。体验音乐活动可以使他们做出音乐方面的反应和互动，或掌握音乐活动的技巧。长期参与音乐活动，可给他们带来运动、感官、认知、情绪、行为等方面的改变和进步，从而取得治疗效果。

五、综合干预

随着特殊教育技术的不断发展，特殊幼儿早期干预的内容逐渐丰富，主要包括感统训练、行为矫正、语言矫治、药物治疗、音乐治疗、物理治疗、游戏治疗等。特殊幼儿的身心发展障碍是生物因素、心理因素和社会因素共同作用的结果。加上婴幼儿年龄和认知的特殊性，进行治疗时难以"对症下药"。为了避免错过治疗的最佳时期，需要将这些早期干预策略整合起来，综合地为特殊幼儿服务，因此产生"综合干预"的理念。

综合干预是针对单一治疗方法的不足而提出的综合性的系统干预方法。它是指通过临床专业人员、特殊教育专业人员、心理学专业人员、教师、家长等共同参与干预，以某一种或几种训练方法为主，辅以其他一种或几种训练方法，以解决学前特殊儿童认知、情绪、行为等方面问题的干预模式。通过对现有的综合干预策略进行整理，发现目前主要存在场所中心的综合干预策略、幼儿中心的综合干预策略、项目中心的综合干预策略与多维中心综合干预策略。综合干预可以使精通不同专业治疗方法的治疗人员组成治疗团队，共同探讨治疗特殊幼儿的治疗方案，从多种治疗方案中选择最适合某特殊幼儿的治疗方案，更好更快地促进特殊幼儿问题的解决。

学龄前阶段是儿童身心发展的关键时期，无论是身体素质、大脑认知、语言行为、社会交往等能力都得到快速发展，特殊幼儿应做到早发现、早诊断、早干预、早治疗。不管采用哪种干预策略，或者进行综合干预，其目的都是促进特殊幼儿某方面甚至是各方面的发展，使其未来能进入正常的教育系统或尽可能少地接受特殊教育。

第三节　学前融合环境下的差异教学

差异教学并不是一个新事物。早在春秋战国时期，孔子针对学生的个体差异，就已经提出了因材施教的教学理念，但是长久以来我国研究者并未做出系统性的探讨。1961年沃德（Virgil Ward）在论述超常儿童教育时，首次提出了"差异教学"的概念，并提出根据差异化的原则设计超常儿童的课程，尽可能地激发学生多方面的思维和能力。后来，随着回归主流与融合教育的发展，普通教室中的残疾儿童以及其他各种有特殊需要的学生日益增多，"差异化"的理念也不再局限于超常儿童课程设计，开始渗透到了包括残疾儿童在内的各种有特殊教育需要的学生的教学之中。从当前学前融合教育的实际情况来看，差异化的理念逐渐被教育工作者认同，而差异教学也成为备受关注的教学方法。

一、差异教学的内涵及基本特征

（一）差异教学的内涵

2004 年，华国栋教授基于传统的"因材施教"理念，并结合西方差异教学的研究成果，提出了符合中国现实需求的差异教学本土化概念。他认为，差异化教学是基于班集体教学中学生个体的差异，有弹性地选择合适的教学内容，从而满足学生的不同学习需求，促进所有学生得到最大的发展。2014 年，邓猛教授认为，差异教学是一种通过调整课程、教学方法、所使用的教学资源、教学活动和评估方式来适应学生差异化需要，最大限度地增加他们学习机会的教学方式。它通过对传统教学过程的改变，以此应对混合能力班级中学生的差异，包括学生的学习准备水平、兴趣和学习风格。简而言之，差异教学就是教师所做的关于教学与课程方面的调整，以适应融合课堂中学生多样化的需求。

就其本质而言，差异教学意味着学校的教育目的应该是最大化地发掘所有学生的潜能。从 20 多年的研究来看，差异教学不断整合融合教育理论、多元智能理论、认知发展的相关理论以及脑科学的研究成果等，试图探索出一条使每个学生的潜能都得到发展的有效路径。如今，差异教学更是进一步延伸到学前融合教育中。

（二）差异教学的基本特征

根据相关文献，邓猛认为差异教学有如下基本特征。

（1）差异教学是教师教与学生学相匹配的过程。这并不是整合学生的差异来适应统一的指令性课程，而是差异之间的匹配与对应。教师需要充分了解班级中每个学生的准备水平、兴趣、能力与学习风格特征，以此为基础来设计课程、教学方法、教材与评估方式，并在教学过程中竭力做到教学环境、教学内容、教学方法和学习结果的差异化。

（2）差异教学的目的是通过教学与课程的差异化最大限度地促进学生的学习。在差异教学过程中，教师更多的是应该为学生提供必要的辅助和支持，完成与其他学生同样的教学内容与课程目标，而不是打折扣的、降低了难度的内容。换句话说，教师应该能够帮助学生比他们在没有得到支持的情况下学习得更多，而不是更少。

（3）差异教学的核心是教学过程的差异化。差异教学的一个潜在误区就是从一开始就降低了对残疾儿童或学习困难儿童的要求，并且认可了他们较低层次的学习结果。周而复始，就会形成恶性循环，要求越低，学习结果越低，进一步导致以后的期望值降低。其实，教学过程的调整是教师最灵活的、最具有操作性的差异化方式。

二、差异教学策略与实施

华国栋认为，差异教学策略是指在特定的教学任务中，为了提高教学的实效性，在差异教学观念、理念和原则的指导下，根据教学条件的特点，对教学任务的诸要素进行的系统谋划，以及根据谋划在执行过程中所采用的具体措施。为了在融合教育中有效照顾学生的差异，不是个别策略方法就能奏效的。差异教学策略已构成了一个逻辑体系，具体包括：

（1）全面、动态、科学测查学生差异的策略。

（2）选择性的课程和灵活安置的策略。

（3）并列式教学计划与个别化教学计划的制订与实施的策略。

（4）提供认知准备与激发学习动机的策略。

（5）预设与生成挑战性学习目标的策略。

（6）选择和组织教学内容的策略。

（7）多样、启思的教学方法与手段运用策略。

（8）同质组与异质组的合作结合运用策略。

（9）兼顾全体与个别指导相结合的策略。

（10）大面积及时反馈与调节教学的策略。

（11）创设平等和谐学习环境的策略。

（12）弹性作业的策略。

（13）扬优补缺的辅导与训练策略。

（14）差异教学实施的机制与管理策略。

（15）社会、家庭、学校合作满足学生不同学习需要的策略。

在以上策略中，全面、动态、科学测查学生差异的策略是差异教学的前提，而具体的课堂上的差异教学策略则是实施的重点。差异教学的实施应分为三个阶段：认识和了解学生、拟订差异教学计划、实施有差异的教学。实施差异教学策略必须体现差异教学的本质特征和主要观点。另外，差异教学策略运用于不同学科、不同年级会有不完全相同的做法和要求。特别在学前融合教育的教学中，教师应根据教学内容和幼儿的不同情况，合理开展差异教学。

三、差异教学与相关概念的区分

无论是普通幼儿还是特殊幼儿，他们都是独立的、复杂的、有显著差异的个体，差异的存在是客观事实。虽然学前融合教育对象的异质性大，不可避免地影响到教师实施差异教学的效果，但是每个儿童都需要通过教学去达到某一水平，儿童的差异性是开展差异教学的必然要求。在开展差异教学的过程中，教师容易混淆分层教学、个别化教学、学习通用设计等相关概念，以下内容就将差异教学与上述相关概念进行比较和区分。

（1）差异教学与分层教学。分层教学是指教师根据学生在知识、兴趣等方面表现出来的不同差异，科学地将学生分为相同或相似级别的组，并以不同的方式对待他们。这些小组最好通过教师适当的分层策略和互动来实现良好的发展与完善。从理念上来看，差异教学和分层教学都体现了差异化的教学理念，但是二者在实施过程中存在着诸多的不同。第一，分层教学根据学生的能力程度将其分为不同层次，这在一定程度上造成了"标签化"，可能对一些学生造成心理伤害。第二，学生的发展是一个动态的过程，分层教学在教学之初就根据学生的能力进行了分层，忽视了学生的潜能发展。第三，分层教学依据学生的认知水平对学生进行能力的分层，这种分层往往只考虑了学生的智力因素，而忽视了非智力因素的影响。第四，分层教学是从教学方法层面对学生的差异进行有针对性的教学，而差异教学立足于学生多方面能力的差异，试图从不同视角、不同方法考虑学生个体的差异对教学的影响。

（2）差异教学与个别化教学。个别化教学是为了适应个别学生的需要、兴趣、能力和学习进度而设计的教学方法。从概念上可以看出，差异教学和个别化教学都体现了尊重学生差异的教育理念，但二者又有不同。个别化教学既可以是集体课堂教学的形式，也可以是个别教学的形式。但差异教学一定是集体课堂教学。教师在设计教学内容、活动时考虑的是班级中所有学生的需求，而不是个别学生，它所设计的内容也是为了集体课堂教学服务的。而个别化教学则不同，其出发点或者思考问题的基点是个别特殊学生，而非整个班级。

（3）差异教学与学习通用设计。学习通用设计（universal design for learning，UDL）起源于早期建筑学中的通用设计理念。1984 年美国特殊技术应用中心（the Center for Applied Special Technology，CAST）将通用设计的理念运用到特殊教育课程领域，成为美国融合课程研究中广泛提及的学习通用设计。差异教学与学习通用设计主要有两点不同。第一，理念基础不同。差异教学重在调整，这种调整贯穿教育教学活动的始终。而学习通用设计重在课程的顶层设计，它是指在课程设计之初，根据学生不同能力的差异以及学习需求，设置相应弹性化的教学内容来满足学生的学习需要。第二，应用的侧重点不同。差异教学与教师的教学能力、教学策略以及对学生的态度有关。而学习通用设计依赖于科学技术，主要是通过科学技术来实现学生成功的最大化，需要数字技术的相应支持。

差异教学也是实现优质教学的重要途径。在实施差异教学前，应通过评估以更深入地了解学生的学习准备情况，并根据学生的兴趣实现"差异化"。但从现有的研究来看，差异教学的有效性缺乏证据，饱受诟病。其中最具有争议的是教学内容差异，针对不同能力的学生予以不同的教学内容可能会造成学习者强者愈强、弱者愈弱的现象。此外，差异教学理想与现实存在差距。即使是非常有经验的教师，也很难在课堂上实现学生的最大化发展。

本章小结

　　本章是学前融合教育的教学与干预专题。首先介绍了学前融合教育中常用的教学方法，这部分选择了游戏教学法、直观教学法、情景教学法以及嵌入式教学进行介绍。接着介绍了学前融合教育中有效的干预策略，这部分选择了感觉统合训练、视觉支持策略、社会故事法、音乐治疗以及综合干预进行介绍。最后介绍了学前融合环境下的差异教学，着重从差异教学的内涵及基本特征、差异教学策略与实施、差异教学与相关概念的区分三方面进行。总之，在理想的学前融合课堂中，教师熟练且灵活地运用各种教学方法和干预策略，让普通幼儿和特殊幼儿都可以在他们各自的水平上得到最大最佳的发展。

思考与习题

　　1. 为融合班设计以情景教学为主的"疾病防控"单元教学。

　　2. 选取一名特殊幼儿作为被试，为其编写社会故事并实施干预。

　　3. 视觉支持工具主要包括哪些？请逐一举例介绍。

　　4. 差异教学和分层教学在实施过程中存在哪些不同？

　　5. 除本章介绍的内容外，你还知道哪些融合教育相关的教学方法和干预策略？

第九章 活动本位教学

情境导入

A老师在早晨团体活动一开始的时候，会要求幼儿安静地坐在固定位置，当幼儿全部安静地坐好后，才会开始活动。首先，幼儿在老师的指引下，说出今天星期几，天气如何。然后，老师会指定一名幼儿选择正确的星期卡片，贴在小黑板上，再指定另外一名幼儿选择天气卡片，也贴在小黑板上。最后，老师要求所有幼儿跟唱有关天气的儿歌。

B老师在早晨的团体活动开始时，问幼儿："今天读什么绘本？"孩子们点了好多主题，老师一一写在黑板上，然后问："这么多本，我们只能选两本，怎么办？"在老师的引导下，孩子们七嘴八舌地讨论开了。结果是：一天读不了所有的绘本，今天挑选两本和保护地球相关的，剩下的留到后面几天来读。这个活动让幼儿练习如何解决问题并学习语言表达。

从以上两个教学情境，我们可以清楚地分辨出两种教学模式，一种是以成人引导为主，另一种是以幼儿兴趣为主。在学前融合教育场域，大部分为特殊幼儿设计的活动，仍以成人为中心的方式来进行，而忽略了幼儿本身的动机与活动对幼儿的意义。本章将介绍一种以幼儿为中心的教学方式和干预策略——活动本位教学，并简单介绍活动本位教学在学前融合教育中的常用策略和个别、团体两种情境的应用。

思维导图

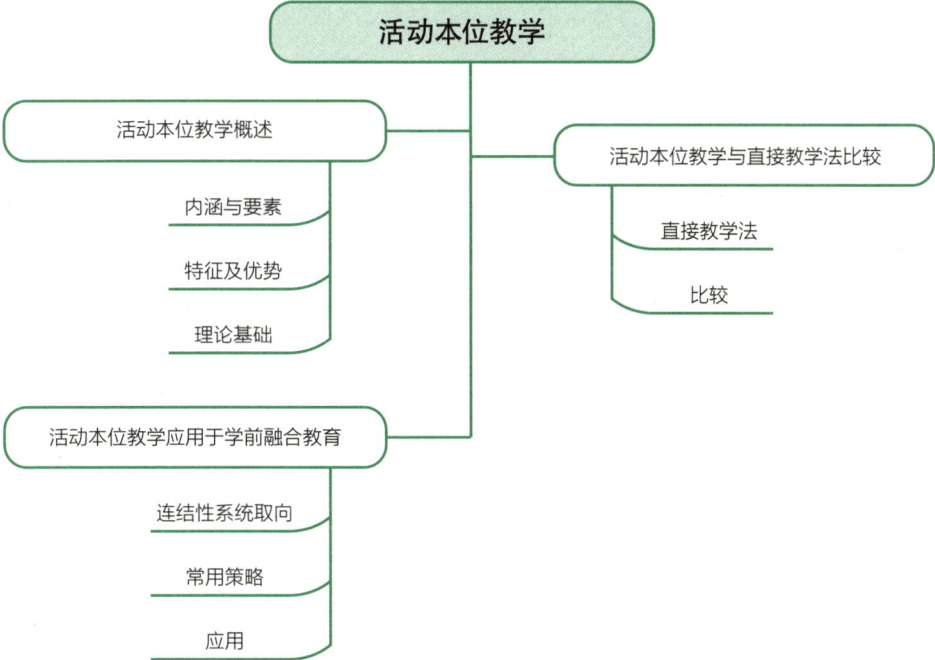

第一节　活动本位教学概述

活动本位教学或者干预是近年来在许多早期教育计划中广泛使用的一种自然教学取向，旨在满足幼儿及其家庭的特殊需求，被认为是对身心障碍、发展迟缓的幼儿极为有效的教学方式之一。

一、活动本位教学的内涵与要素

活动本位教学（activity-based intervention approach）是以幼儿为中心，将学习目标整合到幼儿日常互动或其感兴趣的功能性活动当中的教学。Bricker 和 Cripe 曾定义这种教学方法由幼儿的兴趣和行动为主导，在例行性或计划性的活动中，融入幼儿的学习目标，利用合乎逻辑的行为因果，引发功能性的技能。如 Raver 所说，活动本位干预方法的目的在于使教学成为对幼儿具有意义和功能的活动，促进幼儿与教师之间自发性的、有意义的互动，并促进幼儿对于习得技能的类化。活动本位教学包含以下四个基本要素。

（一）教学由幼儿主导

活动本位教学的要素是幼儿的兴趣和行动。重点是要鼓励幼儿自发地开启某项活动，而不是由成人来为其选择活动，因为幼儿兴趣引发的活动比成人发起的活动，更能使他们在参与活动的过程中维持注意力。当孩子发起一项活动或行动时，成人应始终鼓励他，并通过扩展活动使其多样化。成人在互动时多关注幼儿的兴趣，可能的情况下，加入到他们的兴趣活动中。幼儿主导活动不是否定成人的引导作用，很多时候，成人都必须扮演一个引导者的角色并提高幼儿的主动性。例如，利用孩子对恐龙图案的兴趣，来让他认识颜色的名称或新的词汇，利用孩子喜欢躲猫猫，来教他分辨上面、下面、前面、后面等方位。

另外，幼儿的兴趣或活动是在互动活动中自然表现出来的，当他们表现兴趣行为时，社会性环境和物理性环境同时与幼儿产生了互动。例如，幼儿用含糊不清的语言指着一张图片说："啊呜。"成人会问："呀！那是你的卡车，你想要玩你的卡车吗？"或者问："哇，这是什么车呀？警车、救护车，还是消防车呢？"这类互动不仅能激起幼儿社会性的回应，也能帮助幼儿学习沟通技能。

（二）将教学目标融入活动中

例行性活动是指每天都会发生的事件或是规律性发生的事件，如用餐、穿脱衣服、用早点和午餐、收拾玩具等。日常生活对幼儿来说尤其重要，在有序的日常生活中幼儿会感到更为安全，无须花费任何额外时间就能获得各种新技能的学习机会和已学技能的练习机会。

表 9-1 教学目标融入例行性活动的例子

	动作领域	沟通领域	认知领域	社会性领域	自理能力
到园时间	√	√		√	
早操时间				√	
团体教学时间		√	√		
早点时间		√		√	√
如厕时间	√	√			√
区域学习时间			√	√	
午餐时间			√	√	√
午休时间					√
大团体			√	√	
自由游戏时间	√		√	√	
放学时间		√		√	√

计划性活动是指在没有成人引导下，通常不会发生的活动。尽管如此，计划性活动仍然要以幼儿的兴趣为主要考虑因素，如种植物、律动、扮演游戏等。计划性活动有几条原则：首先，活动必须对幼儿有意义，如从一大堆图卡里挑选可以玩水的玩具，从而认识这些物品的名称。其次，活动对幼儿来说要有趣，有趣的活动对幼儿来说是学习的增强，利用有趣的活动做重复性的技能练习，可以避免幼儿对练习产生厌倦。再次，活动必须符合幼儿的能力水平，同时能延伸下一阶段的发展目标。最后，活动要包含社会互动元素，利用对幼儿有意义的人、事、物和地方来进行教学，以促进幼儿将所学技能应用于实际生活中。

幼儿发起的活动不管是开始还是选择，都由幼儿自主决定。如果他们能够专注于这项活动，那表示这项活动能够吸引他们，是他们感兴趣的。活动本身对幼儿就是一项强化，不需要额外的强化物或支持。

（三）发展功能性及生产性技能

功能性技能是增强孩子的独立性并改善他在物理和社会环境中生活质量的技能。例如，两岁的孩子能命名身体的各个感官，七岁的孩子能够命名一周中的每一天。学前教育教师协助幼儿学习开关门、关水龙头、冲马桶和跟同伴互动，会比教他们堆积木、走平衡木更具功能性。特殊幼儿大多伴有发展迟缓的现象，功能性技能可以增强他们的独立性，拉近他们与同龄幼儿的差距。

幼儿所学到的知识或技能，需要类化到不同的情境中，这样才能够在面对不同的人、事、物、情境时，成功地应用起来，这就是生产性技能。如幼儿在学习了"帮忙"这个词后，能够将这个词用在任何需要请求帮助的场合。

（四）系统化地运用自然合理的前提事件与行为后果

即使幼儿参与了他们自主发起的、常规的和计划好的活动，也不一定能发展出期望的行为改变。教师需要制订一个系统的工作计划，以使孩子获得想要的行为并达到令人满意的效果。从这个角度来看，活动本位教学并不意味着让孩子做他想做的任何事情，或者让他们在玩耍时自由学习。教师应该创造自然合理的前提事件，如安排环境、准备学习材料、提问、等待幼儿回应、建议、示范和引导，以确保学习会发生在这些事件中。自然合理的前提事件是指发生或被选择用来引发幼儿重要回应的事件，这些事件必须和幼儿的回应产生有意义的相关性。例如，为了引发幼儿做"抓取"的动作，可以在幼儿可触及的范围内放置他喜欢的玩具，从而引起幼儿注意并尝试来抓取。

行为后果通常包含在活动中，或者是行为、活动的逻辑性结果。例如，幼儿看到一瓶果汁（前提事件），然后用语言表达要求喝果汁（行为反应），行为后果就是喝到果汁。幼儿的反应得到具体而真实的结果，不是人为的结果。如幼儿正在学习滑滑梯，逻辑的行为后果就是按照所学步骤，顺利从滑梯上滑下来。

二、活动本位教学的特征与优势

（一）活动本位教学的特征

活动本位教学有几个重要特征：它是高度驱动的和综合的；它承认游戏的重要性；它强调功能技能的发展和概括。

（1）高度驱动的。要有效进行学习，孩子必须全神贯注地参与学习活动。当对象和事件由儿童而不是成人选择时，这种参与更有可能发生。因此，活动本位教学的一个重要部分包括创造一种刺激、响应灵敏的氛围，然后在孩子与该环境互动时引导孩子。

（2）综合的。儿童的成长在多个相互交织的领域，一个领域的发展直接影响其他领域的发展。这方面的例子可以在皮亚杰介绍的二级循环反应阶段观察到，随着幼儿运动能力的发展和完善，他们可能会无意中撞到挂在婴儿床上的小物件，如果此动作产生令人愉悦的声音或刺激，他们将尝试重复该动作。在这个例子中，运动探索促进了认知能力的发展。我们的干预措施必须反映发展的相互关联性，活动本位教学为孩子们提供了在单一活动中练习不同发展领域的多种技能的机会。

（3）重视游戏与活动。游戏在发展过程中的重要性被广泛认可，游戏是儿童用来发展感觉、运动、认知、人际和社交的策略能力。不幸的是，成人主导的游戏有时与令人愉快、引人入胜、内在激励、以儿童为导向的活动相去甚远。活动本位教学旨在利用儿童的兴趣，使他们在学习过程中成为积极的探索者，而不是被动的接受者。

（4）强调功能性技能的发展。干预主义者越来越意识到，孤立地获得的能力通常无法迁移到现实生活中。然而，研究表明，自然情景中获得的技能往往会在不同的环境和时间中得以保持，当目标融入功能性日常活动时，维持和类化就会得到强化。

（二）活动本位教学的优势

活动本位教学是一种以学生为中心的方法，孩子们可以按照自己的节奏通过各种活动进行学习，这也是一种更具吸引力和互动性的方法，为学生提供丰富多样的经验，从而建立他们的知识系统，提高创造力和认知能力。此外，当学习者以创造性的方式探索熟悉和不熟悉的概念时，他们的自信心也会增强。具体来说，活动本位教学的优势主要有以下四个方面：

（1）能培养创造性思维能力。活动本位的学习鼓励孩子好奇和独立，帮助他们进行分析思考。通过自主探索，孩子们变得更加善于观察，有助于他们表达自己并尝试新事物和解决问题。

（2）以学生为主导。活动本位的教学重点是学生，而不是老师。它让孩子们参与进来，并为他们提供自己解决问题的工具。

（3）更具趣味性。使用游戏和活动可以保证为课堂带来一些乐趣。孩子们将在不觉得自己在学习的情况下发展技能。

（4）可以提高团队合作能力，并帮助孩子们感到被包容。将孩子分成小组进行活动是有益的，因为可以鼓励他们自信，并使班里的每个孩子都觉得他们的贡献很重要。

三、活动本位教学的理论基础

活动本位教学建构在明确的理论基础之上，并将这些理论加以合理的应用。行为分析学派的学习法则在活动本位教学中清晰可见。此外，还有皮亚杰（Piaget）的认知理论、奇凯蒂（Cicchetti）的发展理论、生态系统理论、学习理论以及维果斯基（Vygotsky）的社会历史理论。

（一）认知理论

皮亚杰的认知理论对活动本位教学影响很大，他的认知理论假设儿童会积极探索他们的环境以发展和建构知识。通过不同的经验和与环境互动的反馈，学习者的认知发展从一个阶段进入另一个阶段。皮亚杰提出，幼儿通过主动参与环境互动，并从环境中获得反馈，进而发展复杂的问题解决能力。认知理论对活动本位教学实践至少具有三层含义。首先，环境是促进活动本位学习的重要因素和工具，教育者应有目的地设计学习者的空间、时间、材料、活动和玩具。其次，幼儿是积极参与者。最后，以孩子为主导的理念是所有工作的基础，通过接受幼儿的暗示和行为倾向，可将有意义的学习目标融入自然发生的活动中。

（二）发展理论

Cicchetti 和 Cohen 提出，发展是一系列特质的再组织，如生理、社会、情感、认知、表征和语言等，这些特质可以发生在个体内在生物系统和外在行为系统中，也可以发生在内在系统与外在系统之间。例如，幼儿学习了语法规则的改变和组织，从而能够使用较为复杂的句子与别人沟通，语言的改变进一步又促进其认知、社会、情绪等能力发生改变。各发展领域存在着互动性，彼此相互影响，因此，其中一个发展系统改变，其他发展系统也会相应改变。发展理论对活动本位教学实践的启示有两点：首先，有针对性的干预应该是全面的，涵盖多个发展领域；其次，应建立评估监测系统来检验各领域的发展状况，为教学策略提供是否有效或是否需要调整的信息。

（三）生态系统理论

Bronfenbrenner 提出的生态系统理论（Ecological System Theory）将儿童发展的影响因素视为一个复杂的关系系统，从家庭和学校这类直接环境到广泛的文化、法律和习俗，再到周围环境，是个多层次的生态系统。他认为，人的发展是在与社会环境互动的过程中持续形塑的，并将与学生互动的社会环境看成一个同心圆柱体。最核心的一层是微观系统，是与个体有最直接关系的环境与人、事、物，个体特质和个性与之进行密切的互动；第二层是居间系统，指与个体有着密切关系的微观系统之间的关系，如同学关系、师生关系等；第三层是外部系统，指影响个体稳定性的环境因素，如社区支援及设施等；第四层是巨观系统，指文化传统、信仰与价值观对个体的影响；第五层则是时间系统，强调时间与环境相结合影响个体发展的动态过程。要评估儿童的成长，重要的是看他们的行为多大程度上表现出匹配或适应与他们相关的自然以及社会文化环境，发展则意味着儿童在一段时间内更多地参与到这些生态情境当中。生态系统理论通过强调影响儿童发展的多层社会背景，来为活动本位教学提供信息。孩子不是生活在真空中的，所以在教学方案的拟订、实施和评估中要充分考虑到各个系统。

（四）学习理论

学习理论中对活动本位教学影响较大的有两个，一个是情境学习理论，另一个是社会学习理论。

情境学习理论的先驱当属杜威，他从实用主义角度反复强调教育即生活，学校即社会，主张从实践中学习，只有在生活情境中学习才能真正理解其内涵与外延，从而掌握基本理论和运用规则，并让学习者终身受益。杜威反对传统的灌输式教育方法，认为好的教育目的应基于个人的固有活动与需要，教育者创造充分的条件让学习者去"经验"才是教育的关键。情境学习理论以杜威的学习理论为基础，强调学习者何时、何地以及如何获得学习经验。换言之，就是学习的知识将实际应用在什么情境中，那么就应该在什么样的情境中学习。该理论对活动本位教学的启发就是教学尽可能在自然情景中发生，使用安全、适当的学习材料，让孩子参与有意义的学习体验。

班杜拉的社会学习理论认为所有来自直接经验的学习，都可以通过对别人行为的观察而习得。也就是说，学习者在通过观察进行学习时，可以不必直接作出反应，也不需亲自体验直接的强化，只需通过观察他人在一定环境中的行为，并观察他人接受一定的强化来进行学习。该理论强调逻辑发生的前因、反应和后果，对活动本位教学的启发在于将儿童的学习目标融入各类常规的、计划的或者孩子发起的活动，并使用逻辑发生的前因与后果来发展技能。

（五）社会历史理论

维果斯基的社会历史理论认为学习是一个深刻的社会化过程，此过程受到儿童的历史和文化背景影响。他不否认发展的生物性基础，但强调儿童和社会性环境之间的互动是影响儿童发展的关键因素。因此，他在此基础上提出最近发展区的概念，即儿童现有的水平经过他人帮助可以达到的较高水平。这就意味着孩子的成长不一定受年龄所限，如果教育者让他们尝试一些超越现有能力的活动，可以加快他的成长过程。该理论对活动本位教学的启发在于教育工作者在为儿童制订教育计划时，应利用最近发展区的理念，提供适合他们需求的学习任务。

第二节　活动本位教学与直接教学法

直接教学法是一种基于应用行为分析（ABA）理论的以教师为主导的教学技术，强调以多单元活动设计进行小步骤的教学，比较符合身心障碍儿童的学习特性，并在特殊学生的教学应用上有许多实验研究证实有效。身心障碍儿童的一些学习目标是学习和维持新技能，然而，一些研究表明，大多数基于ABA的技术，都是成人指导和高度结构化的教学设计，学习通常发生在习得（能够做以前做不到的事情）阶段，在流畅性（快速轻松地执行行为）、维持（在学习后执行行为）和泛化（在不同情况下执行行为）阶段却缺乏有效性。为了克服以上限制，直接教学法倾向越来越受教育工作者的青睐。自然环境中使用的教学技术更常用于发育障碍儿童，也更适合融合教育，适合父母在日常生活中向孩子传授新技能。

一、直接教学法简介

直接教学法是一种系统的教学方法，整个教学有结构化和系统化特点，教师非常明确地说明学生要学什么，教学语言清晰，在教学时监督学生，并提供建设性的反馈。教学过程中，教师应该伴随鼓励与回馈，并提供有利学习的教学气氛，让学生增加学习成就、减少挫折。直接教学法的显著之处在于它强调教师在要求学生做之前要全面、清晰地解释、演示和示范他们希望学生做什么。"我做，我们做，你做"总结了直接教学法中从教师示范、全班指导到学生自己做的教学流程。Kenny曾经总结了直接教学法的主要特征：明确的学习目标；学习内容广泛；学生的表现受到监控；对学生的反馈及时；教师主导教学目标；学习材料是适合学生的；教师掌控教学节奏；互动是结构化的。

归纳起来，直接教学法一般都有 6 个基本步骤：

步骤 1：介绍和回顾。直接教学法的第一步是让教师获得学生的注意，旨在为学习做好准备。在这个阶段，学生被"告知"课程的学习目标或结果是什么，以及为什么它很重要或相关。这一步可以采取引入新知的形式，也可以建立在以前学习过或有所涵盖的内容基础之上。

步骤 2：呈现新材料。一旦向学生介绍完清晰的教学目标，教师就要发展期望学生最终展示的行为（知识或技能）。此步骤包括对所有信息的清晰解释，并根据需要提供尽可能多的示范和范例，以确保学生理解（取决于学生的学习需要）要学习的内容。在此步骤中，教师还通过询问与要学习的内容相关的关键问题或从学生那里引出问题来"检查他们是否理解"。在这个阶段，教师还可以使用"提示"（视觉教具、多媒体演示等）来鼓励学生成功地处理信息。

步骤 3：指导性练习。一旦教师确信已经建立了足够的适当示范和对要学习材料的解释，并且学生对教学有足够积极的反应，就可以分配活动或任务，让学生在教师的密切监督下进行练习。在这个阶段，教师可以为尚未掌握材料并且可能需要教师更多"直接指导"的学生提供帮助（重复步骤 2）。

步骤 4：反馈和纠正。当学生做出正确的反应时，教师应该给予立即的正向回馈，如赞美、摸头、微笑、点头或鼓掌等；若学生表现出迟疑或不知如何是好的反应时，教师则需依据学生的程度给予适当的协助；若学生做出错误的反应时，老师需要时时监测与归纳学生的错误类型，并告知正确的答案为何。除了给予学生正确的答案，老师亦需要了解学生的错误发生时间（一开始、结束或任何时间）、错误的形态（偶发性、经常性还是重复性的错误），以及错误的发生原因（来自学生本身、环境因素，或者是教师的问题）等。教师必须针对不同的原因来应对，以找出最适合学生学习的方法。

步骤 5：独立练习。独立练习旨在撤除教师的任何提示，并确定学生已达到的掌握程度（家庭作业可以归类为独立练习，因为它是为学生提供练习的机会，而无需课堂老师的指导和协助）。

步骤 6：总结和评价。检查学生是否了解所有内容，然后再根据他们刚刚学到的知识继续学习新概念，收集可以查看的学生数据并决定是否需要重新教授课程。

二、活动本位教学与直接教学法的比较

与直接教学策略相比，活动本位教学主要是以学生为中心的。尽管这两种策略可以相辅相成，但教师在实际应用时，往往习惯性采用其中一种，而缺乏弹性组合。通过对两种教学法特点的梳理，从教学目标、课堂活动、教学策略三个方面总结出他们之间的

一些差异。

表 9-2　活动本位教学与直接教学的比较

	活动本位教学	直接教学
教学目标	利用日常和计划好的活动来训练好几个教学目标	一次介绍一项新技能
	学生兴趣与行为决定	教师决定
	非结构化、抽象、设计	事实、规则、行为结果
	强调情感和态度的成长	强调智能的成长
课堂活动	以幼儿的兴趣、行为动机发起活动或由儿童自主发起活动	以回顾和复习之前所学来引入新学
	以学生为中心	以教师为中心
	学生—教师—学生互动	教师—学生互动
	教师接受学生无相关的学习表现	教师对学生无效的学习表现提供意见
	小组或者班集体决定活动	教师决定课堂活动
	教师引导学生进行小组讨论	教师以计划好的学习材料来指导学生
	使用自然合理的行为前事和后果	不考虑行为前事直接教
	使用自然的后果加强学习	使用特定的强化和纠正方式促进学习
	小组或个别化的教学	面向全体的教学
	座位不固定，学生可以移动	座位基本固定，除特定情况外，学生不可以移动
	教师结合自然情境，发展同一类行为的前事与反应之间的关系，包括错误的联结	教师示范各种正确的反应例子，很少使用错误反应例子
	使用问题引导学生发现、表达和概括	用提问、作业等检查学生是否已理解
	让学生参与评价自己的反应	老师通过与范例比较来评价学生的反应
策略	讨论	示范、演示
	学生主动发现问题	教师讲授问题
	解决问题	教师问，学生答

　　活动本位教学的许多优点源于其基于儿童兴趣与自主性的干预，很容易应用于儿童群体，适用于个别干预课程，也适用于家庭、学校和综合环境。这种方法对于融合特殊儿童与普通儿童特别有效。活动本位教学干预提供了一种将父母作为积极参与者纳入教学的自然方式，也与早期干预相关人员经常使用的跨学科干预方法非常兼容。但有效的教学不是一套通用的实践，而是一套由情境驱动的教学决策。优秀的教师不会在每节课上都使用相

同的方法，相反，他们会不断反思他们的工作，观察学生是否在参与学习，学习是否有效，然后相应地调整他们的教学方法。

第三节　活动本位教学应用于学前融合教育

早期干预和教育的主要目的是提高特殊儿童的发育成长潜力，并尽量减少继发性障碍的发展，使他们能够轻松融入社区。普遍认为，在融合环境中关注儿童的个别化教育需求很重要，也就是说，高质量的幼儿教育环境本身就可能带来好处，但仅靠它还不足以解决特殊幼儿的教育需求。一系列基于实证文献证据的特殊教学策略已被确定为可推荐的实践，包容性环境中使用的专业教学实践有自然主义干预方法，如嵌入式学习、活动本位学习和同伴中介干预。活动本位教学常用于早期疗愈与学前融合教育，从概念上讲，活动本位教学是自然教学和嵌入式教学的结合。下面介绍活动本位教学在学前融合教育中的应用。

一、活动本位教学的连结性系统取向

许多研究者强调早期干预和特殊幼儿教育连结性系统的重要性，这个系统将活动本位教学计划的各项要素视为一连串相互关联的活动。活动本位教学是早期融合教育或干预的一部分，完整的服务计划包括四项内容：评估、目标发展、教学或干预和质量监测。这四项内容可以视为一连串互相关联的活动，评估结果资料发展成幼儿的学习目标，质量监测可以检视幼儿的进步情况，并融入教学或干预活动的每个环节。具体如图 9-1 所示。

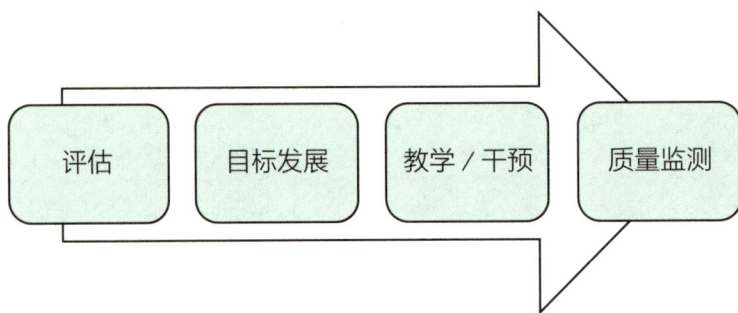

评估　目标发展　教学／干预　质量监测

图 9-1　活动本位中的连结性系统

（一）评估

评估是整个活动本位教学系统中的第一步，教师通过观察孩子在课堂上的游戏和日常活动来收集客观信息，收集的信息不仅可以帮助了解孩子的兴趣，还可以确定他们的优势和需要发展的新技能，如粗大和精细运动技能、适应能力、认知能力、沟通能力和社交技能。

（二）目标发展

在这个阶段，制订跨环境、事件、人员和时间执行的功能性和生成性目标，以帮助孩子的近期、远期成长。通过课堂观察收集信息的同时，教师需与家庭成员密切合作以确定

孩子的发展目标，因为家庭成员最了解孩子。利用一些简单的检核表，可以让家长记录孩子在家中的发展和能力，并在制订长短期目标时征求家长的意见和看法。

（三）教学或干预

第二阶段的目标发展与拟订建立在评估基础之上，并成为教学和干预过程中促进幼儿未来成长与发展的基础。教学和干预由不同的教学方法、策略、活动、事件等组成，方法的选择应符合幼儿的评估结果及长短期目标的指引。

（四）质量监测

质量监测主要是管理、衡量和比较幼儿在某一学习领域的进步。活动及其学习目标必须经过深思熟虑的设计，以使学习对孩子而言有效又有趣。每天或每周的监测不仅可以使干预工作保持在正轨上，还有助于确定所使用策略的有效性。此外，应不断修订活动，以修改和调整教学策略，从而加强儿童的发展技能。

二、活动本位教学在学前融合教育中的常用策略

活动本位教学强调在以幼儿为主导的活动中，通过有计划的自然策略来诱发幼儿的自主性学习需求和意愿，从而学到功能性和可类化的能力。其常用的教学策略有八种：

（一）遗漏

教师故意遗漏某项学习材料或过度强调活动中的某些部分而忽略其他部分，从而引发问题。这种方法可以促进幼儿的新动力及问题解决能力，也可以了解幼儿的现有知识水平与能力。例如，手工课给孩子们发了各种纸类材料却没有发必须用到的剪刀；图画课没有准备蜡笔；故事时间忘记读故事中的某一小段等，激发幼儿提出询问、找寻缺少的物件或尝试用可能的办法去解决问题等。

（二）新奇

幼儿很容易被新的玩具或活动所吸引，教师可以利用幼儿的探索特点来引导幼儿表现出符合期待的行为反应。例如，在幼儿熟悉的游戏中添加新动作；在游戏角增加新玩具；在早餐时间增加的动物糕点等。使用该方法时，注意新事物的出现不宜过于超乎幼儿预期，否则有可能事与愿违，造成混乱。

（三）看得见却摸不着

将幼儿喜欢或感兴趣的物品放在他够不着的位置，从而诱发其社会互动、沟通和问题解决的行为动机。幼儿喜欢的食物、玩具都是适当的刺激物，放置的位置应让幼儿够不到，但是教师或其他幼儿可以拿得到。

（四）逐段逐步

对于需要的物件或活动，可以分阶段逐步提供，让幼儿逐次提出要求，主要用于训练

沟通与次序性。例如，教师给拼图的各部分加上编号，当幼儿说出或指出所要的图片再给他；午餐时间，让孩子按照顺序依次指出或说出想要的主食、荤菜、素菜、汤等。

（五）寻求协助

教师给幼儿安排必须要教师或同伴协助才能进行的活动，用以训练他们的语言沟通、粗大动作、精细动作和生活自理能力。例如，把零食放在幼儿的罐子里，需要幼儿向教师提出协助的请求，然后教师将罐子拧松一些，再让幼儿练习撑开手指、抓握、旋转等技能来开启盖子。

（六）违背预期

教师将活动或例行作息中的某一个熟悉部分予以省略或改变，使其与幼儿的预期不相符。一方面可以了解幼儿辨别力和记忆力，另一方面也可以引发幼儿的各种沟通反应及问题解决行为。违背预期的活动也能让幼儿觉得有趣，例如，把积木放在点心盘里、用筷子来梳头发、袜子戴在手上等。

（七）干扰破坏

刻意且不露痕迹地干扰幼儿的活动，刺激他们的问题解决技巧和沟通行为。例如，教师不小心弄断幼儿刚用轻黏土制作的恐龙尾巴，并且教师早就发现这组的材料已经用完，这种情况下，教师鼓励幼儿想办法解决问题，因为接下来老师就要给大家的作业打分了；或者是幼儿上完厕所回来，发现教师已经分发完乐器，剩下的一个老师说已经坏掉了，借此机会鼓励他想办法解决参与的问题，有的孩子会请求同伴轮流使用某一乐器，有的小孩则会用笔敲杯子的方式来参与等。

（八）中断或延迟

在某一连续行为中，教师突然中断或暂停，以引起幼儿的反应。例如，正在玩烤乳猪（两个人分别抱住孩子的头和脚左右摇晃）游戏，突然中断游戏，引发孩子提问或口头请求继续。

三、活动本位教学在学前融合教育中的应用

学前融合教育的班级组成特点是幼儿之间的高度异质性，除了针对特殊幼儿的个别活动设计，面对异质团体教学时，教师或者专业团队需要使用多样化的活动训练幼儿的长短期目标技能，要在不同的活动中观察、回应幼儿不同的能力表现和需求。例如，有些孩子在以幼儿为引导的活动中学习得较快；有些孩子在计划性活动中获益更多；而有些孩子，必须先从计划性活动中学习他们所处发展阶段中的重要技能，进而利用他们自己发起的活动或游戏继续练习、类化所学技能。活动本位教学有两种形式：一种是面向个体，另一种是面向团体。下面将介绍这两种形式的教学与干预。

（一）应用于个别教学

按照前面所提到的活动本位教学的四个基本程序，根据评估发展出幼儿的个别化教育目标，并将幼儿的兴趣、长处及需求等信息整合后纳入个别化教育计划中，以提供幼儿在有意义的学习经验中，达成长短期学习目标。活动本位个别教学计划包括个别化的课程计划与个别化的活动作息。

1. 个别化课程计划

个别化的课程计划是活动本位教学的核心，具有两个功能，即系统化地指导教学或干预，记录教学或干预过程。在有效计划或利用例行性、幼儿为引导的活动之前，教师或专业团队成员应发展并拟订个别化课程计划，提供幼儿主要学习目标的教学指南和标准，计划合适的支持与反馈，并提供幼儿进步状况的监测方式、标准与时间。计划中的每项长期目标及与之相关的短期目标，都是日后设计教学计划的必要指南。对于重度障碍幼儿，需要对课程实施步骤进行具体规划，即将幼儿需要训练的技能进行细分，从而以更简单、容易的步骤来进行。例如，训练孩子"抓"这个技能，课程实施步骤可分为"伸展手臂""打开手掌心"。

表 9-3　个别化课程计划参考性内容

个别化课程计划

第一部分　基本资料

1. 幼儿姓名：

2. 计划开始日期：

3. 计划结束日期：

4. 计划拟订人员：

第二部分　长期、短期目标

5. 长期目标：

6. 短期目标：

7. 实施步骤：

8. 通过标准：

第三部分　教学设计

9.前提事件	10.行为反应	11.行为后果

12. 活动调整建议：

第四部分　质量监测程序

13. 监测者：

14. 监测地点：

15. 评测时间：

16. 监测方法：

17. 教学决定：
如果在_____之内没有明显的进步，就调整为

（调整部分可以是目标、策略、实施步骤等）。

2. 个别化活动作息

个别化活动作息可以呈现个别幼儿教学计划的全貌，教师或专家团队只有充分考虑幼儿的家庭、幼儿园、社区生活的日常作息，才能将教学计划有效地与幼儿的生活相结合。通过这种方式，幼儿的学习与其环境、生活连接起来，从而达到相对理想的学习效果。个别化作息主要通过非正式访谈来搜集资料，访谈的提纲一般包括：家庭日常的例行性作息，例行性作息的时间与频率，例行性作息中事件发生的顺序，幼儿参与例行性作息的表现，例行性作息是否可融入幼儿的长期或短期目标等。

（二）应用于团体教学

要成功地将活动本位教学应用于团体幼儿，同样必须有效连接评估、目标、教学和监测四个环节。能驱使并指导教学方向的动力在于有品质的长期目标和短期目标。教师唯有借助课程本位评估将每一位幼儿的长处、需求与兴趣找出来，方能拟订好团体幼儿的学习目标。

拟订团体幼儿学习目标最为关键的是要确定好每个幼儿长期目标的优先顺序，然后对这些资料进行整理，以幼儿名字、发展领域为维度，形成一张简单清晰的表格，方便教师随时了解每一位幼儿在不同发展领域中所必须学习的技能，进而弹性调整、更换教学内容。活动本位教学在团体教学中的计划主要包括个别化课程计划、团体活动作息、团体活动计划三个部分。

1.个别化课程计划

为幼儿团体所发展的个别化课程计划，可以达成四项功能：一是与幼儿评估密切结合；二是可促进专业人员教学方向一致；三是帮助发展适当的活动设计与期待；四是成为以后记录幼儿进步状况的先备计划。要发展一群幼儿的计划，必须运用一些策略提高效率，虽然"个别化"是必然要素，但有些幼儿会有同样或相似的目标，在这种情况下，根据某一项长期目标所发展出来的个别化课程计划，可成为多名幼儿的课程计划。此外，某些幼儿可以共用计划的某部分，其他部分则略有差异。

2.团体活动作息

团体活动计划可以帮助教育工作者判断是否已将幼儿的长、短期目标融入活动。一般对于特殊幼儿所提供的活动，都有相对稳定的作息顺序安排，团体活动的作息安排可清楚呈现出来，有什么活动可将幼儿的目标融入其中。见表9-4。

表9-4　团体活动时间表

姓名	长、短期目标	到校	区域活动	早餐	故事、阅读	唱游
军	流鼻涕时主动拿纸巾	当需要时	当需要时	当需要时	当需要时	当需要时
	能听从两步指令	下校车并和同伴牵手到教室；将书包放进柜子并脱下外套；将外套挂好，并自己选一个角落去玩		将手洗干净并擦干；把自己的餐具拿出来并坐下；把剩下的食物倒进垃圾桶，并把餐盘洗干净		拿小凳子并把它放在自己的位置；听老师唱歌，并做相应的动作

续表

姓名	长、短期目标	到校	区域活动	早餐	故事、阅读	唱游
军	会用短句沟通	回答：昨晚你吃什么？	在扮演区域选择一个角色并告诉同伴		从两本书中挑一本；回答老师对故事的简单提问	回答歌名；根据歌的内容形容心情

以上团体时间表仅列出了一个幼儿的情况，而实际的团体作息时间表则涵盖所有幼儿。团体作息安排也不排除偶发事件和调整。例如，当某个幼儿引发了一些不在计划内的事件或改变了活动的进行方向，这种改变也可能增强幼儿的目标学习，在这种情况下，教学者不必固守原定计划，而是跟随幼儿的引导和兴趣来创造多样化的学习机会。

3. 团体活动计划

团体活动本质上是一种计划性活动，有赖于教育者的计划、准备和引导。在设计团体活动的过程中，教师很可能发现之前未曾注意到或不够明显的机会，这些机会会成为与幼儿学习目标相结合的练习机会；同时，也可以增加不同教学者或专业人员之间的合作，互相交流、咨询、分享资源。以下是团体活动计划设计中要呈现的主要要素。

（1）活动名称。

（2）材料与环境的安排。列出活动所需的材料，有些是需要提前准备的，包括某些幼儿需要的科技辅具，如沟通板、辅助椅等。材料的选择遵从多样性、趣味性、适宜性、可类化性原则。有时，活动可能需要对现有的物理空间进行调整，如穿越障碍物游戏需要大空间来摆设障碍物。

（3）活动描述。包括活动的开始（吸引幼儿注意，导入活动）、过程（进行顺序、步骤）和结束（如何总结、结束活动）。教师将幼儿的兴趣、动机和发展目标融入开始活动（暖身活动）中，才能更为有效、顺利地导入活动的正式环节。活动的正式环节的设计，要尽量保证让所有幼儿都参与并感到有趣，这个过程的设计需要考虑几个主要因素，包括活动是否囊括所有幼儿的兴趣、能力、需求；活动可否进行调整、改变，以适应某一个幼儿或全体幼儿；活动是否具有足够的变化，使幼儿获得足够的反馈并维持他们的注意力；活动能否提供多样化的机会，融入幼儿的个别化学习目标。计划性活动的结束也能提供幼儿练习不同发展领域目标的机会，如收拾野餐场地，可以融入认知技能、社会技能、粗大动作和精细动作的练习。

（4）融入幼儿学习目标的机会。对于特殊幼儿而言，在多样化情境中练习技能非常重要。因此，教师尽量在计划性活动中融入不同领域目标的学习和练习。正如前面提到的，在活动结束环节可以融入发展目标。

（5）计划性的变化活动。活动中可能有的变化性活动。如果幼儿对之前计划的活动不太感兴趣，或是原先计划的活动需要有意义的延伸，则可进行相关的变化活动。例如，在玩角色扮演游戏时，几名幼儿发现了一堆石头，于是决定用拖车来运输石头，其他幼儿也被吸引纷纷加入。这类活动变化，就提供了额外融入学习目标的机会。

（6）沟通符号。活动中可能用到的或者需要特别练习的词汇、手势、符号等。教师根据幼儿的评估结果，选择已知和新学的词汇或符号等，作为活动中的学习目标。

（7）同伴互动策略。设计与维持一个能建立和鼓励不同能力幼儿彼此互动的环境，通过教师和引导，将幼儿分组，让他们协作完成任务，发展同伴交流、互动的机会。

第十章 幼小转衔的发展与实务

情境导入

　　小明是一名孤独症谱系障碍学生，他在幼儿园接受教育的大部分时间，有一名陪读老师支持，已经很熟悉幼儿园的时间表和活动安排。离幼儿园毕业的时间越近，小明妈妈就越焦虑，有空就逮住老师询问诸如"要不要先学拼音""要不要和小学建立联系""还要做什么准备""需不需要推迟一年入学"等各种各样的问题，而老师们有时候也没有办法回答，因为之前的毕业生情况各不相同，有的学生很好地接受了融合教育支持，有的则需要延迟入学，有的需要休学进行相关的行为训练……

　　现阶段，在普通幼儿园就读的特殊学生非常多，而幼小转衔则是他们及家长都要面临的重要问题，新的环境、陌生的老师、支持系统、孩子适应问题，都是引起家长们焦虑的原因，而学龄前的融合教育，因为没有学业的压力，则显得比起学龄段的融合教育更好干预。然而，学前教师在特殊孩子幼小衔接阶段做哪方面的准备上没有经验，也没有标准化的操作手册和清单进行指引，最后变成"千人千面"。本章主要介绍幼小转衔服务的发展及其相关的理论框架，探讨学前教师需要准备的相关内容；加深学前教师对幼小转衔服务的理论及实践的认知，为完成高质量的学前融合教育服务把好最后一道关。

思维导图

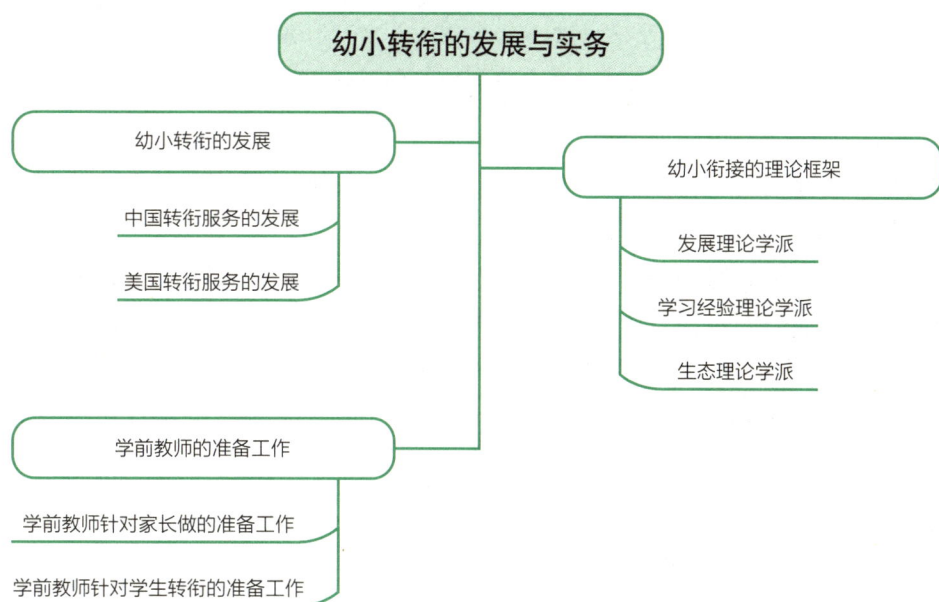

第一节 幼小转衔的发展

对于大多数发展障碍人士来说，终生支持及生涯规划一直是不可避免的话题，障碍伴随其一生，因此让特殊儿童在终生的活动中发挥生命最大的潜能，在生命中各个阶段过上有质量的生活，是每一位家长和服务人员的期待和努力的目标。转衔的概念基于全生涯教育的观点，涵盖了从幼儿园到小学，从小学到初中，从初中到职业高中、大学乃至职场的准备和支持。转衔服务会探讨是否需要特殊教育服务，是部分时间的特殊教育服务还是持续的特殊教育服务。

转衔有"转换""衔接"的意思，而作为生涯初期一个重要的转衔阶段，学前—小学的幼小衔接，转换了幼儿的生活角色、活动形态及活动环境，幼小转衔的作用，就是让有特殊教育需要的幼儿，经过转衔计划的支持，在融合教育方案的规划下，减少适应上的问题，平稳地过渡到下一个环境。

一、中国转衔服务的发展

（一）中国大陆（内地）的转衔服务发展

中国在2007年加入《残疾人权利公约》，大力发展特殊教育及融合教育。而在2021年出台的《"十四五"特殊教育发展提升行动计划》中提到，非义务教育阶段残疾儿童青少年入学机会明显增加，融合教育全面推进，残疾学生信息上报、教育评估、转衔安置和个别化支持等工作得到明确。然而，对于转衔安置具体应该如何实施，目前并没有相关政策文件进行规定。

《"十四五"特殊教育发展提升行动计划》中提出："积极发展学前特殊教育，鼓励普通幼儿园接收具有接受普通教育能力的残疾儿童就近入园随班就读"，这一政策推动越来越多的特殊幼儿进入到普通幼儿园就读。幼小衔接成为越来越多特殊幼儿父母的需求，受到越来越多人的关注。

尽管特殊儿童幼小衔接并没有相关的官方文件规定，但并不意味着相关方面的服务毫无进展，从2000年开始，上海市长宁区特殊教育指导中心积极联合当地相关机构（如幼儿园、辅读学校、初等职业技术学院、社区业余大学等）进行特殊教育支持服务和区域性特殊教育转衔服务机制的本土化实践探索。重庆师范大学积极利用当地资源，重视转衔服务的本土化实践与应用，重点关注学前阶段转衔。在中国残疾人联合会官网，以"幼小衔接"为关键词进行搜索，仅发现广州市番禺区残疾人康复中心于2017年推进过幼小衔接，此后，广州市番禺区教育局也于2021年确立了"番禺区适龄残疾儿童入学评估安置及幼小衔接服务项目"。

近几年来，大量的民间特殊儿童康复机构开始开设幼小衔接班，为有特殊教育需要的儿童提供学习适应课程，以便他们在小学能够适应小学的学习节奏。2014年，广州特教老师刘劲在暑期开展公益免费的"第一届特殊教育需要学生普通小学入学准备训练营"，除了在真实环境中让准备入读小学一年级的特殊学生进行课堂适应行为的训练，还进行了家长培训和陪读人员的培训。2019 年，这个训练营和中国最早的公益家长组织——广州扬爱特殊孩子家长俱乐部合作，改名为"'广州扬爱 &King sir 学堂'幼小衔接暑期增能营"，每年招收 100 名左右的来自全国各地的个案，在真实的小学环境，提供两周左右的幼小转衔训练。

（二）中国港台地区的转衔服务发展

中国香港和台湾地区是中国较早推进融合教育服务体系的地区。

香港特殊儿童的转衔包括幼小衔接、小初衔接、学校间衔接和中学至高等教育衔接。教育局设有转介及学位安排机制（以下简称"转介机制"），转介有较严重或多重残疾的儿童入读资助特殊学校。按照转介机制的程序，教育局会根据专家的评估和建议，确定儿童的残疾类别及适宜入读的特殊学校类别，并参考家长就专家的建议而提出的选校意愿，转介学生入读合适的特殊学校。

教育局与社会福利署、卫生署和医院管理局的儿童体能智力测验服务设有协作机制，确保有特殊需要的儿童由幼儿园升读小学时，小学能及早了解他们的特殊需要和提供支持。每学年开始前，在家长同意下，卫生署及医管局辖下的儿童体能智力测验中心会把有关儿童的评估资料送交教育局，以转交他们入读的小学；而社会福利署资助的学前康复服务单位会把入读小学的儿童的儿童发展进度综合报告，传送给他们入读的小学。小学须参阅学生的评估资料及进展报告，并与家长联络，了解有关学生的特殊教育需要和近期的发展状况，继而按照"三层支持模式"评定他们所需的支持层级及提供相应的支持。

社会福利署为香港民众提供社会保障、家庭及儿童福利服务和康复服务等，它在特殊儿童转衔教育方面也承担了重要任务，其中央转介系统为香港儿童接受康复服务提供便利与福利。社会福利署还为特殊人群提供日间训练或职业康复服务、住宿服务和社区支援服务。

在幼小衔接方面，香港学前儿童在经评估后确定符合资格可接受资助在协康会接受学前康复服务，可通过社会福利署中央转介系统申请轮候到校学前康复服务或特殊幼儿中心，并按照轮候册上先后次序获中央编配服务。学前康复服务和特殊幼儿中心都属于免费服务，家庭无须支付额外费用。

特殊幼儿中心为二至六岁中度及严重弱能的幼儿提供服务。符合资格儿童须经由社会福利署中央转介系统转介轮候。到校学前康复服务以专业服务团队为参与计划的幼儿园及幼儿中心提供到校训练，配以有康复设施的中心训练。同时会为幼儿园老师和幼儿工作员提供教师培训及专业意见，专业团队每年到校观课及咨询 10 次，与老师合作处理特殊幼儿问题，并向有关家长提供支援及定期举办讲座，以协助家长用正面的态度及有效的技巧培育特殊幼儿，达成专业治疗团队、幼儿园及家长三方合作，提升训练效果。

20 世纪 90 年代初，转衔教育开始受到台湾教育部门及研究者的重视，台湾于 1997 年启动了身心残疾者转衔服务，通过相关指导文件的制定与执行，转衔服务成为台湾地区特殊教育支持性服务的必要指标。台湾特殊教育转衔服务在此后的 20 多年的时间内迅速发展，从一开始仅关注职业教育转衔到完成强化各个教育阶段之间的转衔服务。

1998 年制定的《特殊教育课程教材教法实施办法》将转衔课程重点放在职业教育，要求高中（职）职业教育课程应视个别需要随年级增加其校外实施时数，并加强转衔服务。1999 年，教育部门将原本的高级职业学校特殊教育实验组更名为综合职能科，以提供残疾学生接受职业教育及发展未来就业所需能力的机会。即便学生仍继续升学，对其职能了解并加强相关能力的培养是转衔服务计划制订的重要参考依据。

随着生涯发展与生活品质的概念影响，2008 年《特殊教育发展报告书》提出健全完成教育阶段的身心障碍者的升学服务调整与通道，以及建构行政支持的完整体系的建议，其表示身心障碍者不再局限于就业部分，转衔从高中教育开始在真正意义上延伸至学前教育阶段及高等教育的整个过程，即强化各个教育阶段之间的转衔服务，此时的就学阶段的转衔阶段包括学前教育升小学、小学升初中转衔，初中升高中及高中离校四大阶段，并且有意识地从曾经的高中阶段转衔服务为重点向其他教育阶段发展。

随着残疾儿童就学数量的增加，其对特殊教育的要求也不断提高。高中阶段的结束并不意味着特殊儿童学习生涯的结束，学者纷纷关注升大学转衔服务及就读高校对于特殊学生的意义。2009 年特殊教育有关规定将高等教育纳入其中，将过去只注重十二年义务教育阶段的特殊教育，向上延长至高等教育阶段。

《高级中等以下特殊教育课程发展共同原则及课程纲要总纲》主张应将融合教育与普通教育接轨，并以普通教育课程作为特殊学生设计课程的首要考虑，从而落实能力本位、学校本位及社区本位的理念，同时其指出课程设计也应配合特殊教育发展趋势，考虑学生与普通教育接轨的可行性及重视学生性向、学术导向与职业导向。转衔服务的概念扩充为升学服务。

就幼小衔接而言，《各教育阶段身心障碍学生转衔服务实施要点》规定了学前特殊儿童转衔服务的具体内容应包括：升学辅导——通过鉴定，安置于最少限制及无障碍的学习环境，便于学生继续就学；生活辅导——与新学校保持密切联系，了解其生活适应问题与行为辅导；就业辅导——通过就业辅导机构，给予专长培训及就业安置；心理辅导——包括情绪管理、同侪间之互动、专业人员辅导等；福利服务——如各项奖助学金、辅具及学具之申请与使用指导；其他相关专业服务——各项疑难问题之咨询服务、资料移转与保密等。

《发展迟缓儿童早期疗育服务实施方案》和《身心障碍者权益促进实施方案》对 0 ~ 6 岁特殊儿童转衔服务实施程序作出规定：

（1）各地方政府应设立发展迟缓儿童单一通报转介中心，办理通报、转介服务；

（2）受理评估团队应于安排评估 4 ~ 8 周内，将转衔所需资料送转介中心；

（3）通报转介中心应依评估报告结果，提供发展迟缓与身心障碍儿童及其家庭个别化服务与疗育转介服务；

（4）各地方政府应协调儿童福利机构、学校、民间教育、医院提供发展迟缓与身心障碍儿童及其家庭适应性服务，加强儿童融合教育环境，同时定期检视与评估融合教育及服务的成效；

（5）各主管教育行政机关应于每年 12 月依据特殊教育通报网，记载次年需就读幼托园所（机构）之 3 岁至 6 岁发展迟缓与身心障碍儿童相关资料，及早规划服务；

（6）通报转介中心应于转出至少 1 个月前，邀请儿童家人、学龄前幼托园所（机构）及相关人员召开转衔会议；

（7）通报转介中心于完成转衔后，应在 2 周内将转衔资料通报于身心障碍者生涯转衔个案资料管理系统，并将转衔资料纸本移送学龄前幼托园所（机构）；

（8）通报转介中心于完成转衔后，应配合学龄前幼托园所（机构）持续追踪 6 个月；

（9）各学龄前幼托园所（机构）应于开学 1 个月内邀请儿童家人及原服务单位相关专业人员召开转衔（辅导）会议，订立个别化的服务计划；

（10）经通报转介而未入学之发展迟缓或身心障碍儿童，学龄前幼托园所（机构）应回报教育或社政单位，通报转介中心办理后续追踪。

台湾特殊教育转衔服务有良好的保障，且其转衔模式可操作性强，对转衔每一个环节都作出了明确而具体的规定，确保实践不会与理论脱节。

《"十四五"特殊教育发展提升行动计划》提及："鼓励和支持特殊教育学校与普通学校、幼儿园开展集团化办学，把普特融合办学纳入集团化办学试点与实验，探索适宜有效的融合教育模式。大力推动特殊教育学校向特殊教育资源（指导）中心转型发展，依托随班就读示范学校建设融合教育资源中心。"随着融合教育环境的改善，包括转衔教育在内的特殊儿童全生涯发展教育体系的建成指日可待。

二、美国转衔服务的发展

（一）在 1990 年之前的发展

美国转衔教育与服务的政策和运作模式相互影响，引领着转衔教育和服务的定位。1990 年之前，是转衔服务发展的萌芽阶段。准确地说，从 1917 年的《史密斯－修斯法案》（Smith-Hughes Act）开始，就已经有这方面的内容，但该法案主要针对的是学生高中毕业到就业的转衔准备的议题。20 世纪 60 年代通过的《小学和中等教育法》（ESEA）的修正案中，特别为身心障碍学生提供职业教育的支援。1974 年，美国教育部成立了生涯教育处，并在 1977 年通过了《生涯教育实施奖励办法》，关注小学—初中—高中的学校，为学生提供生涯教育课程，包括生涯觉知、生涯探索、生涯决策和生涯规划。1976年，美国的特殊儿童协会也正式成立"生涯发展分会"，专注于发展障碍学生的生涯教育的发展。1986年，美国在《残疾儿童教育法修正案》（*Education of the Handicapped Act Amendments of 1986*）第306条，提出"转衔"一词，将转衔计划纳入个别化家庭服务计划中，但未对转衔进行概念定义，而且法律中多次提及的是关于青少年的就业转衔服务，以职业转衔为主。

（二）在1990年之后的发展

1990年是一个关键的时刻，美国重新修改《残疾儿童教育法》，在1986年的修正案上修改内容并更名为《身心障碍者教育修正法》（*Individuals with Disabilities Education Act*，IDEA），IDEA首次出现了"转衔"一词及其定义，细化了转衔服务的相关计划或程序，提出为0~3岁、3~5岁障碍儿童或有发育迟缓的儿童建立广泛的、多学科的、跨机构合作的服务系统。1997年IDEA修正案正式规定，为学生制订从幼儿园至成人阶段的转衔计划。同时规定，可邀请学生参与制订他们自己的个别化教育计划，强调自我决策的实行。2004年，《身心障碍者教育修正法》对转衔提出进一步修改，确保所有身心障碍儿童都有机会接受免费且适当的公办教育，强调特殊教育和相关服务需要满足身心障碍儿童的独特需要，并为他们的未来继续教育、就业和独立生活做好准备。IDEA（2004）还为特殊儿童开展一套整合性的转衔服务，进一步完善学前特殊儿童转衔计划，要求各州为儿童和家庭提供衔接良好的转衔服务，强调基于学生的个别化需求，并充分考虑学生的优势、爱好和兴趣，保证家长参与、多方协作，努力为特殊儿童提供一个公共、免费、适宜的教育环境。

在IDEA这一部法律的保障下，美国成立了国家儿童早期转衔中心（National Early Childhood Transition Center，NECTC），专门负责学前儿童的转衔教育，为家庭和专业人员提供关于转衔研究、政策依据和支持资源的相关信息，提升儿童早期的转衔质量。每个市也有专门的转衔工作组，负责幼小转衔过程，帮助特殊儿童顺利地过渡到义务教育阶段。一些相关机构也协助工作，很多学术团体单独设立"转衔部门"，从事有关转衔的学术研究与探讨。也有一些大学的研究团队持续对转衔问题进行探究，为政策的制定及转衔实践提供指导。

第二节　幼小衔接的理论框架

幼小衔接的理论背景有很多研究，其中，发展理论、学习经验理论、生态理论等是转衔教育的主要理论依据。

一、发展理论观点

处于幼小衔接阶段的儿童，在生理和心理发展的许多方面都会发生变化。具体可以从身体动作、感知觉、认知、情绪、道德和语言六个方面阐述。特殊儿童心理发展具有一般性，指特殊儿童与普通儿童一样都具有儿童的共同特征。首先，特殊儿童与普通儿童一样，其心理发展既受遗传因素和生理成熟状态的影响，也受环境和教育、训练的影响；其次，儿童的心理发展既是一个连续的从简单到复杂、从量变到质变、从低级到高级的发展过程，在认知、情感和人格等方面又表现出明显的阶段性。儿童的生理解剖结构与功能，有相同的一般发展规律和基础，有同样的发展阶段和年龄特征。

身体动作发展方面，儿童的骨骼和肌肉随着年龄的增长而持续发展，此时儿童的运动发展较为流畅和协调，较为活跃，喜欢攀爬跑跳，长时间的坐姿比起跑步跳跃更容易让他们疲惫。头围与脑容量也会发展至成人的比例，大脑会发生快速的、爆发式的增长，6岁左右的儿童大脑额叶快速发展，脑内多巴胺含量增加，额叶的快速增长与脑内多巴胺含量的快速增加与儿童的认知技能提高有关。

感知觉发展方面，人类认识世界总是从感知觉开始的。例如，我们通过对儿童行为的观察发现，当把一个苹果放在一个普通儿童的面前时，他先是用眼睛来看，似乎在端详它的颜色和形状，然后用手拿起来，好像在掂量重量，再用嘴来咬，尝尝苹果的滋味。但是，对某些特殊儿童，尤其是感官障碍儿童，由于他们的感觉器官受到损伤，普通儿童感到轻而易举的事情，特殊儿童也可能觉得十分困难。此外，他们在克服感官障碍的同时，可能会形成一些与普通人不同的认识世界的方式。

认知发展方面，儿童有三个转变：①语言能力上会从口头语言发展到书面语言；②思维上从直觉行动思维转变为具体形象思维；③活动形式上从游戏活动转变到正规的学习活动以及掌握间接经验的活动。儿童的认知视野更加开阔，认知能力也大幅提升。特殊儿童思维水平长期停留在直观、具体层次上，概念形成不全面，难从具体的情境问题中归纳出一般原理与规则，更难以利用抽象的原理、公理去进行逻辑推理。注意在人们的日常生活中每时每刻都在发挥重要的作用。学前儿童偏向关注显眼的事物，外界刺激更容易成为他们注意的目标，较难控制自己的注意，但在六七岁以后，他们的注意变得能够受自己的认知所控制。特殊儿童普遍存在注意力障碍，主动注意功能减弱，被动注意相对增强，主要表现为注意不能持久和难以集中。自我控制能力缺陷是注意障碍的实质，具体反映在意志方面常显得冲动或任性；反映在动作方面是无目的的活动过多；反映在情绪、情感方面是易出现情绪不稳，易激动，缺乏理智。此外，还可能有知觉、认识、语言或协调动作等障碍。在记忆方面，特殊儿童识记缓慢，保持差，意义识记差，机械识记相对较好，记忆的监控能力差，工作记忆普遍不佳。

情绪情感发展方面，六七岁儿童的情绪是起伏不定的，他们已学会用社会可以接受的方式来表达情感，并将过去的情绪经验与语言相连接。因此，他们必须开始学习自我情绪控制。他们表现出越来越强的使用语言反省情绪、考虑情绪和情景间更为复杂的关系的能力；他们也显示出越来越强的对控制和处理情绪以符合社会标准的意识。情绪在儿童同伴关系成功与否方面有很重要的作用，情绪稳定积极的儿童更受其他同伴的欢迎。调控情绪能够提升儿童的社会能力。特殊儿童在情绪发展过程中，因为自身的生理限制和环境、经历的特殊性，表现出与普通儿童不同的特点。因为自身某方面能力受到限制、旁人不理解和不友好的态度、国家残疾人保障制度的不健全，他们容易产生焦虑和紧张的情绪。但是我们需要注意，特殊儿童的情绪存在着类别间和类别内的差异，他们的情绪共性更多的是由社会对他们的接纳态度和支持程度所决定的，这些消极的情绪特点是可以避免的。特殊儿童的情感发展过程和普通儿童是一致的，但可能是一个更缓慢的过程，在发展的过程中表现出不平衡的特点。同时，我们需要注意，情感发展不平衡在很大程度上是残障的第二特征，不是特殊儿童固有的，它受到教育和环境的影响。

道德发展方面，此阶段儿童的典型特征是遵守规范、服从权威，以及有相对功利性导向。他们判断行为的对与错，是以行为的后果而非行为的动机来作为依据的。道德感的形成，与道德认知和对自己所处的社会关系的定位有着重要的关系。而道德认知的发展是以语言为载体的，与思维的发展紧密联系。因此，在道德认知的理性学习阶段，特殊儿童由于语言的缺少，抽象思维能力发展较差，难以运用概念做推理和判断，从而难以对抽象的社会道德关系和内容进行认知，道德发展落后于普通儿童。

语言发展上，学前儿童会注意到韵律，喜欢诗歌，逐渐掌握句法，语言理解快速发展，一般 6 岁儿童词汇量以每天 22 个的惊人速度增长，能够改变自己的语言方式以适应情景，例如，采用不同的方式与同伴和成人交谈。语言发展异常又称为语言发展障碍或语言发展缺陷等。在特殊学生中，大多数也同时存在着语言发展异常的情况。例如，发音障碍是学前特殊儿童较常见的语言障碍，是儿童在学习语言的过程中出现的违背语音发展规律的异常现象，发音时有明显的不符合本阶段水平的错误。另外，流畅性障碍也是特殊儿童常见的语言障碍。认知能力是影响语言能力的重要因素。已有研究表明，认知水平与语言发展密切相关，认知水平越高，语言能力发展越好。部分特殊儿童由于认知能力水平受限，其知觉、记忆、注意、思维和想象的能力不同程度存在障碍，认知水平越低，其语音、语义、语法、语用处理能力越差。

综上，学前特殊儿童常常伴有一定的身体发育缺陷，并随着智力损伤程度的加重，生理和心理健康的问题也会随之增多，这些缺陷直接影响儿童认知和个性的发展，进而表现出孤僻胆小，过度依赖家人，主动性差，自我调节能力差，固执，容易受到别人的暗示，高级情感发展迟缓等。

从幼儿园到小学，是个体由启蒙教育进入正规学校教育的关键时期。对于普通儿童来说，由于幼儿园与小学在教育目标、教学方式、教育内容、生活方式等方面的差异，许多在幼儿园表现良好的孩子，在升入小学后都会产生较大的不适应，对他们正常学习生活造成了极大困扰。特殊儿童由于普遍存在发育迟缓，他们在进入小学学习时会遇到比普通儿童更大的挑战，相应的小学学习适应期会更长，因此，幼小衔接对特殊儿童尽快适应小学学习规律，帮助他们顺利成长具有重要意义。由于特殊儿童个体间和个体内差异大，特殊儿童的幼小衔接需要个别化。对于特殊儿童而言，个别化转衔计划是必不可少的。

个别化转衔计划通过配对分析特殊儿童及其重要他人和潜在环境或角色，得出特殊儿童与环境或角色间的适配性和差异情形，进而计划特殊儿童的转衔目标、需求和所需服务，最后再实施和评量转衔计划的成效。个别化转衔计划可以在准确把握特殊儿童发展现状的基础上，根据不同环境的要求，为儿童提供人、环境和学习三方面的支持，帮助特殊儿童平稳地转衔到下一个环境。

二、学习经验理论观点

Kagan 认为，幼小衔接可以从哲学一致性、课程连续性、教学连贯性及结构一贯性四个方面来着手分析。

一致性指的是跨系统间有共识或达到和谐的状态。幼小衔接中的哲学一致性是指在家庭与学校之间达成教育目标、教育发展、学习原则以及对彼此角色期望的共识。为了实现这种一致性，家长和幼儿园之间必须保持沟通，增进了解，这在师资培训中也会有所体现，例如，了解和认识儿童教育与保育哲学。

连续性指的是两个系统间的连续状态。幼儿园和小学之间课程连续性的实现需要以幼小衔接为桥梁。陈伯璋等人发现幼儿园与小学一年级的课程衔接主要有两大问题：一是幼儿园课程统整与小学分科教学的差异，造成儿童学习适应困难；二是幼儿园与小学低年级课程存在重叠或不连续现象。针对这一现象，美国儿童教育协会曾提出一项适用于学前教育与小学低年级教育的课程设计——"适宜课程方案"（DAP），即教师依照儿童发展的特征与顺序来设计连续性的教学方案，包括适切的课程设计、教学内容、教学方法与师生互动等策略。

教学连贯性是指重视知、情、意、行的整合，以儿童已具备的生活经验为教学的基础，从知、情、意、行四个层面，以儿童的发展为宗旨进行教学；重视儿童学习经验的完整与问题解决能力的培养。由于幼儿园与小学阶段教学内容的不同，其所对应的教学方式、教学方法与教学策略也存在不同。相比起以活动为主的幼儿园课程，以知识学习为主的小学课程会对儿童的读写算基本技能与日常生活规范、班级纪律提出更高的要求。这在一定程度上造成了一部分儿童的适应困难。因此，从教学连续性的观点看，适合儿童发展的教学应符合四个条件：一是教学的重心应着重在促进儿童智慧的成长而非在学科知识的学习上；二是教学需要考虑儿童在知识、技能、情绪、社会性等方面的发展；三是在结构方面非正式课程要居多数；四是建立适合儿童个体发展的系统教学。

一贯性指的是不同单位间或系统间在结构上的一致。在幼小衔接阶段，结构指的是幼儿园与小学的机构的主管单位或遵循的规则（如班级人数、空间大小、教师任职资格、师生比等）。儿童教育机构的设立与运作所遵循的法规种类众多，因此很容易产生结构上的断层与不连续性。为了矫正结构上的不连续性，有研究者建议通过单位间的会议、社区合作、整合性的服务等方式，整合各方意见，并相互参观学习，以降低彼此间的不一贯性。

三、生态理论学派

生态环境理论强调环境对人的生活和发展产生的影响，此理论由 Bronfenbrenner 提出，该理论将学习者置于生态系统的中心，并且由内而外地分成不同的层次。这种模型揭示了学习者生活环境中各影响因素间的层次关系，揭示了整个生态系统中宏观、中观、微观对学习者的作用与其相互之间的关联。

有关研究者总结了关于幼小衔接的四种理论模型，分别为：儿童影响模式、直接影响模式、间接影响模式和生态学动力模式。

儿童影响模式认为，在学校适应中儿童是最关键的因素。儿童的特征包括他们的贫困程度、认知准备和智力因素、语言能力、性别、种族和气质等。

直接影响模式强调社会背景对儿童学校适应的影响。班级经营、教学方法、同伴关系的质量、环境的丰富性对儿童在学校的行为和学业表现都有重要的影响。

间接影响模式考虑到这些社会背景之间相互作用对学校适应的影响，阐述了背景之间的联系，考虑了儿童因素与背景之间双向的作用。例如，家长的亲社会行为能预测儿童在幼儿园的同伴接触，而儿童良好的同伴关系又会使他们的学业受益，帮助他们更为顺利地过渡到正规学校系统中。

生态学动力模式包括了以上三种模式的关键因素，同时强调了关系的变化。生态学动力模式是用来描述"儿童、家庭、学校、同伴和邻居之间的关系如何形成一个对儿童幼小衔接产生直接和间接影响的动态关系网"。

四、小结

"生态转衔"是指个体所经历的角色或场所上的转换，以此概念发展出有关场所间应该如何衔接的看法与做法。该理论认为当一个人进入一个新的环境时，"场所衔接"就会发生，"中间系统"也会因此而产生。所谓"中间系统"指的是"个体积极参与的两个或两个以上场所之间的相互关系"。该理论还针对个体进入新环境可进行的连接形式作了说明，认为若儿童在开学第一天独自前往小学，则表示学校与家庭之间的连接通过儿童一个人进行"单一的连接"；若儿童有兄弟姐妹或同伴陪伴，那么两个场所间就会是"双重的连接"；如果在不同场所间有多个个体或人员同时直接参与相关场所，这样的连接就称为"多重连接"；如果场所间的连接是单一的、间接的或是没有连接，这样的连接情形则称为"微弱的连接"，将不利于个体的发展。

因此，家庭、幼儿园与小学一年级这几个与此转衔有关的场所此时必须采取必要的连接，以应对儿童在面临角色与场所突然转换时所发生的不适应情形，缓和这突然的转变所带来的冲击，为儿童未来的学习奠定良好的基础。与衔接有关的人、事、物，包含学前教育机构、小学、家庭等三个场所内的人员与外部的教育单位、社区等其他场所内的人员，他们都必须在衔接目标、策略等方面达成共识，且彼此需要在相互信任的基础上建立双向的良性沟通，并把儿童的顺利发展作为衔接的目的。

该理论对今天教育的影响就在于，我们正面地影响儿童的发展的方法就是要寻求社区及社会环境的改善，并利用各种社会资源所提供的支持与协助。

对特殊儿童来说，他们为适应环境的变化需要更多的关注，因此环境生态化教育强调依据儿童日常自然的生活（家庭、学校、社区）环境中表达的能力水平及适应现状，考虑未来发展，充分了解生活环境，运用生活环境，为促进儿童发展提供适合其需求的个别化教育。学前特殊儿童转衔教育强调对儿童所生活的前后两个环境进行具体分析与评估，在具体的环境中寻求支持与协助，建立自然支持系统。把教育置于儿童真实、常态的生活中，降低了特殊儿童的类化和迁移的难度，同时也在环境中促进了类化和迁移的形成和发展。

第三节　学前教师的准备工作

学前教师在幼儿整个幼小转衔系统中起着重要作用，作为陪伴特殊幼儿成长的专业人员，可以在转衔期间为家长、为幼儿、为小学的老师完成有温度、有效率、有专业的前期准备工作，为幼儿离开幼儿园进入普通小学进行融合教育提供坚实保障。

一、学前教师针对家长做的准备

（一）高质量的专业培训

家长是特殊儿童转衔环节中的重要角色，这一角色贯穿整个转衔阶段，家长不仅能为整个转衔团队提供有关幼儿的医疗史、发育史、目前的能力和行为表现等关键信息，又能在家庭活动的时间，针对幼儿转衔进行相关的行为管理、能力练习以及环境适应等家庭教育。因此针对家长，进行高质量的专业培训，是非常重要的。学前教师，可以指导家长以认识"融合教育"开始，了解普小融合教育的意义，学会如何和地区的"安置转衔评估中心"的专业团队沟通，学会如何提供孩子的资料，学会如何和就读学校沟通；并通过"小学课堂适应行为""社交技巧的训练""视觉策略做好行为管理"等几个主题方向对孩子进行转衔教育。

这是一名妈妈给学校的一封信，我们可以先看一下这个范例。

尊敬的 ×× 小学各位领导和老师们：

你们好！

我的孩子即将踏入 ×× 小学，接下来的这六年校园时光将是他人生中最关键、最重要的时机。他，不同于普通的孩子，在两岁时就被诊断为典型的孤独症。为了孩子的未来，妈妈放弃了自己的生意，爸爸放弃了稳定安逸的工作。通过四年的训练和孩子自身的努力，他现在终于走出了自我世界并成就了一个独特、可爱的自己，他就是我的孩子——小桐。

他很聪明——算术在没有人教过的情况下可以百位数连加连减；你说出几月几号，他可以马上推算出那天是星期几；一两年前发生过的事他能准确地说出日期；没有特意教过他认字，他却能独立阅读故事书。

他又很笨——他只会理解比较表面意义的事，比如，老师在班上说过上课时不许上厕所，所以很急忍不住的时候他居然就拉裤子上；同学跟他说：如果你不……的话你妈妈就会死的，他居然就当真的……别人笑话他，他还很开心的。

他很慢——由于感统失调，身体感知比较迟钝，在举手、排队，以及团队协作方面动作相对缓慢一些。

他又很努力——由于先天身体条件差，他每天在家都会坚持锻炼，每天坚持早上 150 个仰卧起坐，下午双手拍球跨脚 300 个，跳绳 200 个。由于语言表达能力差，他从四岁半开始在中午从幼儿园去机构的路上每天坚持买两份报纸，然后推销给路人；每天坚持睡前阅读 30 分钟；别人会做的事情而他不会的时候，他会暗暗努力练习，直到自己满意的时候才会展示出来，渴望得到大家的赞扬。

他很乖——在他得到表扬、认可、邀请的时候，他就什么都愿意，并坚持做得很完美，以期待更多的鼓励；在别人欺负他打他的时候，他不会去还手，因为，妈妈教过他打人是不对的。

他又很倔——在他认为被冤枉的时候，他由于不自信，不是首先辩解而是选择封闭自己，不再信任，当他自知做错事情被当众批评的时候，他会用更多的错去掩盖之前的错。

他渴望交朋友——他喜欢交朋友，但是，经常因为表达差、动作慢、理解差而被排斥。当遭到排斥的时候，他会时不时去骚扰一下同伴试图引起别人的注意，希望能够加入其中，这样久而久之反而会被孤立，使得他又会封闭自我。

一年级是最关键的一年，每个孩子都在适应的阶段，他们之间建立的第一印象是很重要的，一旦在这个阶段他丢失了自信就很难找回来了。希望老师可以留意班上沉稳而有爱心的孩子，让他们多帮助他，多与他交流，多邀请他一起玩耍。

以下几点恳请老师帮忙留意一下：

一、希望老师可以安排他坐在第一排，这样他的注意力就全在老师身上，他走神或做其他的事时只需要轻轻敲一敲他的桌子就可以了；由于动作缓慢，在前排老师可以掌握他是否需要帮助。

二、他做错事老师尽量以眼神提示课后单独批评，避免当着同学的面批评而导致他自我放逐；跟同学发生矛盾，跟他了解情况，需要他跟同学道歉的时候，可以轻轻在他耳朵边提示而不是大声指责他一定要道歉（他对声音特别敏感，到现在最害怕进电影院）。

三、最好可以安排个自理能力较好的同桌，可以每到下课提醒他或一起去喝水、上洗手间；另外，希望老师私下跟他和其他科任老师说一下，上课时很急可以去洗手间的（因为他是一个不计后果、很听老师话的孩子）。

四、希望老师们可以多邀请他回答简单的问题并多表扬他，以期他更积极地参与到学习当中。这个孩子被训练机构和幼儿园老师以及家长们公认有着迎难而上的美誉，但前提是你要给他时间和空间，以及对他赞赏和不断鼓励；多邀请他参加班集体活动，有表演的机会尽量安排他去参加让他到自信（他目前已经学习了一年半的钢琴，跟星海音乐学院老师学习唱歌，他双手拍球跨脚技术非常娴熟，他又有多次舞台表演的经验，他能绘声绘色、抑扬顿挫地讲故事，人物角色掌握得很到位）。在幼儿园曾经因为能够背诵整本《弟子规》而受到所有同学不可思议的赞赏的眼光而喜爱阅读，看过几遍的故事书他就能一字不漏地背诵出来，也经常跟同学分享他的旅游见闻（但就那么一次上课时拉裤子被生活老师大声责骂，所有同学对他指指点点之后，他就少言寡语了）。

如果没有大家的关爱，他或许会是一个笨拙、孤僻、捣蛋而颓废的小男孩，然而有了各位老师、同学以及我们家长给予的帮助、爱护和关怀，我们坚信，他必定可以成为一个天真、诚实、善良、自信、聪明、活泼、可爱的好孩子。

一个特殊孩子的家长

2014 年 6 月 5 日

在这个范例中，家长表达了三个重点，第一个重点是孩子是一名孤独症孩子，但是父母没有放弃，花了很大代价，一直在进行行为干预，孩子进步很快；第二个重点是尽量客观地表达了孩子的优点和缺点，让普通学校老师了解孩子的特点，不会被一大堆问题吓到；第三个重点是表达了需要的支持，这一位家长目前需要的支持是轻支持，也就是不需要陪读，也没有提到执行个别化教育计划的需求，只是从老师的座位安排、同伴支持，以及一些相处策略和提供机会几个角度去提。这种给学校的一封信，就是比较好的范例，当时这所学校的校长和班主任看到后，就同意了家长并做了相应的准备，孩子入学比较顺利。

（二）精准的幼小转衔相关信息提供

在幼小转衔的过程中，家长往往都是处于弱势的一方，对入读学校和学区政策的不了解，都会让家长感到焦虑。因此，学前教师需要提供本幼儿园对应小学及区域的幼小转衔信息，帮助家长减轻焦虑。对于大多数儿童和家长来说，小学教育是正式教育的开始，家长会产生潜在的教育焦虑。如果在这一过程中不能给予家长充分的支持，可能会影响特殊儿童幼小转衔的质量。许多特殊儿童家长在参与转衔过程中也存在愿意参与，但不知如何参与，从何参与的情况。

幼小衔接信息包括但不限于，本区域户籍适龄特殊儿童的入读政策，例如，要进入小学特教班，是否要申办残疾证，还是只需要相关医院的诊断？学校是否有陪读助教制度，有没有资源教室，入读的流程是否要先在"专家委员会"的评估下，得到安置建议再进行？本区域有没有相关的巡回指导老师，或者相关的幼小衔接训练，进入学校后，有没有行为支持团队或相关团队支援孩子就读的小学等？这些信息对于家长来说，都是减轻焦虑以及做好后续小学融合准备的重要信息。给予家长信息支持不足，会直接影响特殊儿童幼小转衔的质量。

二、学前教师针对学生的转衔准备工作

（一）科学且精准的评估

特殊幼儿是转衔的主体，在幼儿园到普通小学的转衔过程中，科学且精准地评估是非常重要的。这些评估内容包括"小学课堂适应行为评估""社交评估""ABAS-2 社会适应评估""韦氏智力测试第四版——幼儿版"等，其中"ABAS-2 社会适应评估""韦氏智力测试第四版——幼儿版"需要在医院或者由有资质的相关测试人员进行。

以下是"小学课堂适应行为评估"的范例表格，这个表格经过广州特教老师刘劲的设计和修正，在 500 名个案上应用，得出最精简的 21 条课堂适应行为。如果这 21 条的通过率不佳，那么幼儿在普通小学的学习和生活效率就会较低。

以下是小学课堂适应行为评估及报告的范例。

课堂适应行为检核表

姓名：小明　　　　班级：一年 5 班　　　　检核者：刘老师　　　　检核时间：2017.9

序号		极少如此（0）0%~19%	偶尔如此（1）20%~49%	经常如此（2）50%~79%	总是如此（3）80%~100%	备注
班级例行性活动适应行为						
1	回教室放置物品				√	
2	未上课时能做适当的活动				√	
3	上课铃响起回到座位		√			
4	老师未到前在座位安坐		√			
5	上课前拿出相应的书本		√			
6	上课能安坐 20 分钟			√		
7	上课能安静 20 分钟		√			
8	上课"先举手、后发言"			√		
9	排队时能持续待在队伍中			√		

序号		极少如此（0）0% ~ 19%	偶尔如此（1）20% ~ 49%	经常如此（2）50% ~ 79%	总是如此（3）80% ~ 100%	备注
10	下课能等待老师指令下课				√	
11	下课能独立上厕所、喝水				√	
12	下课和同学有适当的互动	√				
班级听指令行为						
13	听到老师喊上课，能起立				√	
14	听到老师叫名字，能起立应到				√	
15	听到老师喊"同学们好"，能回应"老师好"		√			
16	等老师给指令才发言		√			
17	听老师指令排队				√	
18	听老师指令，能回答			√		
19	听老师指令，能做题		√			
20	听老师指令，能做相应动作（跑、跳、弹、开机、写、画、涂）		√			
21	听老师指令拿相应书本工具			√		

课堂适应性行为评估报告范例

××小学个案课堂适应行为评估结果报告

一、学生信息

姓名：小明　　　　　　　　性别：男

评估日期：2017 年 2 月 15—20 日

二、班级

一年 5 班

三、学生诊断障碍类别（诊断）及评估诉求

孤独症谱系

开学后会有走动的行为

四、评估项目及相关评估结果

从现场课堂观察的课堂适应行为检核表得出：课前准备的例行活动以及课间活动，有 4 项达到 3 分（80% 做到）的项目，班级听指令行为，有 3 项上 3 分（80% 做到）。

综上，有待进步的项目如下所述。

例行活动达到 2 分的项目有 3 项：

6	上课能安坐 20 分钟
8	上课"先举手、后发言"
9	排队时能持续待在队伍中

达到 1 分的项目有 4 项：

3	上课铃响起回到座位
4	老师未到前在座位安坐
5	上课前拿出相应的书本
7	上课能安静 20 分钟

达到 0 分的项目有 1 项：

12	下课和同学有适当的互动

上课听指令的活动中，达到 2 分的项目有 2 项：

18	听老师指令，能回答
21	听老师指令拿相应书本工具

达到 1 分的项目有 4 项：

15	听到老师喊同学们好，能响应老师好
16	等老师给指令才发言
19	听老师指令、能做题
20	听老师指令，能做相应动作（跑、跳、弹、开机、写、画、涂）

达到 0 分的项目没有。

个案是孤独症，已经办理随班就读认定，目前有一名影子老师陪读。

个案有较好的自我照顾能力，因此在例行活动中的放物品、喝水、上厕所等活动，都可以完成。个案有良好的学习意愿，所以对老师的回应、完成课堂上的抄写活动等项目都能在提示下完成。

个案是孤独症，核心障碍是社交障碍，因此在课堂上较多我行我素的表现，经常做老师还没有布置的题目，当上美术课时，也没有听从老师的指令就涂画，要影子老师提醒才停下来。在课堂行为中，较多的站起来大声回应问题（老师还没有叫他）的行为也会干扰他的课堂效率。

而个案最核心的还是社交问题，课间和同学互动，以及对环境信息转换的行为调整也需要后续的训练。

五、部分建议

（1）从课堂适应行为来说，3分的项目我们就让他和同学一起进行活动，2分的项目需要班级固定的视觉提示或同伴稍微提醒，1分的项目需要影子老师利用视觉策略进行提醒以及后续训练。

（2）目前个案对环境信息转换的行为调整较弱，如课间到上课都需要提醒。建议做好时间表进行练习，让他能在时间表的规范上完成例行活动。

（3）2年级的学生，可以找1~2个示范性同伴在他附近坐，不用特别照顾，而是做好自己，影子老师提醒他模仿旁边的同伴的行为。

（4）个案认知能力较好，可以制定行为契约，让他明白上课要跟随老师的节奏而不是单独做题，课后可以获得奖励。

（5）增加课后专业的社交小组训练，让他掌握更多社交技巧和策略。

其他安置及建议详见综合研判报告书。

（二）个别化转衔计划的制订

通过相关的评估，在特殊幼儿转衔训练大纲指导下，制订特殊幼儿在转衔期间的教育目标，并设计支持策略，可确保特殊幼儿有相应的目标支持和训练。这些转衔计划，在评估和综合研判分析报告书的指引下，根据个案表现进行制订。内容包括评估报告、安置方式、教育服务、综合研判优弱势、个别化转衔目标及建议等。

以下是一名准备入读小学的特殊幼儿的个别化转衔计划目标的范例。

个别化转衔计划制订报告分析书

一、学生基本信息

姓名：小明　　　　性别：男

学校班级：太阳花幼儿园 大班

二、出生日期

2017 年 6 月 16 日

三、评量结果摘要

1. 学生基本资料（含障碍类别、生育史、发展史）

障碍类别：智力障碍

生育史：家中二胎，母亲 40 岁时生育，姐姐今年 18 岁，读高中

医疗康复史：略

2. 家庭资料（含父母、手足、教养方式、经济能力、家居环境）

双职工家庭，日常居家由祖父母照顾

3. 生理状况

视力（含敏锐度、空间与转移、视知觉等）、听力（含听力损失值、类型、两耳听力、语言听力、听知觉等）、神经系统功能及其他（新陈代谢功能、呼吸系统、消化系统、对什么食物或药品过敏、其他涉及生理学之疾病）

肢体障碍，照顾者未反映其他问题

4. 社会情绪（小学课堂适应行为表现、ABAS-2 社会适应行为表现、强化物调查、社交能力发展）

小学课堂适应行为：略

ABAS-2 社会适应行为：

从班主任教师填写的量表可以看出，小明的基本适应行为分数为 66 分，家长评分为 97 分。教师与家长评分存在显著差异，以教师版为例，个案在同龄人中属于非常落后水平。各项领域中，沟通是个案的强项；学校生活、自我照顾、动作技巧是个案的弱项。

概念技能得分 77 分，家长填写得分 115 分，这些分项目存在显著性差异。而组成实用技能的三个项目（沟通、学前功能、自我管理），是在普通幼儿园活动时，比较相关的学习技能以及自我管理的能力，学习功能里面包含了个案所在年龄段中基本的听、说、读、写、画及其他日常独立学习活动所需的技巧，自我管理则包括对常规的执行以及对环境信息的了解并做出调整，这些都是在普通幼儿园学习生活需要的基础能力。这部分能力中沟通是个案的强项，目前能够满足个案参与活动及表达自我的需求；活动时个案能够针对环境信息进行多元处理，能执行部分指令，但团体活动中涉及的集体规范部分个案需要在伙伴持续提醒和辅助下才能遵守；其学前功能的发展较为落后，受限于个案的肢体障碍，特别是在读、写、画方面需要老师较多的支持和辅助。

学校生活、健康安全、自我照顾组成的实用技能得分61，家长给分89，存在显著差异表现。学校生活和自我照顾、健康安全涉及幼儿在学校生活中需要的生活技能，包括活动区域的使用维护、清洁和对生活实际情景的判断和决策，个案入学时间较短，融合经验少，受限于个案的肢体障碍，在幼儿园内功能区域的使用主动性不强；自我照顾时需要老师及家长引导辅助，例如区域卫生清洁活动、进食、如厕环节；而在幼儿园中的健康与安全的注意事项则能够跟随同伴完成。

社交和休闲活动组成的社会技能，得分74，家长评分119，存在显著差异表现。分数的差距源于个案在学校活动中的社交领域，一方面，个案互动时没有较好的社交策略，导致整体互动性较差；另一方面，个案的能力发展不足，导致在融合班级中课间休息时很难持续与同伴进行功能性、建构以及假想游戏。日常教学活动和休闲活动从简单操作过渡到复杂指令时需要老师及家长作引导辅助，个案居家生活内容较简单，日常活动都是照顾者安排，同伴互动经验积累较少，能看出个案在学校中有动机与同伴互动但社交对象以成人为主，较依赖辅助老师。

社交能力评量：

个案情绪稳定，能够关注老师，但容易受环境信息影响而转移注意，老师提醒后能够回归活动；个案能够接受老师的限制并参加活动，过程中不能注意同伴行为及环境信息，需要老师提醒才能调整；个案能根据活动内容展开沟通，能用简单句进行多回合沟通，但较少主动与同伴发起话题；互动中个案能够表达自己的需求。

5. 发展能力评量（如果有做韦氏的测试，请把分数登记下来；如果没有做韦氏测试，需要进行学习行为特质调查，包括注意力、学习态度等）

该生在认知、语言及动作方面不能通过筛查项目的测试，个案可以指认一般见到的物品，能描述物品功能或对物品功能有反应，个案可以关注老师呈现的物品信息，当呈现新的活动内容时个案有先观察同伴积累经验后再参与的表现；个案有物件恒存的概念，对先后、因果、条件概念（用简单句完成看图说话）有反应；数概念已发展，对点数、颜色等相关内容有回应，但数序、点数不正确。

6. 其他核心障碍评估（包括动作、感知觉、语言的发展水平，如果有相关评估工具请填写，如果没有相关评估工具结果，请描述动作发展、感知觉发展、语言发展等方面能力）

个案没有表现出感知觉处理的障碍表现；能够短时间维持高跪，休息时有W跪姿，能完成往前跪走，模仿交替半跪的动作；个案的精细动作较弱，在互动中能单手做到撕扯、按压、捏紧等动作，能有两步动作模仿（拿着棋子，藏进橡皮泥中），但双手协作能力较弱（未能拿起橡皮泥操作藏宝），活动中折纸飞机、书写（一手扶着纸一手写字）都不能完成；个案语言理解较弱，能执行简单的指令，难以理解伙伴沟通时使用的复杂句，活动中个案可以表达需求，词汇量使用单一，沟通效度低。

四、家长期望

（1）未来能入读学区内环境支持的普通小学；

（2）未来能继续参加幼儿园内的融合活动，提升参与各项活动的能力；

（3）提升个案与同伴在团体中的社交技能。

五、综合分析研判（研判会讨论得出以下内容）

1. 学习的优势、弱势

优势：个案情绪稳定，能够在提醒下持续关注老师及活动，能够接受老师和照顾者的安排参与园内活动；个案能在辅助下完成就餐和桌面清理工作；个案能在辅助及提醒下完成老师交代的事项并执行单一指令；个案互动中语言较好，能够表达自己的需求，能根据活动内容展开沟通，能用简单句进行多回合沟通；个案可以指认见到的一般物品，能描述物品功能或对物品功能有反应，个案可以关注老师呈现的物品信息；当呈现新的活动内容时个案有先观察同伴积累经验后再参与的表现；个案有物件恒存的概念，对先后、因果、条件概念（用简单句完成看图说话）有反应；数概念已发展，对点数、颜色等相关内容有回应；个案没有表现出感知觉处理的障碍表现；桌面操作时能够依靠桌子短时间站立，能够维持高跪，能完成前跪走；在互动中能单手做到撕扯、按压、捏紧等动作，能有两步动作模仿（拿着棋子，藏进橡皮泥中）；个案能执行简单的指令；可以表达需求。

弱势：个案动作功能发展较弱，维持活动姿势不佳；个案参加团体教学活动、与同伴互动、午休等环节时需要提醒才能较好地遵守环境及活动规则；个案容易受环境信息影响而转移注意，活动过程中不能注意同伴行为及环境信息而调整自己；个案在互动中较少主动与同伴发起话题；活动中数序、点数不正确；个案的精细动作较弱；双手协作能力较弱（未能拿起橡皮泥操作藏宝），活动中折纸飞机、书写（一手扶着纸一手写字）方面都不能完成；个案语言理解较弱，难以理解伙伴沟通时使用的复杂句，词汇量使用单一，沟通效度低。

2. 安置建议及教育服务

（1）安置建议：高度特色教育支持的普通学校安置（特教班或在具备资源教室及资源老师、陪读支持的普通班随班就读）。

（2）教育服务：抽离的语言认知训练、小组的社交行为训练。

（3）转衔期间的训练目标：

领域	副领域	年度长期目标	本月短期目标	支持策略	评鉴
适应行为	1 课堂适应行为	1.1 提升课堂例行活动的能力	1.1.1 能安坐 20 分钟	1. 以视觉提示为主的支持 2. 代币制增进行为管理 3. 强化时间表	
			1.1.2 上课"先举手、后发言"		
			1.1.3 下课能独立上厕所、喝水		
		1.2 提升课堂中听指令的能力	1.2.1 听到老师喊同学们好，能回应老师好	1. 每一个指令后要等待学生反应 2. 指令由清晰句向复杂句过渡	
			1.2.2 听老师指令排队		
	2 社交技能	2.1 提高团体互动的能力	2.1.1 能在小团体中持续关注主导者 10 秒	1. 尽量用非语言沟通的方式与其互动 2. 给指令的同时要明确个案关注到主导者	
			2.1.2 能认识团体伙伴，记住他们的名字（5 人）	1. 提供团体伙伴的清晰名字或代号	
	3 自我引导	3.1 能独立完成个人工作	3.1.1 能独立完成两项个人工作（5 分钟）	1. 个别化作业单 2. 提供内容适合能力水平（必须熟悉的） 3. 以代币制增进行为管理	
		3.2 培养按照课堂时间工作的能力	3.2.1 能遵守作息时间表进行活动	1. 制作一天作息时间表 2. 任何活动都要有开始完成的时间 3. 代币制	

分析日期：2023 年 2 月 15 日

六、与会人员签名

（三）专业高效的转衔阶段教育

在转衔准备的过程中，家长是重要参与者，而老师在幼儿大班的学习活动中，应根据幼儿的个别化教育需求，以及家长的期待，做一些转衔教育的配合，如延长静坐的时间，练习排队、举手发言等小学必备的课堂行为，并在课堂上进行学生身份转变的预告等，这些都需要提前训练，而不是简单地告知。甚至家长提前带着孩子去参观小学，把照片拿回来后，学前老师也可以作为一个"认识新学校"的主题进行教学。教学内容可以包括认识学校的作用，学校的人（校长、老师、同学），学校的场室（课室、美术、音乐、操场），学校里的设备设施（黑板、桌椅、投影）等。

主题班会教学设计范例

时间：2023 年 3 月 5 日

一、教学对象分析

A 组学生：能够了解同学和自己的责任，有足够的课堂适应活动。

B 组学生：能够在提醒下，明白值日生等责任。

C 组学生：不明白相关的责任，也不知道自己要完成的任务。

二、教学目标

A 组学生：能够独立完成值日生活动，进行一周回顾互动等。

B 组学生：能够在视觉提示下独立完成值日生活动，进行一周回顾互动。

C 组学生：在教师和伙伴的支持下，完成值日生活动，进行一周回顾。

三、教学内容

主题班会，分别在周一早上第一节以及周五下午最后一节进行，周一是教师布置值日生、班长、组长的活动，周五时进行活动回顾。

四、涉及课堂适应行为目标（可在大纲中选择）

涉及目标及相关领域	课堂适应	社交技能	自我引导	学业及学科准备
1	上课铃响起回到座位			
	能认识团体标志			
	知道自己在班级中的义务与责任（值日生、班长、小组长）			
2	老师未到前在座位安坐	遵守团体规范	能遵守时间不迟到（如准时到校、赴约、乘车、看电影等）	
	上课能静坐 20 分钟	能了解团体规范内容、目的等（如团结、友爱、平等、助人等）	能遵守时间不早退（如按时下课、下班，不提前）	

涉及目标及相关领域	课堂适应	社交技能	自我引导	学业及学科准备
2	上课能安静 20 分钟		能说出自己的名字	
	听到老师喊上课，能起立			
	听到老师叫名字，能起立应到			
	听到老师喊同学们好，能响应老师好			

五、教学准备

白纸、学生照片、投影仪。

六、教学过程设计

教学过程	支持策略	备注
1. 教师问好 老师和学生问好，上课起立，等待学生起立，全体起立才坐下，如果不齐，重来一次，稍作等待。 2. 自我介绍 第一次班会进行自我介绍，以让学生互相认识，准备好学生照片，和要讲的一句话：大家好，我叫×××，我是男生，今年×岁。 3. 班长、小组长选定 每周轮流选择班长以及小组长，让学生知道自己的责任和义务，当班长和小组长的，要有明确的视觉提示。 4. 班规选择 选几条正向的班规，如先举手再发言，安静坐好等，让学生读一次，并示范一次，然后写在黑板上。如果学生自己没有概念，则用视觉提示图卡协助。 5. 一周展望（周一） 告知学生本周老师要进行的活动，或周五的时候，会有什么活动和他们玩，然后写在黑板上，每天提醒。 6. 一周回顾（周五） 回顾一周的活动，让学生进行代币兑换并兑现相关奖惩。 7. 下课训练 老师喊下课起立，要求每个学生起立后，喊老师再见再离开。	1. 自我介绍时要有固定的句式进行自我介绍。 2. 选择班长，要有清楚的视觉提示，被选为班长的同学，要佩戴相关贴纸表示。 3. 班规可以用图卡以及文字进行说明，让学生能够了解。 4. 一周展望可以用行为契约的方式和学生进行约定，明确要做到何种好的行为。 5. 一周回顾用代币兑换的方式进行回顾，让学生能够回顾自己的适应行为，然后进行奖励。	

社交故事示范

1. 我们现在是小学生了，每天都要上学。	 上学
2. 见到同学，我们可以和他握手打招呼。	 握手
3. 我们在学校会做运动。	 做运动

4. 我们在学校会上课。	 上课
5. 上课的时候要认真听老师讲。	 听
6. 在课堂有问题要举手。	 举手

7. 和同学做游戏，每天都是开心的一天。	做游戏

通过一系列的训练和准备之后，学前教师可以把相关的转衔计划或者转衔目标进行梳理，并制作一份学生成长档案，提供给小学老师。如有必要，可以组织一个小学老师、幼儿园老师、家长以及专业人员参与的个别化转衔会议，充分沟通，确保转衔目标得以落实。

最后，学前老师现在要做的，就是提升自己的专业知识，力求使每一个适龄的特殊幼儿可以和普通幼儿一样，顺利转衔至适当的学校，获得足够的支持，接受高质量的小学教育。

附 表

课堂适应行为检核表

（广州市杰锐偲教育咨询有限公司提供）

姓名： 　　　班级： 　　　检核者： 　　　检核时间：

序号		极少如此（0）0%～19%	偶尔如此（1）20%～49%	经常如此（2）50%～79%	总是如此（3）80%～100%	备注
班级例行性活动适应行为						
1	回课室放置物品					
2	未上课时能做适当的活动					
3	上课铃响起回到座位					
4	老师未到前在座位安坐					
5	上课前拿出相应的书本					
6	上课能安坐 20 分钟					
7	上课能安静 20 分钟					
8	上课"先举手、后发言"					
9	排队时能持续待在队伍中					
10	下课能等待老师指令下课					
11	下课能独立上厕所、喝水					
12	下课和同学有适当的互动					
班级听指令行为						
13	听到老师喊上课，能起立					
14	听到老师叫名字，能起立应到					
15	听到老师喊"同学们好"，能响应"老师好"					
16	等老师给指令才发言					
17	听老师指令排队					
18	听老师指令，能回答					
19	听老师指令，能做题					
20	听老师指令，能做相应动作（跑、跳、弹、开机、写、画、涂）					
21	听老师指令拿相应书本工具					

参考文献

［1］祝怀新，王怡沁.新西兰早期特殊教育教师的职前培养模式探析［J］.中国特殊教育，2022（2）：59-65.

［2］王碧君，林凡裕，郑甜甜，等.特殊儿童早期干预中家长参与的体系与实践［J］.绥化学院学报，2022，42（1）：140-144.

［3］卢晓洁，田琳，张婕，等.美国孤独症综合干预模式概述及其发展趋势［J］.中国特殊教育，2021（10）：44-51.

［4］张天娥，戴艳，吴爱明.定期发育监测和早期干预对正常新生儿和高危儿智能发育的影响［J］.中国妇幼保健，2021，36（14）：3275-3278.

［5］苏雪云，龚建梅，杨长江，等.英美农村地区特殊儿童早期干预研究综述［J］.幼儿教育，2021（18）：36-38，51.

［6］孟春芳.特殊儿童家校融合课程的内涵特征和基本框架［J］.教育学术月刊，2021（3）：63-68.

［7］吴扬.美国特殊儿童早期学习与发展评估研究——以 DEC 发布的指导文件为例［J］.中国特殊教育，2020（6）：18-24.

［8］孟莎莎.我国学前融合教育发展的现实困境与路径选择［J］.当代教育理论与实践，2019，11（3）：18-22.

［9］钱雨，何梦瑶.美国早期干预研究的启示：支持处境不利儿童［J］.广西师范大学学报（哲学社会科学版），2020，56（2）：124-134.

［10］申仁洪.特殊儿童家庭赋权增能：缘起、内涵与理念［J］.陕西学前师范学院学报，2020，36（1）：58-67.

［11］徐云.加快发展学前教育，保障特殊儿童基本权利［J］.现代特殊教育，2020（1）：7-10.

［12］王义坤，吴亮.美国残疾儿童的学前特殊教育政策及其启示［J］.残疾人研究，2019（4）：73-79.

［13］章雪，肖非.美国早期干预教师培养及对我国的启示［J］.现代特殊教育，2019（19）：73-75.

［14］汪甜甜，邓猛.美国特殊儿童早期教育质量提升困境与突围——基于"高质量早期干预与学前特殊教育系统框架"的分析［J］.比较教育研究，2022，44（2）：94-102，112.

［15］张瑶，汪甜甜，朱涵.美国高质量学前融合教育指标体系的解读及启示［J］.残疾人研究，2022（1）：56-62.

［16］汪甜甜，邓猛.欧洲学前融合教育生态系统模式：让所有儿童共享美好童年［J］.学前教育研究，2022（2）：16-26.

［17］吴陈兵，肖景蓉.文化回应教学：理论模式与操作标准［J］.苏州大学学报（教育科学版），2021，9（1）：117-128.

［18］周钧，黄嘉莉，王雪薇.培养文化回应型教师：理念与实践［J］.教师教育研究，2019，31（6）：13-20.

［19］张翠娥.学前融合班级经营理论与实务［M］.台北：华腾文化，2015.

［20］张文京.融合教育与教学支持［M］.重庆：重庆大学出版社，2021.

［21］雷江华.学前特殊儿童教育［M］.武汉：华中师范大学出版社，2008.

［22］高天.音乐治疗导论［M］.北京：世界图书出版公司，2008.

［23］周为民.音乐治疗的生理学研究［J］.中国音乐学，2007（1）：117-121.

［24］雷江华.融合教育导论［M］.北京：北京大学出版社，2012.

［25］邓猛.融合教育理论反思与本土化探索［M］.北京：北京大学出版社，2014.

［26］苏珊·桑德尔，艾琳·施瓦茨，等.学前特殊需要儿童融合教育实用手册［M］.2版.王燕华，等译.北京：北京大学出版社，2018.

［27］华国栋，华京生.融合教育中的差异教学：为了班级里的每一个孩子［M］.北京：教育科学出版社，2019.

［28］徐佳馨，高慧.国外自闭症儿童幼小转衔支持及启示［J］.科幻画报，2022（4）：186-188.

［29］陈琪，付泽雯.美国特殊儿童家长参与幼小转衔现状及启示［J］.绥化学院学报，2022，42（7）：136-140.

［30］迈尔斯 B S.亚斯伯格症在融合教育的成功策略［M］.新北：心理出版社，2008.

［31］林素贞，赵本强，黄秋霞.身心障碍学生的转衔教育与服务［M］.新北：心理出版社，2020.

［32］钮文英.拥抱个别差异的新典范［M］.新北：心理出版社，2018.

［33］约翰·W.桑特洛克.儿童发展［M］.上海：上海人民出版社，2009.

［34］雷江华，方俊明.特殊教育学［M］.北京：北京大学出版社，2011.

［35］方俊明，雷江华.特殊儿童心理学［M］.北京：北京大学出版社，2011.

［36］刘巧云，侯梅.康复治疗师临床工作指南——儿童语言康复治疗技术［M］.北京：人民卫生出版社，2020.

［37］赵艳杰，吕晓.幼小课程衔接的理论基础［J］.学前教育研究，2008（2）：57-60.

［38］李敏谊，刘颖，崔淑婧.国外近10年幼小衔接理论研究综述［J］.比较教育研究，2010，32（5）：86-90.

［39］BAGLIERI S, SHAPIRO A.Disability studies and the inclusive classroom: critical practices for creating least restrictive attitudes［M］.Routledge: London, UK, 2012.

［40］BANDA D R, HART S L, LIU-GITZ L.Impact of training peers and children with autism on social skills during center time activities in inclusive classrooms［J］.Research in Autism Spectrum Disorders, 2010, 4: 619-625.

［41］BOURKE R, MENTIS M.An assessment framework for inclusive education: integrating assessment approaches［J］.Assessment in Education: Principles, Policy & Practice, 2014, 21（4）: 384-397.

［42］CAWLEY J F, HAYDEN S, CADE E, BAKER-KROCZYNSKI S.Including students with disabilities into the general education science classroom［J］.Exceptional Children, 2002, 68: 423-435.

［43］COLOGON K.Growing up with "difference": Inclusive education and the portrayal of characters who experience disability in children's literature［J］.Write4Children: The International Journal for the Practice and Theories of Writing for Children and Children's Literature, 2013, 4（2）: 100-120.

［44］CRETU D M, MORANDAU F.Initial teacher education for inclusive education: a bibliometric analysis of educational research［J］.Sustainability, 2020, 12: 4923.

［45］DESIMONE J R, PARMAR R S.Middle school mathematics teachers' beliefs about inclusion of students with learning disabilities［J］.Learning disabilities research and practice, 2006, 21: 98-110.

［46］DIAMOND K E, HONG S Y.Young children's decisions to include peers with physical disabilities in play［J］.Journal of Early Intervention, 2010, 32（3）: 163-177.

［47］DUNST C J, BRUDER M B, HAMBY D W.Metasynthesis of in-service professional development research: Features associated with positive educator and student outcomes［J］.Educational research and reviews, 2015, 10（12）: 1731-1744.

［48］EISENMAN L T, TASCIONE L. "How come nobody told me?": Fostering self-realization through a high school English curriculum［J］.Learning disabilities research and practice, 2002, 17: 35-46.

［49］ERWIN E J, PUIG V I, EVENSON T L, BERESFORD M.Community and connection in inclusive early-childhood education: a participatory action research investigation［J］.Young exceptional children, 2012, 15（4）: 17-28.

［50］FUCHS D, FUCHS L, BURISH P.Peer-assisted learning strategies: An evidence-based practice to promote reading achievement［J］.Learning disabilities research and practice, 2000, 15: 85-91.

［51］GURALNICK M J, NEVILLE B, HAMMOND M A, ET AL.The friendships of young children with developmental delays: A longitudinal analysis［J］.Journal of applied developmental psychology, 2007, 28（1）: 64-79.

［52］GURALNICK M J.A developmental systems model for early intervention［J］.Infants and young children, 2001, 14（2）: 1-18.

［53］GURALNICK M J.Early Childhood inclusion: focus on change［M］.Paul H.Brookes Publishing Company, 2001.

［54］HARBIN G, ROUS B, MCLEAN M.Issues in designing state accountability systems［J］.Journal of early intervention, 2005, 27（3）: 137-164.

［55］HARRISON A J, SLANE M M, HOANG L, CAMPBELL J M.An international review of autism knowledge assessment measures［J］.Autism, 2017, 21: 262-275.

［56］HEBBELER K, SPIKER D, KAHN L.Individuals with Disabilities Education Act's early childhood programs: Powerful vision and pesky details［J］.Topics in early childhood special education, 2012, 31（4）: 199-207.

［57］HENRY G T, RICKMAN D K.Do peers influence children's skill development in preschool?［J］. Economics of education review, 2007, 26（1）: 100-112.

［58］HOLAHAN A, COSTENBADER V.A comparison of developmental gains for preschool children with disabilities in inclusive and self-contained classrooms［J］.Topics in early childhood special education, 2000, 20（4）: 224-235.

［59］HUGHES C, CARTER E W, HUGHES T, BRADFORD E, COPELAND S R.Effects of instructional versus non-instructional roles on the social interactions of high school students［J］.Education and training in mental retardation and development disabilities, 2002, 37: 262-272.

［60］HUNT P, SOTO G, MAIER J, ET AL.Collaborative teaming to support preschoolers with severe disabilities who are placed in general education early childhood programs［J］.Topics in early childhood special education, 2004, 24（3）: 123-142.

［61］JUSTICE L M, LOGAN J A R, LIN T J, ET AL.Peer effects in early childhood education: Testing the assumptions of special-education inclusion［J］.Psychological science, 2014, 25（9）: 1722-1729.

［62］KATZ L G, CHARD S.Engaging children's minds: The project approach［M］.Norwood, New Jork: Ablex Publishing, 2000.

［63］KEEN D, WEBSTER A, RIDLEY G.How well are children with autism spectrum disorder doing academically at school? An overview of the literature［J］.Autism, 2016, 20: 276-294.

［64］MANDY W, MURIN M, BAYKANER O, STAUNTON S, HELLRIEGEL J, ANDERSON S, SKUSE D.The transition from primary to secondary school in mainstream education for children with autism spectrum disorder［J］.Autism, 2016, 20: 5-13.

［65］MASHBURN A J, JUSTICE L M, DOWNER J T, ET AL.Peer effects on children's language achievement during pre - kindergarten［J］.Child development, 2009, 80（3）: 686-702.

［66］MCCONNELL S R.Interventions to facilitate social interaction for young children with autism: Review of available research and recommendations for educational intervention and future research［J］. Journal of autism and developmental disorders, 2002, 32（5）: 351-372.

［67］MCLAUGHLIN T W, SNYDER P A, ALGINA J.Using generalizability theory to examine the dependability of scores from the learning target rating scale.Topics in Early Childhood Special Education［J］. Advance online publication, 2016（13）: 128-131.

［68］MITTER R, PUTCHA V.Strengthening and Supporting the Early Childhood Workforce: Training and Professional Development［?］.Washington, D.C.: Results for Development.2018.

［69］MITTLER P.Working Towards Inclusive Education: Social Contexts（1st ed.）［M］.David Fulton Publishers, 2000.

［70］NEWBY T J, STEPICH D R, LEHMAN J D, RUSSELL J D.Instructional technology for teaching and learning: Designing instruction, integrating computers, and using media（3rd ed.）［M］.Upper Saddle River, NJ: Pearson Merrill Prentice Hall, 2006.

［71］ODOM S L, BUYSSE V, SOUKAKOU E.Inclusion for Young Children With Disabilities: A Quarter Century of Research Perspectives［J］. Journal of Early Intervention, 2011, 33（4）, 344–356.

［72］OZEN A, ERGENEKON.Activity–Based Intervention Practices in Special Education［J］. Educational Sciences: Theory and Practice, 2011, 11（1）: 359–362.

［73］PARETTE H P, PETERSON–KARLAN G R, WOJCIK B W, ET AL.Monitor That Progress!: Interpreting Data Trends for Assistive Technology Decision Making［J］.Teaching Exceptional Children, 2007, 40（1）: 22–29.

［74］PARETTE H P, STONER J B, WATTS E H.Assistive technology user group perspectives of early childhood professionals［J］.Education and Training in Developmental Disabilities, 2009, 44, 257–270.

［75］PENUEL W R, PASNIK S, BATES L, TOWNSEND E, GALLAGHER L P, LLORENTE C, ET AL.Summative evaluation of the Ready to Learn initiative［M］.Newton, MA: Educational Development Center, 2009.

［76］PERALES M, PEDRAZA L, MORENO P, BOCOS E.Challenges of Online Higher Education in the Face of the Sustainability Objectives of the United Nations: Carbon Footprint, Accessibility and Social Inclusion［M］.Sustainability, 2019, 11, 5580.

［77］PRETTI–FRONTCZAK K, BRICKER D. An activity–based approach to early intervention （3rd ed.）［M］.Baltimore: Brookes.2004.

［78］ROBERTSON J, GREEN K, ALPER S, SCHLOSS P, KOHLER F.Using a peer–mediated intervention to facilitate children's participation in inclusive childcare activities［J］.Education and treatment of children, 2003, 26（2）, 182–197.

［79］ROGERS S J.Interventions that facilitate socialization in children with autism［J］.Journal of autism and developmental disorders, 2000, 30（5）: 399–409.

［80］SANDALL S R, SCHWARTZ I S, JOSEPH G E, ET AL.Building blocks［M］.Baltimore, MD: Paul H.Brookes, 2008.

［81］SANDALL S, HEMMETER M L, SMITH B J, ET AL.DEC recommended practices: A comprehensive guide for practical application in early intervention/early childhood special education［M］. Division for early childhood DEC, 2005.

［82］STRAIN P S, BOVEY E H, WILSON K, ET AL.LEAP preschool: Lessons learned over 28 years of inclusive services for young children with autism［J］.Young exceptional children monograph series, 2009, 11: 49–68.